**Agnes Imhof**

*Die Kastanien an der Gracht – Miep Gies*
*und das Tagebuch der Anne Frank*

Agnes Imhof

# Die Kastanien
# an der Gracht

**Miep Gies und das Tagebuch
der Anne Frank**

Roman

**PIPER**

*Mehr über unsere Autorinnen, Autoren und Bücher:*
*www.piper.de*

Wenn Ihnen dieser Roman gefallen hat, schreiben Sie uns unter Nennung des Titels »Die Kastanien an der Gracht – Miep Gies und das Tagebuch der Anne Frank« an *empfehlungen@piper.de*, und wir empfehlen Ihnen gerne vergleichbare Bücher.

Von Agnes Imhof liegen im Piper Verlag vor:
Gebrauchsanweisung für Malta
Die Königin der Seidenstraße
Das Buch des Smaragds
Die geniale Rebellin (Ada Lovelace)
Die Pionierin im ewigen Eis (Josephine Peary)
Die Kastanien an der Gracht – Miep Gies und das
Tagebuch der Anne Frank

ISBN 978-3-492-06427-9
© Piper Verlag GmbH, München 2024
Redaktion: Dr. Annika Krummacher
Satz auf Grundlage eines CSS-Layouts von
digital publishing competence (München) mit abavo vlow (Buchloe)
Druck und Bindung: CPI Books GmbH, Leck
Printed in the EU

*Gewidmet allen Überlebenden des Holocaust,*
*die sich ihren Dämonen stellen, um uns zu warnen,*
*wie schnell eine Gesellschaft in Barbarei*
*umschlagen kann*

# 1

Eigentlich versprach der Tag schön zu werden.

Wärmend schien die Sonne auf die Prinsengracht und brachte das bräunlich grüne Wasser zum Funkeln. Boote schaukelten friedlich an der Mauer, und nur ein ganz leiser Windhauch bewegte die Zweige der Bäume, hinter denen die roten und braunen Backsteinfassaden hindurchschimmerten.

In ein paar Stunden würden sie den Schatten zu schätzen wissen, dachte Miep, während sie ihr altes, aber sorgfältig gepflegtes Fahrrad am Kanal entlangschob. Jetzt, kurz vor neun Uhr, war noch die Frische der Nacht zu spüren. Nur noch vage erinnerte sie sich, wie schwül es in Wien um diese Jahreszeit sein konnte.

Das Licht vergoldete die kleinen Wellen, wenn jemand seinen Kahn vorbeiruderte. Nur wenige Menschen waren auf den Straßen, einsame Moleküle, verloren in einem Ozean gesichtsloser Straßen. Noch waren kaum Automobile unterwegs, nur ab und zu hörte man das Klappern eines Fahrrads. Für die deutschen Besatzungssoldaten, die sonst in ihren Militärfahrzeugen durch die Straßen donnerten, war es zu früh. An einer Straßenecke standen zwei Uniformierte mit ihren Hakenkreuz-Armbinden und beäugten misstrauisch die junge Frau mit ihrem Fahrrad, als

7

wäre es ein Verbrechen, an einem sonnigen Tag ins Freie zu gehen.

Mit gesenktem Blick schob sie ihr Rad über das holprige Pflaster und bemühte sich, nicht durch übermäßige Eile aufzufallen. An ihrem Revers trug sie eine gelbe Blüte – wie jeden Tag, seit die Nazis Juden den gelben Stern auferlegt und Nichtjuden schwere Strafen angedroht hatten, wenn sie diese Markierung ebenfalls trugen. In diesen Situationen hatte sie manchmal das Gefühl, dass es ihr blondes, penibel zur Wasserwelle gelegtes Haar und ihre blauen Augen waren, die letztlich darüber entschieden, ob man sie anhalten oder in Ruhe lassen würde. Dazu ihre dezente Kleidung von guter Qualität – so wie sie sah die deutsche Frau aus, von der sie immer schwafelten. Auch heute ließen sie sie in Ruhe.

Aufatmend erreichte sie endlich das Gebäude, wo sie als Sekretärin arbeitete. Es war eines der zahlreichen älteren Geschäftshäuser in dieser Gegend, in dem Büros vermietet wurden.

Sie trug das Rad ins Haus. Bei ihrer geringen Größe von nur einem Meter fünfzig war das gar nicht so leicht, und sie kam ins Schwitzen. Die Treppenstufen knarrten unter ihren Schuhen, als sie langsam nach oben ging, und im Lager hörte sie die Arbeiter.

Die Tür zum Flur war nur angelehnt. War schon jemand hier? Normalerweise war sie die Erste im Büro, aber in letzter Zeit war sie zu dieser Zeit hin und wieder Herrn Frank begegnet. Ihr Chef sagte dann gewöhnlich, dass er nicht mehr habe schlafen können, aber so ganz glaubte sie ihm das nicht.

Miep stellte ihre Tasche in dem Büro ab, das sie sich mit zwei Kollegen teilte, und ging dann den Gang entlang zu der kleinen Küche im Hinterhaus. Hier lernte sie die Vertreterinnen für das Geliermittel an, das sie produzierten. Zu deren Aufgaben gehörte es, selbst Erfahrungen im Marmeladekochen zu sammeln. Nebenan lag Herrn Franks Privatkontor, dessen Tür sie nun vorsichtig öffnete.

Tatsächlich saß am Schreibtisch ihr Chef, ein großer, hagerer Mann in den Fünfzigern mit schmalem Gesicht und einem Oberlippenbärtchen. Früher hatte sie seine dunklen Augen kaum je anders als humorvoll und verschmitzt gesehen. Aber heute Morgen saß er zusammengesunken da, als wäre er eingenickt.

»Guten Morgen, Herr Frank. Sie sind schon da?«

Er fuhr zusammen, obwohl er ihre Schritte gehört haben musste, wenn er nicht geschlafen hatte. Wer den gelben Stern mit der Aufschrift »*Jood*« trug, war dieser Tage schreckhaft geworden.

»Sie sind es, Miep. Gut. Ich wollte Sie kurz sprechen.«

Keine Arbeit lag vor ihm, nichts, womit er sich die Zeit vertrieben hatte. Offenbar hatte er nichts getan, außer zu warten. Und dass er nicht einmal Zeit für einen Gruß hatte, bewies, dass er außerordentlich nervös sein musste. Sonst war er so korrekt, dass es bisweilen steif wirkte. Er bedeutete ihr, sich zu setzen, und warf noch einen kurzen Blick in den Flur, ehe er die Tür schloss und wieder ihr gegenüber an seinem Schreibtisch Platz nahm. Der gelbe Fleck auf seiner Brust war aufdringlich groß, doch wie üblich blickte Miep durch den Judenstern hindurch. Der Mann da vor ihr war nicht »*Jood*«. Nicht Teil eines Kollektivs, das man auf eine Religion, eine Abstammung oder gar einen Stern an seinem Revers reduzieren konnte. Kein gesichtsloser Schatten, dem man jede Individualität, jedes Lächeln geraubt hatte. Kein Teil einer eigenschaftslosen, austauschbaren, immer gleich aussehenden, uniformierten Masse, die das Regime nach Belieben formte. Er hatte einen Namen, Otto

Frank, eine Familie, Freunde. Menschen, die ihn schätzten. Seit einiger Zeit trug er andere Schuhe, nicht mehr die eleganten, leichten von früher, sondern bequeme Schuhe, in denen man ins Büro laufen konnte, weil die Straßenbahn Juden nicht mehr beförderte.

Nun knetete er die Hände, offenbar unschlüssig, wo er anfangen sollte.

»Geht es um die neuen Verordnungen?«, fragte Miep. Sie zeigte auf die gelbe Ringelblume an ihrem Revers – das unausgesprochene Zeichen derer, die den Juden zeigen wollten, dass sie nicht allein waren.

Obwohl es ihr eigentlich nicht zustand, das Gespräch zu eröffnen, wirkte Otto Frank erleichtert darüber. »In gewisser Hinsicht, ja.« Er atmete tief durch, dann blickte er ihr direkt ins Gesicht. »Miep, ich plane, mit meiner und einer weiteren Familie unterzutauchen.«

Er unterbrach sich, wartete, als wollte er sehen, ob sie das Gespräch an dieser Stelle beenden würde. Als Miep ruhig sitzen blieb und ihn erwartungsvoll ansah, fuhr er zögernd fort: »Wir, das heißt, meine Frau und unsere Töchter. Außerdem mein Mitarbeiter Herr van Pels mit seiner Frau und seinem Sohn.«

Miep nickte, und dass sie auch jetzt nicht aufstand, schien ihn weiter zu beruhigen. Dabei müsste er sich doch sicher sein, dachte sie. Sie hatten so oft über Politik gesprochen. Trotzdem war es vermutlich eine Überwindung für ihn, sie ins Vertrauen zu ziehen.

»Wir werden das Hinterhaus vorbereiten«, erklärte er. »Sie wissen, die leer stehenden Räume dort, wo wir vor einiger Zeit Herrn Lewinsohn mit seinem Labor untergebracht hatten. Ich muss Sie warnen. Wenn wir verhaftet werden sollten, wird man fragen, ob Sie Bescheid wussten.«

»Brauchen Sie Hilfe?«

Er presste unbehaglich die Lippen aufeinander. Sein ganzes Leben lang war er derjenige gewesen, der von anderen aufgesucht und um etwas gebeten wurde. Er war es nicht gewöhnt, das selbst tun zu müssen.

»Wir werden jemanden brauchen, der uns Lebensmittel bringt. Würden Sie ...« Er unterbrach sich. »Könnten Sie sich vorstellen, das für uns zu tun?«

»Selbstverständlich.«

Er atmete tief durch. Dann sah er sie aus seinen dunklen Augen an, mit einem so intensiven Blick, wie sie es bei ihm noch nie erlebt hatte. Es war einer dieser Blicke, bei denen nichts mehr zwischen einem selbst und der Seele eines anderen Menschen steht, bei denen man bis auf den Grund des Daseins eines anderen schaut, weil er jede Barriere, jeden Schleier, jede Maske hat fallen lassen. So einen Blick, dachte Miep, erlebt man nur ein- oder zweimal im Leben.

»Sie wissen, dass Juden zu verstecken mit dem Tod bestraft werden kann. Auf jeden Fall würden Sie selbst in ein Lager ...«

Miep stand auf. »Es gibt nichts weiter zu bereden. Ich hätte nicht ›selbstverständlich‹ gesagt, wenn es das nicht wäre.«

Herr Frank atmete noch einmal tief durch, als würde ihm eine enorme Last von der Seele genommen. Miep ahnte, wie er sich fühlte. Sie hatte selbst einmal mit dem Gedanken gespielt, unterzutauchen. Das war noch gar nicht so lange her, ein gutes Jahr. Allerdings hatte sie damals nur an sich selbst denken müssen. Wie musste es sein, die Verantwortung für zwei Familien zu tragen und für seine eigenen Kinder, denen man eine schöne Jugend gewünscht hatte. Die es einmal gut haben sollten. Und die man jetzt in einem muffigen Hinterhaus verstecken musste. Alle Eltern wollten ihre Kinder beschützen, aber niemand war darauf vorbereitet, dass es der Staat war, vor dem man sie in Sicherheit bringen musste.

Miep Gies hatte in ihrem Leben oft nicht gewusst, was das Richtige war. Aber hier und heute war sie sich mit unmissverständlicher Klarheit sicher, so sicher wie vielleicht noch nie zuvor in ihrem Leben.

Sie reichte Herrn Frank über den Tisch hinweg die Hand. Eine so alltägliche Geste, die den Juden doch inzwischen von so vielen verweigert wurde. Die längst nicht mehr selbstverständlich war. Die Hand eines Menschen zu nehmen bedeutete, ihm zu vertrauen. Es war eine Geste des Friedens, des Verstehens. Jemandem diese Geste zu verweigern bedeutete, Feindschaft zu säen. Ausgrenzung. Hass. Sie würde dieses Spiel nicht mitspielen.

»Erzählen Sie mir nur, was ich unbedingt wissen muss. Falls mich jemand verhört, kann ich nichts verraten, was ich nicht weiß.«

Die nächsten Stunden an der Schreibmaschine schweiften Mieps Gedanken immer wieder ab zu Herrn Frank und seiner Familie. Natürlich empfand sie nicht nur Mitleid, sondern auch Angst. Sie war eine Frau, die nicht einmal ihre Bücher zu spät in die Leihbibliothek zurückbrachte. Und das hier war viel gravierender als ein zu spät abgeliefertes Buch. Man erfuhr nicht viel über die Lager, in welche die Nazis Juden und politische Gegner brachten. Menschen verschwanden, und niemand wusste, wohin. Oft erhielten die Angehörigen dann irgendwann Postkarten, ihre Verwandten seien plötzlich verstorben. Meist wurde ein Herzinfarkt oder Tuberkulose als Grund genannt, aber das glaubte inzwischen niemand mehr. Innerhalb kurzer Zeit hatte jeder von irgendeinem solchen Fall gehört. Wie hätten so viele Menschen auf einmal einen Herzinfarkt erleiden sollen? »Unerwartet verstorben« wurde zum geflügelten Wort, und jeder wusste, was gemeint war.

Miep Gies war keine Heldin. Sie war das Mädchen, das sich nach einem Unfall mit Schlittschuhen nie wieder aufs Eis getraut hatte. Es wäre gelogen gewesen, zu behaupten, dass sie keine Angst hatte. Aber sie hätte nie wieder in den Spiegel sehen können, wenn sie anders gehandelt hätte. Es gab eine Wahl, natürlich. Die gab es immer. Dennoch hatte sie keine Sekunde für ihre Entscheidung gebraucht.

Es klingelte unten.

Miep fuhr zusammen. Im selben Moment schüttelte sie den Kopf über sich selbst. Niemand konnte wissen, was sie in Herrn Franks Büro besprochen hatten. Und noch hatte sie nichts Strafbares getan – nur versprochen, es notfalls zu tun. Trotzdem dachte sie einen Moment, die Nazis müssten längst alles wissen. Als gäbe es eine mysteriöse Macht, die alles, was sie sagte und dachte, abhören und kontrollieren konnte. Als würde ein Spion in ihrem Kopf über geheime Wege alles direkt an die Nazis weiterleiten. Als könnten seine Augen in ihr Innerstes dringen, unerbittliche Augen, die ihre Schultern dazu brachten, sich zusammenzuziehen. Augen, deren Blicke keine Grenzen kannten, weil es für sie keine Persönlichkeit gab, die zu respektieren wäre. Weil Menschen für sie austauschbare Masse waren, und keine freien Individuen, die für sich selbst existierten. Masse, der man nur zu atmen erlaubte, weil sie einem Zweck zu dienen hatte. Verfügbar. Gehorsam. Unterworfen.

Bleib ruhig!, sagte sie sich. Die Gedanken sind frei. Noch, jedenfalls. Sie stand auf und ging hinunter zur Tür, um zu öffnen.

Ihr blieb fast das Herz stehen.

Draußen standen zwei Männer. In Uniform. Mit Hakenkreuzen. Deutsche Wehrmacht.

Miep schoss der Schweiß auf die Stirn. Ihr Herz raste so sehr, dass sie einen Moment gar nichts herausbrachte. Ihre Hände waren feucht. »Ja ... bitte?«, brachte sie schließlich heraus.

»Guten Morgen. Wir kommen von der Garnison.«

Keinen Verdacht erregen!, dachte Miep, während die Panik wie eine heiße Welle durch ihren Körper jagte. Bloß keinen Verdacht erregen! Unwillkürlich fiel sie ins Deutsche. »Was kann ich für Sie tun?« Als ob das irgendetwas nützen könnte.

»Sie produzieren dieses Geliermittel für Marmelade, nicht wahr? Opekta. Und außerdem Gewürze für die Wurstherstellung.«

Mieps Hand klammerte sich um den Türstock. »Ja ... wie kann ich behilflich sein?« Jetzt endlich konnte sie die beiden genauer ansehen. Der eine war jung, höchstens Anfang zwanzig, ein Schuljunge fast noch, mit braunem Haar und geraden Brauen. Der andere mochte an die vierzig sein. Er trug eine Nickelbrille, und das blonde Haar war seitlich gescheitelt.

»Wir würden gern eine Bestellung aufgeben«, sagte der Ältere. »Für die Garnison.«

Der Stein, der Miep vom Herzen fiel, schlug donnernd auf – so laut, dass es bis hinüber nach England ins Exil von Königin Wilhelmina zu hören sein musste. Sie atmete einmal lautlos durch, und die feste Umklammerung, in der sie den Türstock noch immer hielt, lockerte sich. »Oh ... natürlich. Kommen Sie bitte herein.«

Sie führte sie in ihr Büro, und die Treppenstufen knarrten unter ihren schweren Stiefeln. Die anderen würden bald kommen, aber vielleicht schaffte sie es, die Nazis vorher loszuwerden. Miep hoffte nur, dass Otto Frank nicht gerade jetzt herüberkommen würde.

Miep bot den beiden Besuchern keinen Sitzplatz an. Sie selbst setzte sich an ihren Schreibtisch und spannte einen Bogen Papier in die große schwarze Schreibmaschine. »Eine Bestellung für die deutsche Garnison also. Was soll geliefert werden?«

Sie tippte, was ihr diktiert wurde, und die Schweißperlen auf ihrer Stirn begannen allmählich zu trocknen. Es juckte, als die salzige Feuchtigkeit verdunstete. Angestrengt zwang sie sich, nicht über ihre Stirn zu wischen. Nichts durfte den Anschein erwecken, sie habe Grund, Angst vor den Deutschen zu haben. Endlich zog sie den Bogen aus der Maschine und reichte ihn hinüber. »Bitte prüfen Sie, ob alles korrekt ist. Wenn ja, benötige ich hier unten eine Unterschrift.«

Sie hatte die Bestellung auf Holländisch geschrieben. Weil es die Sprache des Büros und des Landes war, aber auch ein ganz klein wenig aus Bosheit. Die beiden hatten vorhin nur gebrochen Holländisch gesprochen und sahen nicht aus, als wären sie in der Lage, die Richtigkeit des Geschriebenen zu überprüfen. Miep hatte sogar die Zahlen ausgeschrieben, um sie ein wenig ins Schwitzen zu bringen.

Die beiden überflogen das Blatt, sahen sich an und nickten dann einfach. Der Ältere nahm den angebotenen Stift und unterzeichnete.

Eine Schreibmaschine und ein offizieller Briefkopf, und sie schlagen die Hacken zusammen!, dachte Miep verächtlich. Sie haben nicht einmal nachgefragt, was auf dem Blatt steht. Ich hätte auf den Vertrag schreiben können, dass mir ihre Seele gehört, wenn sie nicht bis Mitternacht abziehen. Vielleicht steckte hinter ihrem Verhalten auch die Arroganz der Macht – das Wissen, dass jeder Betrug bedeutete, sich mit der ganzen Besatzungsmacht anzulegen.

»Ach, sagen Sie ...«

Miep fuhr noch einmal zusammen. Würden sie jetzt nach Juden fragen? Vielleicht die anderen Räumlichkeiten sehen wollen? Sie begann schon wieder zu schwitzen.

»... kommen Sie auch aus Deutschland? Ihr Deutsch ist ausgezeichnet, Sie haben nur einen leichten bayerischen Akzent.«

Miep seufzte innerlich auf. »Wien«, erwiderte sie. Sie brachte es nicht fertig, sich zu einem Lächeln zu überwinden. »Wiener Akzent.«

»Wie schön, eine Landsfrau zu treffen.« Der Mann schien beinahe um Freundlichkeit bemüht zu sein. Ein junger Bursche, der auf die Propaganda hereingefallen war, die Tag und Nacht in die Ohren der Leute geblasen wurde. Trotzdem hatte Miep kein Verständnis dafür. Nicht nach dem Gespräch vorhin im Kontor bei Herrn Frank. Sie hätte dem Burschen gern gesagt, dass sie Österreicherin und damit nicht seine Landsfrau war, auch wenn Österreich tausendmal »heim ins Reich« geholt worden war. Aber das wagte sie dann doch nicht. Sie begnügte sich damit, einfach nur distanziert zu fragen: »Wünschen Sie noch etwas, oder ist das alles?«

Nachdem sie sich endlich verabschiedet hatten, waren ihre Knie so weich, dass sie auf ihren Stuhl sank. Mit wem legte sie sich da an? Sie war eine einfache Angestellte, die am Monatsende kaum über die Runden kam. Die Helden in den großen Theaterstücken waren reich und mächtig, sie war weder das eine noch das andere. Nicht einmal be-

16

sonders gebildet oder klug. Einen Meter fünfzig winzig. Ein Niemand. Wie sollte sie dieser Macht die Stirn bieten?

Während sie auf die Gracht hinausblickte, war die Musik auf einmal wieder in ihrem Kopf. Die Musik über den Widerstand gegen ein mächtiges Imperium. Sie hatte sie vor langer Zeit gehört. Damals, als sie als halb verhungertes Kind hierhergekommen war …

# 2

Der Kuppelbau des Bahnhofs war so zugig und kalt, dachte Hermine. Und so groß, mit all den Dampf spuckenden Eisenbahnen und den vielen Menschen, die hektisch die Gleise entlangliefen und alle ganz genau zu wissen schienen, wohin sie mussten, um ihren Zug zu erwischen. Sie trug beinahe alles am Leib, was sie besaß, um sich vor Kälte zu schützen. Der Winter war schlimm, viel schlimmer als alles andere. An den Hunger hatte sie sich längst gewöhnt, sie spürte ihn kaum noch. Aber die Ungewissheit bohrte fast so sehr wie das leere Gefühl in ihrem Magen. Eine so lange Fahrt in ein fremdes Land, wo sie niemanden kannte, die Sprache nicht verstand. Weit weg von Wien.

»Der Name der Pflegefamilie steht auf dem Schild«, sagte die Mutter und hängte ihr das Pappschild um den Hals.

Fröstelnd betrachtete Hermine die dünne Schneeschicht, die der Wind in die Bahnhofshalle auf die Gleise geblasen hatte. Der wadenlange Mantel der Mutter war schon etwas abgetragen, genau wie ihr eigener. Sie schützten kaum noch vor der Kälte, genauso wenig wie die Schnürstiefel und das topfartige Hütchen, das auf ihren langen blonden Zöpfen saß. Selbst ihre Finger in den

Strickhandschuhen waren steif und kalt. Der Vater stand stumm daneben. Die Mutter pflegte zu sagen, dass Männer ihre Gefühle nicht zeigten.

Jetzt ließ sie das Wägelchen mit der Jüngsten los, hielt Hermine an den Schultern fest und sah ihr in die Augen. »Es ist das Beste, glaub mir. Der Krieg hat uns schlimm getroffen. Diese Aktion zur Unterstützung unterernährter Kinder ist unsere Rettung. Du bist mit elf Jahren alt genug, um zu einer Pflegefamilie zu gehen, deine kleine Schwester braucht mich noch. Aber glaub mir, es wird dir gut gehen. Du bekommst zu essen. Deine Zähne werden wieder festwachsen, und du wirst groß. Und bald kommst du ja wieder.«

Hermine nickte mit zusammengepressten Lippen. Der Wind fuhr ihr in den Nacken, und sie zuckte zusammen, als eine Dampflokomotive einen dicken Schwall schwarzen Qualm ausstieß und durchdringend pfiff.

Sie wusste, dass die Mutter recht hatte. Zuletzt hatte es tagelang wieder nur eine Suppe aus Wasser und etwas Mehl gegeben. Sie wusste, dass sie zu klein war für ihr Alter und jünger aussah, als sie war. Wenn sie weiter hungern mussten, würde sie den Winter womöglich nicht überstehen.

»Du kannst dort sogar zur Schule gehen, hat man uns versprochen. Stell dir nur vor: endlich richtig lesen und schreiben lernen. Wenn du zurückkommst, kannst du die Schule abschließen. Vielleicht wirst du sogar einmal eine Sekretärin in einem großen Handelshaus.«

Der Vater nahm Hermine ganz kurz in den Arm. Die Mutter lächelte, aber ihre Augen glänzten. Hastig drückte sie die Tochter an sich, als wären ihr die Tränen vor ihrem Kind unangenehm.

Hermine umklammerte sie und atmete noch einmal

ihren Geruch ein. Je kleiner man war, desto stärker spürte man den Geruch der Mutter und erkannte ihn auch dann, wenn Größere gar nichts rochen. Die Mutter sagte immer, wenn man sich wusch, dann roch man nicht. Aber es war nicht diese Art von Geruch.

Der Arzt, der sie vorhin untersucht hatte, kam herüber und bedeutete den Kindern mit einer Geste, dass sie jetzt einsteigen mussten. Viele von ihnen waren so unterernährt, dass man erst prüfen musste, ob sie überhaupt eine so lange Reise überstehen würden. Stundenlang hatte es gedauert, bis alle die Prozedur hinter sich hatten.

»Im Koffer ist etwas Brot«, sagte die Mutter. »Alles, was noch da war.«

Hermine spürte, dass der Mutter die Trennung genauso schwerfiel wie ihr. Am liebsten hätte sie sie nie wieder losgelassen. Der Arzt rief, und Hermine nahm das winzige Köfferchen, in dem sie ihre wenigen Habseligkeiten verstaut hatte. Das Trittbrett war so hoch, dass das magere kleine Mädchen einen Satz machen musste, um es zu erreichen. Überall in dem großen, zugigen Wagen saßen fremde Menschen mit Zeitungen oder Büchern. Auch die anderen Kinder wirkten ängstlich. Vermutlich war keines je aus Wien herausgekommen.

Eine Krankenschwester zeigte ihr ihren Platz. Es war ein Sitz am Fenster. Als die Mutter von außen ihre Hand an die eiskalte Scheibe legte und Hermine die ihre von innen, kam es ihr so vor, als würde die Kälte aus dem Glas in sie hineinfließen und sie von innen erstarren lassen.

Langsam setzte sich der Zug in Bewegung. Ein Stampfen der Räder, das allmählich schneller wurde. Die Eltern auf dem Bahnsteig wurden kleiner und kleiner. Ein durchdringender Pfiff, dann eine schwarze Wolke, die den ganzen langen Zug entlangwaberte und Hermine die Sicht nahm. Als der schwarze Qualm sich endlich wieder lichtete, war die Mutter nicht mehr zu erkennen.

Hermine drehte das Schild, das sie um den Hals trug, um den Namen der fremden Familie noch einmal zu lesen.

N-I-E-U-W-E-N-H-U-I-S.

Sie wusste nicht, wie man das aussprach.

Draußen zog die Landschaft langsam an ihr vorbei, immer wieder durch dicke Qualmwolken vernebelt.

Die Kriegsjahre waren schuld am Hunger, sagte die Mutter immer. Aber Hermine konnte sich kaum an die Zeit davor erinnern. Fünf Jahre war sie alt gewesen, als der Krieg ausgebrochen war. Erst hatte sie es aufregend gefunden. Einmal hatte man sie nach Hause tragen müssen, weil sie den Soldaten in ihren Uniformen mit den blitzenden Degen nachgelaufen war. Die kleine Wohnung in dem Mietshaus war dunkel und viel zu eng für sie alle. Anfangs hatten außer ihnen noch die Großmutter und zwei Onkel dort gewohnt. Am schlimmsten war der Winter vor drei Jahren gewesen. Monatelang hatte das Essen aus einem Löffel Zucker oder etwas in Wasser angerührtem Mehl bestanden. Wenn sie wieder gewachsen war, hatte ihr die Mutter entweder ein Stück Stoff an den Saum genäht oder eines ihrer eigenen älteren Kleider umgearbeitet. Längst hatte Hermine gelernt, wie es ging, und erledigte solche Arbeiten selbst.

Ob es in Leiden genug zu essen gab? Sie konnte sich gar nicht vorstellen, wie man so viel zu essen haben konnte, dass man noch ein fremdes Kind aufnehmen wollte.

Alte Bäume zogen an ihr vorbei. Felsen. Verschneite Weinberge mit kahlen, knorrigen Stöcken. Kirchtürme, manchmal vernebelt von Schneestaub, in dem das Licht der tief stehenden Sonne sich brach. Hin und wieder sah sie das breite, bläulich glänzende Band der Donau.

Im leichten Winternebel hatte die vorbeiziehende Landschaft etwas Unwirkliches. In Hermine stritt die Neugierde auf das Unbekannte mit ihrer Angst und dem Heimweh. So oft hatte sie sich früher ausgemalt, wie es wäre, einmal aus Wien herauszukommen. Das Meer zu sehen. Ein fremdes Land. Nicht mehr hungern zu müssen. Und jetzt, da all das in greifbare Nähe gerückt war, machte es ihr so unendlich Angst. Niemand dort sprach ihre Sprache. Niemand kannte sie. Niemand, an den sie sich kuscheln konnte, wenn sie sich allein fühlte.

Es dämmerte, und Lichter spiegelten sich im Wasser und an den schneeglitzernden Hängen. Hin und wieder strahlten die Scheinwerfer eines entgegenkommenden Zugs schmerzhaft hell in ihre Augen. Plötzlich aufflammende Lichter, die sie blendeten und dann wieder erloschen. Der scharfe Kohlegeruch legte sich auf ihre Lungen, auf ihre Zunge, in ihre Nase. Diese Reise würde sie ihr Leben lang nicht vergessen. Diese aufflammenden und dann wieder in der Dunkelheit versinkenden Lichter.

Als es nach und nach dunkel wurde und das einschläfernde Rattern des Zuges sie trotz der Kälte in einen unruhigen Schlummer fallen ließ, sah sie die Lichter noch immer.

Hermine erwachte unsanft, als der Schaffner sie an der Schulter rüttelte.

»Wir sind gleich in Leiden.«

Müde blinzelte sie in die Dunkelheit. Überall bewegte sich etwas, richteten sich andere Kinder schlaftrunken auf. Erschreckte Augen blickten um sich, rumpelnd wurden Koffer aus den Gepäcknetzen auf den Boden gestellt. Qualm wehte ins Abteil, und das Rattern des Zuges wurde langsamer.

Als die Kinder im Bahnhofssaal auf Stühle gesetzt wurden, aufgereiht wie Ware, die zum Verkauf stand, hatte Hermine das Gefühl, in einem sonderbaren Traum zu sein. Die Fahrt musste anderthalb Tage gedauert haben. Ihre eiskalten Füße reichten nicht einmal bis ganz zum Boden. Müdigkeit und Kälte machten ihren Kopf dumpf. Überall um sie herum schwirrten Worte in der fremden Sprache, die nur aus Rachenlauten zu bestehen schien. Ihre kleinen Finger klammerten sich um das Schild, das sie trug. Fremde Menschen traten zu den Kindern und lasen die Namen der Pflegefamilien.

Irgendwann fielen Hermine die Augen zu. Sie erwachte, als plötzlich ein kräftiger Mann nach ihrem Schild griff, um es zu lesen. Er nickte ihr zu und nahm ihre Hand.

Scheu rutschte Hermine von ihrem Stuhl herunter. Sie sah sich um, aber es schien in Ordnung zu sein. Der Mann nahm ihre wenigen Habseligkeiten und führte sie aus der Bahnhofshalle hinaus in die fremde Stadt.

Es war windig. Kalt, dunkel und unfassbar windig. Die Luft roch anders als zu Hause. Schwerer. Kälter. So kalt, dass das, was Hermine in Wien noch halbwegs gewärmt hatte, hier kaum noch schützte. Der schneidende Wind schien durch jede Faser ihrer Kleidung zu pfeifen.

Sie konnte nicht viel erkennen. Das moderne Bahnhofsgebäude verschwand hinter ihnen in der Dunkelheit. Der Weg verlief durch die ganze Stadt, von der sie nicht viel sehen konnte, und aus der Stadt hinaus auf das finstere Feld. Verstohlen blickte Hermine zu dem fremden Mann auf. Was, wenn er gar nicht der war, zu dem sie gehen sollte? Oder wenn er nur versprochen hatte, sie aufzunehmen, um ihr irgendetwas anzutun? Sie kannte ihn doch gar nicht. Aber sie war viel zu müde, um noch darüber nachzudenken. Und der Mann wirkte nicht gefährlich. Er

sprach nicht, und sie hätte ihn ja ohnehin nicht verstanden, doch hin und wieder blickte er zu ihr herüber, und sie
konnte trotz der Dunkelheit sehen, dass er ihr zulächelte.
Als ob er ihr Mut machen wollte.

Waren sie eine halbe Stunde gelaufen? Eine Stunde?
Zwei? Der Mann begann zu pfeifen, und unwillkürlich
dachte sie, dass das Hunde anlocken würde. Ihre Hände
klammerten sich fester in den viel zu dünnen Wollstoff
ihres Mäntelchens. Nichts geschah.

Irgendwann tauchten Lichter in der Dunkelheit auf.
Schemenhaft erkannte Hermine Häuser. Vermutlich eine
Arbeitersiedlung – aber viel geräumiger als die Wiener
Mietskasernen, die bisher ihre Welt gewesen waren. Der
Mann öffnete die Tür eines Hauses, und eine dunkelhaari-
ge Frau erschien im warmen Lichtschein. Ihre Augen
unter den geschwungenen Brauen blickten wach und
sanft. Für das hungrige, todmüde Kind in dem ärmlichen
Mäntelchen sah sie aus wie ein Engel. Hinter ihr warteten
vier Jungen und reckten neugierig die Köpfe.

Sie ließ Hermine durch einen dunklen Flur in die Küche
treten. Ein Feuer brannte im Ofen. Es war sauber und
warm, viel wärmer als in der kleinen Wohnung, wo sie
aufgewachsen war. Hermine kam es vor, als sei sie im
Himmel gelandet. Als die Frau ihr einen Becher schäu-
mende Milch reichte – wie lange hatte sie keine Milch
mehr bekommen! –, leerte Hermine ihn, ohne zu zögern,
bis zum letzten Tropfen. Es schmeckte süß, ein Gefühl von
Wärme und Überfluss. Die feinen Bläschen kitzelten auf
ihren Lippen und hinterließen einen leichten Film.

Die Frau wartete, bis Hermine ausgetrunken hatte.
Dann führte sie sie die steile Holztreppe hinauf in ein
Zimmer mit zwei Betten. In dem einen lag ein Mädchen,
und die Frau schlug die üppige Daunendecke des anderen

zurück und bedeutete ihr, hineinzusteigen. Ihre dunklen Augen lächelten, als sie Hermine übers Haar strich und sie zudeckte.

Wärme.

Die Decke war riesengroß und mit einem hellen Stoff bezogen, der einen zarten, sauberen Duft verströmte. Hermine dachte an zu Hause, aber das Heimweh wollte nicht kommen. Sie spürte, wie ihre Glieder schwer wurden. Die warme Milch gab ihr zum ersten Mal seit Wochen das Gefühl, satt zu sein. Wohlig lag sie in ihrem Magen, lullte sie ein. Die Augen fielen ihr zu. Dieser Ort ist gut, dachte sie noch. Dann schlief sie ein.

Als Hermine am nächsten Morgen aufwachte, dachte sie einen Moment, sie würde träumen. Es war noch dunkel, aber warm – ganz anders als zu Hause, wo sie oft von Kälte und Hunger aufgewacht war und nicht mehr hatte schlafen können. Es duftete verführerisch nach warmer Milch und Kaffee und frischem Brot. Sie konnte sich kaum noch an diese Gerüche erinnern, aber jetzt waren sie auf einmal wieder da. Ich will hier nie wieder weg, dachte sie. Wenn das ein Traum ist, will ich nie wieder aufwachen.

Im anderen Bett raschelte etwas, dann stand das Mädchen von gestern vor ihr. Sie strahlte und sagte etwas, das Hermine nicht verstand. In ihrem langen Nachthemd und ihren Pantoffeln stand sie da, zeigte auf sich selbst und sagte: »Catherina.«

»Hermine.« Sie kam hoch. Es war wirklich nicht kalt.

»Miep?«

»Hermine.«

»Hermiep ... Miep.« Catherina nickte und grinste aufgeregt. Sie legte Kleider für Hermine zurecht, als könne sie es gar nicht erwarten, sie nach unten zu bringen.

Unten saßen schon die Mutter und zwei der Jungen. Hermine starrte fassungslos auf den Tisch. Auf dem karierten Tischtuch standen ein Korb mit frischem Brot, eine Schale mit Butter und mehrere Töpfchen voll Marmelade. Auf einem Holzbrett gab es sogar Käse. Zwei Kannen schienen warme Milch und Kaffee zu enthalten. Draußen war es noch dunkel, obwohl die große Uhr über dem Herd schon acht anzeigte. Aber das Licht brannte und verbreitete einen hellen, heimeligen Schimmer. Auch hier in der Küche war es angenehm warm – so warm, dass es Hermine fast heiß vorkam. Sie hatte gar nicht gewusst, dass man beim Frühstück nicht frieren musste.

Der Älteste stand auf und zeigte Hermine, wo sie sich hinsetzen konnte. Die Frau goss ihr Milch in die Tasse, legte ihr eine Scheibe Brot auf den Teller und reichte ihr Butter und eine Schale mit dunklen Körnern.

»Das ist Schokolade«, sagte der älteste Junge auf Deutsch. »Wir nennen sie Hagelkörner.«

Hermine riss die Augen weit auf. Schokolade? Butter? In den letzten Jahren war ihre Mutter froh gewesen, wenn sie etwas hartes Brot zum Frühstück hatten, und das meiste hatte ohnehin der Vater bekommen. Unsicher sah sie den Jungen an.

Er lachte und sagte etwas auf Holländisch, worauf die Mutter das Brot nahm. Sie bestrich es dick mit Butter und streute die Schokolade darauf, bis die Scheibe fast schwarz war. Dann reichte sie es Hermine.

Schüchtern nahm sie das Brot entgegen. Sie wagte kaum, hineinzubeißen. Als sie die ersten Körner im Mund spürte und die Süße in ihrem Mund zu explodieren schien, schossen ihr Tränen in die Augen.

»Ich bin auf dem Lehrerseminar«, sagte der älteste Junge mit hörbarem Stolz. »Dort habe ich Deutsch gelernt.

Ich kann für dich übersetzen, bis du Holländisch kannst. Vater ist schon in der Arbeit. Er ist Vorarbeiter bei einer Kohlenfirma. Catherina geht mit dir zur Schule. Du sollst erst einmal in die dritte Klasse gehen.«

»Aber in Wien war ich in der Fünften!«, brachte Hermine mit vollen Backen hervor. Das Brot schmeckte so gut, dass sie am liebsten gar nichts gesagt hätte, nur um das Kauen nicht unterbrechen zu müssen.

»Du musst erst mal Holländisch lernen, sagen sie.«

Hermine nahm einen Schluck von der fetten, warmen Milch, und auf einmal war es ihr egal. Das Gefühl, satt und warm zu sein, war so unfassbar, dass ihr alles andere dagegen unwichtig erschien.

»Ist nicht schwer«, meinte er. »*We hebben les.* Wir haben Unterricht. Siehst du?«

Catherina lachte und zeigte auf sich: »*De zus!*« und dann auf den Jungen: »*De broer.*«

»Schwester und Bruder?«

Catherina strahlte. Jetzt, wo sie die Worte langsamer sprachen, hatte Hermine das Gefühl, schon mehr von der fremden Sprache zu verstehen. Auf einmal kam es ihr nicht mehr so unmöglich vor, sie zu lernen.

Die Mutter zeigte auf sich und sagte: »*Moeder.*«

Hermine lächelte. Es fiel ihr so leicht, dass sie sich selbst wunderte. Aber sie sah ihr in die sanften, dunklen Augen und wiederholte: »*Moeder.*«

Hermine hatte das Gefühl, in einem Schlaraffenland gelandet zu sein. Man packte sie in warme Kleider und gab ihr zu essen – nicht nur zum Überleben, sondern Dinge, die so wunderbar schmeckten, wie sie es noch nie erlebt hatte. Ihre Pflegeeltern waren nicht reich, aber offenbar fanden sie, wo es für fünf Kinder reichte, war auch genug da für ein sechstes. In Wien hatte sie so oft die Worte »nutzlose Esser« gehört, wenn es um arme Menschen ging. Als bemäße sich der Wert eines Lebens in Geld und als gäbe es Leute, denen es zustünde, über den Wert anderer zu urteilen. Hier interessierte sich niemand für ihren Nutzen. Und keiner stellte ihr Recht auf Essen infrage.

Es war kurz vor Weihnachten, und Hermine lernte schon bald, dass man in diesem Land großen Wert auf *gezellig* legte. Es wurde später hell als in Wien, erst gegen neun Uhr, doch das fiel ihr nach den ersten Tagen kaum noch auf. Leiden war eine kleine Universitätsstadt, in der es viele Kinder gab. Häufig trafen sich die Familien am Wochenende zum Eislaufen.

Als Hermine das erste Mal an den zugefrorenen See mitgenommen wurde, wehte ein scharfer Wind. Sie sagten, er käme vom Meer. Hermine war noch nie am Meer gewesen und fand den Gedanken faszinierend, dass sie es bald mit eigenen Augen sehen würde. Aber heute wurde der salzige Meeresgeruch verdeckt von tausend anderen Düften. Süß und schwer hing der Geruch nach heißer Schokolade und Anis in der Luft. Es duftete, als hätte jemand einen Gewürzladen aufgemacht und die Gewürze einfach in den Wind hinausgeblasen. Hermine schnupperte und schnupperte. Sie konnte nicht genug bekommen.

Zartgrau wie auf einem Aquarell hoben sich die Pappeln im Hintergrund vor dem bewölkten Himmel ab. Ein unwirklicher, bläulicher Schimmer überzog das Eis. Überall am Ufer standen kleine Buden, vor denen sich lange Schlangen bildeten. Von dort kam der Duft, offenbar gab es gewürzte heiße Milch. Kinder rannten aufgeregt zum See, dick verpackt in Mützen und lange, gestrickte Schals. Sie trugen Schlittschuhe in den Händen, schnallten sie an und fingen an, auf dem Eis zu rutschen. Catherina reichte ihr welche und zeigte ihr, wie sie die Kufen unter die Schuhe schnallen musste. Dann nahm sie sie bei der Hand.

Hermine hielt den Atem an, als sie sich auf die gefrorene Fläche wagte. Unsicher schwankte sie auf ihren Schlittschuhen, es fiel ihr schwer, das Gleichgewicht zu halten. Was, wenn sie ins Eis einbrach und ertrank oder erfror? Wenn sie sich ein Bein brach und ihre Pflegeeltern den Arzt nicht zahlen konnten oder wollten? Oder wenn sie sich einfach nur lächerlich machte und niemand sie danach noch leiden konnte? Ihre Hände in den Wollhandschuhen klammerten sich an die ihrer Pflegeschwester. Catherina zog sie hinter sich her, und sie versuchte, nicht umzufallen.

Vergeblich.

Mit einem Rumms landete Hermine auf dem Hinterteil. Der Schmerz trieb ihr Tränen in die Augen, und ihr Herz fing unvermittelt an zu rasen. Die anderen würden sie lächerlich finden!, dachte sie. Vielleicht würden sie sich fragen, warum sie sie überhaupt aufgenommen hatten, und sie zurückschicken.

Catherina machte eine elegante Drehung, kam zurück und half ihr auf. Sie wollte sie weiterziehen, aber Hermine schüttelte den Kopf.

»Ich will runter vom Eis.«

Catherina konnte sie nicht verstehen, aber das war gar nicht nötig. Sie bemerkte den verängstigten Gesichtsausdruck, Hermines zusammengepresste Lippen und ihre verkrampften Hände. Vorsichtig half sie ihr auf, stützte sie und brachte sie zum Ufer. Erleichtert schnallte Hermine die Kufen ab. Ihre Hände waren steif und klamm.

Mama hatte an einer der Buden heiße Getränke gekauft. Als Hermine sich am Ufer auf eine der Bänke setzte, reichte sie ihr einen dampfenden Becher.

Heiße Schokolade.

Hermine machte die Augen zu, als sie den ersten Schluck nahm, und schloss die Finger um den warmen Becher. Obwohl ihr der Schreck noch in den Knochen saß und der Schmerz nur langsam nachließ, fühlte sie sich auf einmal wohler.

»Angsthaas!«, rief Catherina lachend, und Hermine stimmte erleichtert ein.

Nach zwei Wochen sprach sie die ersten Worte Niederländisch, und im Frühling konnte sie sich schon problemlos verständigen. Da sie noch immer schwächlich war, verlängerte man ihren Aufenthalt um ein paar weitere Monate. Sie atmete auf. Ihre Pflegegeschwister hatten das schwergängige »Hermine« schon nach kürzester Zeit durch das in Holland geläufige »Miep« ersetzt, und bald rief sie jeder so, auch die Lehrer. Längst hatte sie das Gefühl, in Leiden wirklich zu Hause zu sein. Wenn sie morgens um den Frühstückstisch saßen, las Papa immer die Zeitung, und schnell gewöhnte sie sich an, es wie ihre Geschwister zu machen und die Zeitung von den Eltern zu übernehmen. Abends hörten sie manchmal mit dem Plattenspieler klassische Musik. Als Mama das erste Mal etwas auflegte, verschlug es Miep den Atem.

»So schöne Musik habe ich noch nie gehört«, flüsterte sie, hielt ihr Ohr näher an den Lautsprecher des Grammofons und lauschte. »Kommt das aus dem Himmel?« Es war eine ganz einfache Linie, gesungen von Männern und Frauen. Und gerade wegen dieser Einfachheit hatte sie eine eindringliche Tiefe, die Miep im Innersten berührte. Es klang wie ein Weinen an einem schwer und langsam dahinströmenden Fluss. Eine Sehnsucht nach Hoffnung, und wäre es auch nur ein noch so kleiner Strahl. Ein Funke in der Nacht, der einem den Glauben zurückgab, eine Zukunft zu haben.

»*Nabucco*. Eine Oper von Verdi.«

»Worum geht es?«

»Um ein kleines Königreich, das der Hebräer aus der Bibel. Es leistet Widerstand gegen das riesige babylonische Imperium. Die Musik hier, das ist der Gefangenenchor. Die gefangenen Juden müssen für Babylon arbeiten. Aber sie geben die Hoffnung nicht auf.«

Miep riss die Augen auf. »Und? Kommen sie wieder frei?«

»Am Ende ja. Der babylonische König wird abgesetzt und erfährt selbst, was Gefangenschaft ist. Als es ihm gelingt, den Thron zurückzuerobern, lässt er alle Juden frei und wird selbst einer.«

Nachdenklich hörte Miep auf die Musik aus dem Grammofon. Sie war so überirdisch schön. Es klang gar nicht nach Krieg. Sie hatte einen erlebt, den Großen Krieg. Krieg brachte Hunger und Zerstörung. Er trennte Kinder von ihren Eltern, tötete Väter und stürzte Familien ins Elend. Sie wusste, was Papa über den Krieg sagte: Krieg nutzte immer nur einer kleinen Gruppe von Reichen und Mächtigen. Den Preis bezahlten die normalen Menschen. Manche redeten sich ein, dass es sie nicht beträfe, sondern nur diejenigen, die noch ärmer waren als sie. Aber irgendwann traf es alle. Alle außer denen, die den Krieg gewollt hatten.

»Die Niederlande sind auch ein kleines Königreich«, wiederholte sie, was sie in der Schule gelernt hatte. »Was ist, wenn wir eines Tages von einem Imperium angegriffen werden? Wenn wir unsere Freiheit verlieren würden?«

»Dann würden wir darum kämpfen, so wie der König in der Oper.«

Miep dachte an ihre Erfahrung mit den Schlittschuhen. An die Angst, die sie überkommen hatte. Nein, dachte sie. So mutig wie der König in der Oper wäre ich nicht. Ich bin doch keine Prinzessin oder irgendwas Besonderes. Nur ein armes Pflegekind, dessen leibliche Eltern es nicht einmal ernähren konnten.

Der Frühling kam, und Miep lernte Fahrrad fahren. Die Familie besaß mehrere Fahrräder, und wer gerade eines brauchte, nahm es sich. Mama fand, auch Miep müsste lernen, so eines zu fahren.

Also stand sie mit etwas weichen Knien und dem schweren Metallding am Kanal, der nicht weit vom Haus in Richtung Meer führte. Besorgt blickte sie auf das ruhige Wasser. Der Kanal verlor sich erst am Horizont im zarten Dunst, gesäumt von Pappeln und dem Treidelpfad, der schnurgerade daran entlanglief. Der Himmel über ihnen war bewölkt, aber die Sonne brach dennoch immer wieder wärmend hindurch. Die leichte Brise frischte etwas auf, aber das tat nur gut. In Wien war es um diese Jahreszeit oft unglaublich schwül.

Seit einiger Zeit trug sie ihr blondes Haar zu einem Knoten gebunden – und nicht mehr offen wie früher und von einer gewaltigen Schleife gekrönt, die so riesig gewesen war, dass sie an ein Zelt erinnerte. Sie musste an die erste Fotografie denken, die sie in Holland gemacht hatten. Ernst hatte sie dagestanden, um ihre Unsicherheit zu verbergen, in einem neuen Kleidchen, das etwas über die Knie fiel, weit und mit Taschen. An ihrem Arm trug sie die Uhr, die Mama ihr gekauft hatte. Ehrfürchtig hatte sie das Schmuckstück betrachtet, sich erst gar nicht getraut, es anzulegen. Aber Mama hatte Mutter in Wien zeigen wollen, dass es Miep bei ihr gut ging.

»Los, mach schon!«, rief Catherina. »Einfach draufstei-
gen und treten. Dann musst du nur noch das Lenkrad gerade halten.«

Miep wurde himmelangst. Aber sie hatte schon beim
Schlittschuhlaufen nicht geschafft, ihre Angst zu überwinden. So eine Niederlage wollte sie nicht noch mal erleben.
Und vielleicht hatte Mama ja recht, und der Mut kam von
selbst, wenn man sich nur traute. In Wien war sie nie
Fahrrad gefahren. Ihre Eltern hatten kein Geld für so etwas. Aber natürlich wäre sie mit dem Rad viel schneller in
der Schule als zu Fuß. Und sie würde schon nicht gleich in
den Kanal steuern.

Catherina legte die Hände auf den Gepäckträger. »Ich
halte dich, in Ordnung? Einfach losfahren. Jetzt kannst du
nicht mehr umfallen.«

Miep nickte mit zusammengepressten Lippen. Sie fühlte
sich alles andere als mutig.

Aber dann dachte sie wieder ans Eislaufen. Sie wollte
sich nicht schlecht fühlen. Das hier taten Tausende holländische Kinder jeden Tag. Und sie würde es auch schaffen.

Entschlossen rutschte sie auf den Sitz und trat in die Pedale.

»Langsam!«, rief Catherina.

Miep versuchte es. Das Lenkrad schwankte wie verrückt, der Boden war so nah und sah so hart aus ... Aber
dann bekam sie ein Gefühl dafür.

»Gut!«, rief Catherina.

Warum war ihre Stimme auf einmal so weit weg? Miep
drehte sich um und sah sie einige Meter hinter sich stehen.

»Vorsicht!«, rief Catherina.

Miep sah wieder geradeaus, aber da war es schon zu

spät. Sie war auf einen Baum zugerollt und knallte dagegen.

Es tat weh. Viel mehr als im Winter beim Schlittschuhlaufen. Doch dieses Mal würde sie sich nicht entmutigen lassen. Miep war entschlossen, das Radfahren jetzt zu lernen.

Sie stand auf und fegte Sand und Kiesel aus einer Schürfwunde, hob das Rad hoch und setzte sich mit Todesverachtung wieder auf den Sattel.

Der Weg verlief schnurgerade am Kanal entlang. Miep versuchte, das Lenkrad so zu halten, dass das Fahrrad parallel zum Kanal fuhr. Und irgendwie ging es jetzt besser.

Sie fuhr fast eine Stunde lang immer auf und ab. Manchmal musste sie erwachsenen Radfahrern Platz machen, die ihr entgegenkamen. Aber sie wurde sicherer.

»Es ist Zeit fürs Abendessen«, meinte Catherina schließlich. »Was meinst du – ich laufe, und du fährst?«

Als Miep mit einem Klingeln vor dem Haus vorfuhr, glühte ihr Gesicht vor Stolz. Sie hatte es tatsächlich geschafft!

Als sie abstieg und das Fahrrad an die Hauswand lehnte, sagte sie zu Catherina: »Am liebsten würde ich hier nie wieder weggehen.«

Im Haus duftete es schon nach Essen. Dem Geruch nach zu urteilen gab es Reis auf indonesische Art. Das Ehepaar Nieuwenhuis erzählte manchmal von den fernen Ländern, wo die Niederlande ihre Kolonien hatten. Von dort kamen Dinge, die man in Österreich nicht zu sehen bekam – oder zumindest nicht mit dem Geld, das Mieps Familie dort zur Verfügung hatte. Batavia war für sie eine Traumstadt in Niederländisch-Indien mit Palmen und weißen Stränden. Dieses Gericht schmeckte förmlich nach dem fernen Land, das sie nie zu sehen bekommen würde. Doch das fand sie nicht weiter schlimm. Was sie hier hatte, war mehr, als sie sich je vom Leben erwartet hatte.

»Catherina, Miep! Kommt, es gibt gleich Essen«, rief Mama durch das offene Fenster. »Ich habe dich beim Fahrradfahren gesehen, Miep. Ich bin so stolz auf dich!«

Miep hängte ihren leichten Sommermantel an die Garderobe. Es würde ihr schwerfallen, hier wieder wegzugehen.

»Ich werde euch vermissen«, sagte sie leise.

Mama, die schon halb in der Küche war und nach ihrer Schürze griff, blieb stehen.

»Wenn du nach Wien zurückgehst?«

Miep nickte. »Ich weiß gar nicht, ob ich dort noch zurechtkomme.«

»Du bist ein patentes Mädchen. Du kommst überall zurecht. Aber uns wirst du auch fehlen. Am liebsten würde ich dich hierbehalten.«

Miep lächelte sie an und schluckte, um die Tränen zurückzuhalten. Sie wollte niemandem zeigen, wie gern sie geblieben wäre. Diese Menschen hatten sie wie ihre eigene Tochter aufgenommen. Sie kauften ihr Kleider, die sie zu Hause in Wien nie hätte tragen können, und ernährten sie. Das musste eine Last für sie sein.

Doch da umarmte sie Mama impulsiv und hielt sie fest. So fest, dass Miep die Tränen in die Augen schossen.

Miep hatte Glück. Sie war so schwach, dass ihr Aufenthalt zweimal verlängert wurde. Doch der Sommer kam schnell, zu schnell. Es machte ihr Angst. Ihr Wunsch, hierzubleiben, wurde immer stärker.

Eines Abends kam Papa früher von der Arbeit nach Hause. Er sprach mit Mama, und dann riefen sie die Kinder in die Stube. Miep musterte die Balken an der Decke, die Sessel mit den schlichten, modernen Formen. Es würde ihr alles so sehr fehlen.

Ihre Geschwister saßen schon auf dem Sofa, und aus irgendeinem Grund wirkten sie glücklich. Vielleicht war Papa befördert worden?

»Setz dich, Miep«, sagte er und wies auf den freien Sessel. »Ich habe eine Nachricht für dich. Und ich hoffe, dass sie dir gefallen wird.«

Mama strahlte, und ihr schmales Gesicht mit dem dunklen Haar wandte sich abwechselnd Miep und ihren Kindern zu.

»Wir haben einige Briefe mit deiner Mutter in Österreich ausgetauscht«, sagte sie. »Und sie schreibt, dass sie noch immer kein Geld übrig hat, um dich weiter zur Schule zu schicken. Du müsstest dort arbeiten. Wir haben ihr gesagt, dass du dich hier wohlfühlst, und offenbar hast du ihr das auch selbst geschrieben.«

Miep bekam ein schlechtes Gewissen. Hätte sie ihnen sagen müssen, was sie bewegte?

»Wir haben mit deiner Mutter eine Abmachung getroffen. Sie hat eingewilligt, dass du bei uns bleiben kannst, vorausgesetzt, dass du es so möchtest.«

Miep blieb die Luft weg.

»Bleiben?«, flüsterte sie.

»Natürlich nur, wenn du es willst. Es ist deine Entscheidung. Aber deine Mutter meint, dass es für dich besser wäre, wenn du bleibst.«

»Aber ...« Miep sah sie an. »Ist das nicht eine Last für euch? Eine mehr, die essen will und Kleider braucht.«

Papa lächelte. »Wir haben dich ins Herz geschlossen, Miep, du bist uns keine Last. Es reicht für uns sieben, da kommt es auf eine achte Person nicht an. Und egal, wie du dich entscheidest, du wirst immer auch zu uns gehören.«

Jetzt strahlte Miep genauso übers ganze Gesicht wie der Rest der Familie.

»Natürlich will ich bleiben!«

Sie umarmte alle, selbst Papa, der bei so etwas immer etwas zurückhaltend war.

Wenn ich jemals die Möglichkeit habe, dachte sie, während sie Mama fest an sich drückte, wenn jemals jemand meine Hilfe braucht, dann werde ich auch helfen.

# 3

*Amsterdam, Juni 1942*

Als Miep an diesem Abend nach der Arbeit nach Hause radelte, war sie sich sicher, das Richtige zu tun. Ihre Pflegeeltern hatten damals nicht gefragt, ob sie reich genug waren, um ein halb verhungertes Mädchen großzuziehen. Sie hatten es einfach getan. Und genau dasselbe würde sie nun machen. Nur Jan, ihrem Mann, würde sie es sagen müssen.

Sie erreichte das Flussviertel im Süden der Stadt, in dem die Straßen allesamt nach Flüssen benannt waren. Es war ein einfaches Arbeiterviertel: lang gestreckte fünfstöckige Backsteingebäude mit modernen, schönen Wohnungen. Zu den überdachten Eingängen führten wenige steile Treppenstufen. Jetzt im Sommer saßen hier nicht nur die zahlreichen Katzen, sondern auch Kinder, die so sehr in ihr Spiel vertieft waren, dass sie es gar nicht merkten, wenn Erwachsene sich an ihnen vorbeischlängeln mussten. Weiße Fensterrahmen mit Spitzenvorhängen und Blumen auf den Fensterbänken vermittelten ein Gefühl von Wohnlichkeit. Hin und wieder gab es einen Spielplatz, der für die Kinder mal Ritterburg, mal Familienheim, mal Piratenschiff war. Hinterhöfe boten tausend Winkel zum Verstecken. Überall breiteten Ulmen ein schützendes Blätterdach aus, und hin und wieder zogen Fährboote auf der nahen Amstel vorbei.

Als Miep vorbeiradelte, gellte ein scharfer Pfiff durch den Sommerabend. Genauso hatten sie sich damals auch zum Spielen heruntergerufen. Niemand hätte bei seinen Freunden geklingelt. Die Gegend war eher eintönig, verglichen mit der malerischen Innenstadt, doch Miep hätte nirgendwo anders leben wollen. Seit ihre holländische Familie von Leiden hierhergezogen war – damals war sie dreizehn Jahre alt gewesen –, wohnte sie im Flussviertel. Alles hier war ihr schmerzhaft vertraut. Schmerzhaft, weil ihre Erinnerungen an eine glückliche Kindheit in diesen Straßen und Hinterhöfen jeden Tag aufs Neue von Nazistiefeln zertreten wurden.

Sie trug ihr Rad ins Innere des großen Mietshauses in der Hunzestraat und die Treppe hinauf. Jan und sie lebten zur Untermiete, für mehr reichte es noch nicht. Im Moment war es sogar enger denn je, denn nun war auch noch die Tochter ihrer Vermieterin mit Mann und zwei Kindern bei ihnen untergekommen. Man hatte sie aus ihrem Haus auf dem Land vertrieben, weil Juden neuerdings in der Stadt leben mussten.

Als Miep die Tür aus schwerem dunklem Holz aufschloss, wäre sie fast über die Spielsachen auf dem Boden gestolpert. Ein Teddy und eine Puppe, der ein Bein fehlte, lagen mitten im Flur, und aus der Küche hörte sie die junge Mutter, Frau Cohen, mit ihrem Sohn schimpfen. Jans Stimme war auch schon zu vernehmen, offenbar war er heute früher nach Hause gekommen.

In diesem Moment trat er aus der Küchentür. Miep war immer wieder stolz, wenn sie ihn sah: groß, schlank und blond, mit einer Brille, die ihm etwas Tiefsinniges verlieh, und immer gut angezogen. Er hätte der Held in einem

Hollywoodfilm sein können, dachte sie oft. Nur heute hatte sie keinen Blick dafür.

»Hallo, Schatz.« Jan küsste sie flüchtig. »Lass uns mit dem Essen noch warten. Der Kleine hat einen Topf Milch auf dem Küchenboden verteilt, und die arme Frau Cohen muss sie erst aufwischen.«

»Das macht nichts. Ich muss ohnehin mit dir reden.« Miep zog ihn in ihr Schlafzimmer, den einzigen Raum, den sie für sich hatten. Seit dem Einzug von Frau Stoppelmans Tochter war es eng geworden. Miep musste sich an dem Sessel und dem winzigen Waschtisch vorbeischlängeln. Der Kleiderschrank war das Eindrucksvollste: In der Mitte befand sich eine Schubladenkommode mit Spiegel, rechts und links davon zwei Schranktüren. Alles war funktional und elegant zugleich. Von der Decke hing ein Lüster mit Glasperlen, der zehn Jahre alt sein mochte, und die Fenster waren von einem dicken Samtvorhang gerahmt. Am schweren Eichenholzbett standen zwei Nachtkommoden, und die Tagesdecke war aus einem seidig glänzenden Stoff. Natürlich gehörten die teuren Möbel nicht ihnen, sie hatten das Zimmer möbliert gemietet.

Die beiden setzten sich aufs Bett, und Miep berichtete.

Jan starrte sie an. Er begann, nervös auf und ab zu laufen. Endlich blieb er stehen.

»Das kann sehr gefährlich werden.«

»Ich weiß. Aber ich werde es trotzdem tun. Wir kennen die Franks seit Jahren, und Herr Frank war immer für mich da. Ich werde ihn jetzt nicht im Stich lassen, da er zum ersten Mal mich braucht.«

»Das wollte ich auch nicht vorschlagen.« Jan setzte sich wieder zu ihr und nahm ihre Hand. »Wo wirst du die Lebensmittelmarken herbekommen? Wenn sie untertauchen, bekommen sie keine mehr.«

Miep hatte gehofft, er würde für dieses Problem eine Lösung wissen. Jan hatte in solchen Dingen oft viel bessere Ideen als sie.

»Ich weiß nicht«, sagte sie. »Ich weiß nur, dass es das Richtige ist.«

Die nächsten Tage schien im Büro alles seinen gewohnten Gang zu gehen.

Zumindest fast.

»Miep, hätten Sie einen Moment, um mich zu begleiten?«

Zum Kuckuck!, dachte Miep und blickte von ihrer Schreibmaschine auf. Herr van Pels stand vor ihr. Es war nicht das erste Mal, dass er diese Frage stellte. Immer gingen sie zu einem Fleischer in der Nähe des Büros. Van Pels kaufte ein, sie gingen wieder zurück ins Büro – das war alles. Er war zwar für die Gewürze zuständig und kannte sich mit Wurst aus, aber wenn sie einkauften, nahm er nur Fleisch für seinen privaten Haushalt. Warum sie ihn dabei begleiten sollte, begriff sie nicht. Aber irgendwie machte es sie auch neugierig. Sie hatte das Gefühl, als würde sie irgendwann auf einem dieser Gänge erfahren, was er damit bezweckte. Vielleicht schon heute.

»Einen Moment, Herr van Pels.« Sie erhob sich und strich ihren Rock glatt. »Gehen wir.«

Neugierig betrachtete sie van Pels von der Seite, aber er tat harmlos, als bemerkte er es nicht einmal. Sie gingen die paar Stufen hinab zur Haustür, traten auf die Straße. Der Sommer kam mit aller Macht, und sie liefen unter verblühten Kastanien entlang. Die übliche Strecke. Was macht er da nur?, dachte Miep. Aber sie wollte auch nicht fragen. In diesen Zeiten war es besser, nicht zu viel zu wissen.

Wie üblich standen die Menschen vor der Ladentür des Fleischers Scholte Schlange – es gab längst nicht mehr überall alles zu kaufen. Als sie endlich durch die Tür traten, blickte Herr Scholte ihnen schon entgegen. Wie immer wirkte er fröhlich, und ob seine rötliche Gesichtsfarbe vom Eifer oder von seinem Bauchumfang kam, ließ sich nicht sagen. Obwohl der Laden voll war, rief er ihnen über die Köpfe seiner anderen Kunden hinweg zu: »Guten Morgen, Herr van Pels! Und Frau Gies, nicht wahr?«

Van Pels verzog keine Miene. »Genau«, antwortete er an ihrer Stelle.

Miep runzelte die Stirn.

Van Pels kaufte das Übliche – wenig, aber gute Qualität. »Meine Frau geht nur noch ungern einkaufen«, erklärte er, als sie wieder auf der Straße standen. »Juden dürfen kaum noch Läden betreten, und neuerdings haben sie nachts Ausgangsverbot. Sie dürfen keine Gärten und keine Wohnungen von Nichtjuden betreten. Als wäre es ein Verbrechen, Kontakte zu pflegen! Sogar ihre Fahrräder müssen sie abgeben und vorher auf eigene Kosten reparieren lassen, falls etwas kaputt sein sollte!«

Vermutlich war genau das die Absicht, dachte Miep. Ohne menschliche Kontakte waren die Juden noch leichter zu isolieren. Die meisten von ihnen versuchten zu fliehen. Und wenn man weder Automobil noch Zug oder Fahrrad fahren durfte, war das deutlich schwieriger.

Am späten Nachmittag, kurz bevor Miep Feierabend machte, kam Frau Frank vorbei. Anders als sonst ging sie nicht ins Büro ihres Mannes, sondern kam zu Miep.

»Anne wollte so gern ins Kino«, sagte sie. »Sie will doch einmal Schauspielerin werden. Aber Juden dürfen ja nicht mehr ins Kino. Die Mädchen waren jetzt seit über einem Jahr nicht mehr, und es läuft gerade *Wir machen*

*Musik* mit Ilse Werner. Mein Mann sagte mir, dass Sie gehen möchten, da wollte ich fragen, ob Sie sie mitnehmen könnten? Bei Kindern werden sie ja wohl nicht so genau hinsehen.«

Jan war einverstanden, und so holten sie die beiden Mädchen etwas später gemeinsam ab. Die Familie Frank wohnte nicht weit von ihnen am Merwedeplein, einem lang gestreckten Platz, über den Tauben und Möwen flogen. Im Vordergrund standen einige große, schöne Mietshäuser, weiter hinten befand sich ein neumodisches Hochhaus. Als die Schwestern in ihren Ausgehkleidern herunterkamen, sah man ihnen die Aufregung an. Margot war eine ausgesprochen hübsche Sechzehnjährige, die durch die große Brille ein wenig versonnen wirkte. Anne war vor Kurzem dreizehn geworden, und was ihrer Schwester an Lebhaftigkeit fehlen mochte, glich sie problemlos aus. Ihr dunkler Pagenkopf war wie immer sorgfältig gebürstet, und ihre grün gesprenkelten Augen strahlten mit der untergehenden Sonne um die Wette. Anne hüpfte förmlich übers Pflaster, und ein warmes Gefühl durchlief Miep, als sie das adrett gekleidete Mädchen beobachtete, das so fröhlich durch die Straßen lief. Anne war jung genug, um einen Abend lang vergessen zu können, wie sehr sich die Schlinge enger und enger um die Juden zog. Für sie war es ein Abenteuer, dass sie heute einmal mit Miep und Jan gehen sollte, statt mit ihrer Mutter. Ein Abenteuer, das sie ihrem Traum, einmal Schauspielerin zu werden, ein kleines Stück näher brachte.

Als sie sich dem großen Lichtspielhaus näherten, spürte Miep, wie ihr Körper zu kribbeln begann, ein fieberhaftes, angenehmes Zittern. Sie hakte sich fester bei Jan ein, und gemeinsam steuerten sie auf das Gebäude zu. Klack, machten ihre Absätze auf dem Boden. Klack, klack, ich gehe ins Kino! Endlich gehe ich wieder ins Kino! Klack! Schon hier an der Pforte nahm sie den Duft von kandierten Früchten wahr, von heißem Honig und anderen Leckereien.

Jan trat an den Schalter, um die Karten zu lösen.

»Ja, in der Mitte hätte ich noch Karten, wie gewünscht«, erwiderte der Mann an der Kasse. »Dann brauche ich nur noch die Arierausweise. Von allen vier.«

Miep schnappte nach Luft. »Wie bitte?«

»Tut mir leid. Vorschrift.«

Ein paar Besucher blickten herüber, aber keiner sagte etwas. Die meisten unterhielten sich oder blätterten in irgendwelchen Journalen. Margot blickte nur stumm zu Boden. Anne sah Miep an. Ihre riesigen Augen fragten: *Warum?*

Mieps Freude verflog so schnell, wie sie gekommen war. Hier zu sein, während andere ausgeschlossen wurden, lag schwer und drückend auf ihrer Brust. Zu wissen, dass diese Mädchen auf die Straße geschickt wurden, während sie und Jan sich hier drinnen amüsieren durften. Das fühlte sich so falsch an. Wie konnte man das nicht falsch finden? Sie hatte das Gefühl, als würde eine tiefe, gefräßige Dunkelheit auf ihre Lungen drücken und ihr den Atem rauben.

»He, da vorn! Können Sie sich mal beeilen? Unser Film fängt gleich an«, rief ein eleganter Herr, der eine Dame im Pelzmantel am Arm führte. »Immer diese Arbeiter«, bemerkte er zu seiner Begleiterin. »So etwas kann man doch vorher in Erfahrung bringen.«

»Lassen Sie doch die Mädchen rein«, meinte jemand weiter hinten. »Mich stören sie nicht.«

»Ich kann nichts tun«, erklärte der Pförtner.

Und ich?, dachte Miep. Ich bin arm und unbedeutend.

Eine Angestellte, die zur Untermiete wohnen muss. Was kann ich schon tun?

Sie blickte zu Anne. Warum taten Menschen einem Kind so etwas an? Die Mädchen mussten das Gefühl haben, unerwünscht zu sein, wie Ungeziefer oder Ratten, die man verjagte. Als wären sie keine Menschen.

Doch, Miep konnte etwas tun. Sie konnte sich weigern, mitzumachen.

»Wir sollten gehen«, sagte sie zu Jan. »Wenn Anne und Margot nicht hineindürfen, will ich auch nicht.«

Er drückte ihre Hand. »Miep, du hast dich so darauf gefreut.«

Die Leere und die Enttäuschung in Annes Blick schnitten ihr ins Herz. »Mich zu amüsieren, während andere ausgeschlossen sind? Das ist, als ob ich mich auf ihre Kosten amüsieren würde.« Sie nahm Annes Hand und zog sie wortlos aus dem Foyer.

Tagelang überlegte Miep, was sie tun konnte, um die beiden Mädchen zu trösten. Und sie hätte nie erwartet, die Lösung in der Schlange vor der Metzgerei zu finden, und zwar in Gestalt von Frau Klein.

Wie üblich war sie elegant gekleidet, trug einen hohen, asymmetrischen Hut auf der Wasserwelle, dazu einen schlichten schwarzen Rock aus edlem Wollstoff. Sie hatte ihren Stern an die Jacke geheftet, aber so verdeckt von einem langen Seidenschal, dass man schon sehr genau hinsehen musste.

»Wir veranstalten demnächst einen Kinoabend«, erzählte sie Miep. »Mein Mann leiht sich die Leinwand und den Film aus, so können die Kinder wenigstens zu Hause wieder einmal ihre Lieblingsstars sehen. Franks kommen auch. Wenn Sie möchten, stoßen Sie doch zu uns. Immer mittwochs.«

»Das ist nett, vielen Dank.« Miep überlegte. »Sagen Sie, die Kleine von Franks spielt doch gern Theater. Haben Sie mal daran gedacht, mit den Kindern ein Theaterstück aufzuführen?«

»Was für eine hübsche Idee!«, rief Frau Klein. »Wir haben in unserem Wohnzimmer genug Platz und könnten eine kleine Bühne aufbauen. Gar nicht so anders als für unsere Filmabende. Ich werde mich mal umsehen, welche Stücke infrage kommen.«

Tatsächlich flatterte Miep ein paar Tage später eine Einladung ins Haus oder besser gesagt in den Marmeladentopf. Es geschah, als sie gerade mit den beiden neuen Vertreterinnen in der Küche stand, um sie in die Geheimnisse und Tücken von Opekta einzuweihen. Zwei Mädchen in den Zwanzigern waren vom Buchhalter Johannes Kleiman, einem von Mieps Bürokollegen, damit beauftragt worden, unter ihrer Aufsicht Marmelade zu kochen. Nun standen sie in ihren weißen Schürzen und mit zusammengebundenem Haar am Herd. Der schmale Raum mit der Glastür war erfüllt von süßen Fruchtaromen, die Miep beinahe den Krieg vergessen ließen.

Es klopfte an der Tür. Herr Frank steckte den Kopf herein und drückte Miep schweigend einen Zettel in die Hand. Als sie ihn auseinanderfaltete, las sie:

*Persönliche Einladung für Herrn Gies und Frau Gemahlin*
*Zum exklusiven Theaterabend auf der Bühne Klein*
*Mittwoch um 19 Uhr*
*»Die Prinzessin mit der Nas«*
Miep grinste. Das klang ganz nach Anne.

Sie konnte Jan überreden, sich in seine elegantesten Kleider zu werfen, und auch sie trug ihr Hochzeitskostüm. Arm in Arm schlenderten sie durch den lauen, hellen Sommerabend zum Merwedeplein, als wären sie tatsächlich auf dem Weg ins Theater. Die Luft war angenehm heute, warm und nicht zu windig, gerade genug, um einen leichten Duft nach Meer in die Stadt zu tragen. Die großen Kastanienbäume bewegten kaum ihre Zweige, und der Himmel war noch blau und so unendlich weit. Kaum Wolken, nur ein paar zarte Streifen, die das Unbegrenzte nur noch tiefer und endloser scheinen ließen. Die Ahnung einer Freiheit, einfach so laufen zu können bis zum Horizont, ohne Passierschein und ohne Erlaubnis, ohne dass jemand alles über einen wissen wollte, ohne auch nur seinen Namen nennen zu müssen. Die Freiheit, unerkannt zu bleiben, jung und dumm sein zu dürfen, unkontrolliert und zügellos. Glücklich.

Miep hängte sich an Jans Arm. Sie hatte Lust, irgendetwas Dummes, Freches, Unangepasstes zu tun. In einem Strom von Menschen in die entgegengesetzte Richtung zu laufen. Zu schreien, zu singen oder zu lachen in einem Raum voller Menschen, die geknebelt waren von Verboten und der Maske des Gehorsams.

An der Straßenecke standen zwei Grüne – so nannten sie die deutsche Polizei wegen ihrer Uniformen. Das Bedürfnis in Miep wurde unwiderstehlich.

»Wir gehen ins Theater!«, rief sie ihnen auf Deutsch zu. »In ein richtig feines Haus!« Kichernd hakte sie sich wieder bei Jan ein.

Die beiden Grünen wirkten irritiert, schienen zu überlegen, ob sie den Zuruf als Frechheit oder Freundlichkeit verbuchen sollten.

»Viel Vergnügen auch«, sagte schließlich der Jüngere unbeholfen.

Jan lachte leise. »Was war das denn?«

Miep schmiegte sich an ihn. »Ich habe ihnen gerade gesagt, dass uns ihr Kontaktverbot mit Juden schnurzegal ist und auch ihr Theaterverbot für Juden und all die anderen Verbote. Und sie merken es nicht einmal.«

Kleins und die Kinder hatten sich wirklich ins Zeug gelegt. Als Miep und Jan auf ihr Klingeln eingelassen wurden, war alles mit Stoffen verhängt wie in einem richtigen Theater. Das Wohnzimmer in der großzügigen Wohnung war zum Zuschauerraum umfunktioniert worden – der große Teppich bot den perfekten Rahmen. Da Wohn- und Esszimmer durch einen Rundbogen voneinander getrennt waren, hatten Kleins sogar einen Vorhang spannen können, um den Übergang zur Bühne zu markieren. Der Esstisch war zur Seite geschoben worden, um Platz zu machen, und das große Fenster dahinter mit den zugezogenen Vorhängen und den Lampen rechts und links bot einen prachtvollen Hintergrund. Auch im Wohnzimmer waren alle Möbel an die Wände gerückt worden. Mehrere bequeme Sessel mit hölzernen Armlehnen und die Esszimmerstühle standen für das Publikum bereit. Die Eltern Frank saßen schon dort, ebenso wie die Kleins und zwei weitere Paare, die Miep nicht kannte.

Ein Mädchen in Annes Alter mit dunklen Locken und großen, etwas verträumten Augen kam aus der Küche und bat das Publikum, Platz zu nehmen. »Die Vorstellung beginnt in wenigen Minuten!«

»Das ist Annes beste Freundin an der jüdischen Schule«, erklärte Herr Frank, während er aufstand, um Miep und Jan höflich Platz zu machen wie in einem echten Theater. »Sie heißt Jacqueline, Anne nennt sie Jacque. Und da hinten, das ist Hanneli Goslar. Anne ist ganz verrückt nach ihrer kleinen Schwester Gabi. Sie vergöttert Kleinkinder.« Er wies auf das Kind, das eine der Frauen auf dem Schoß hatte, und das immer wieder ungeduldig raunzte. Immer wieder musste es hochgehoben und gewiegt werden.

Hanneli schwang ein Glöckchen, dann öffnete sich die Küchentür, und Anne trat heraus. Auf offenbar viel zu großen hochhackigen Schuhen stolzierte sie zwischen den Zuschauern hindurch auf die Bühne.

»Ich bin die Schönste im ganzen Land!«, flötete sie ins Publikum. »Ich, die Prinzessin!«

Miep kicherte verstohlen. Schön war sie allerdings! Wunderschön! Anne trug ein Abendkleid ihrer Mutter oder von Frau Klein, das ihr natürlich viel zu groß war und mit Bändern und etwas, das verdächtig nach dem Gürtel eines Morgenmantels aussah, um ihren schmalen Körper festgezurrt war. Sie sah darin aus wie ein aufgeplusterter rosa Flamingo, aber sie bewegte sich, als wäre es das eleganteste Modell aus der neuesten *Vogue*.

»Sie liebt es, ein Publikum zu haben«, flüsterte Miep, und Jan grinste. Das war wirklich nicht zu übersehen. Nicht umsonst hatte Anne die Hauptrolle ergattert.

Das Stück war unterhaltsam, und immer wieder mussten alle laut lachen. Es ging um drei altgediente Soldaten, die drei wundertätige Gegenstände geschenkt bekommen hatten. Die Prinzessin aber luchste ihnen die wertvollen Geschenke ab, und um sie wiederzubekommen, mussten die Männer sie ihrerseits überlisten. Also verehrten sie ihr einen Apfel, der sie angeblich zur schönsten Frau der Welt machen würde – in Wirklichkeit bekam sie davon eine lange Nase. Die lange Nase war aus Papier und auf beiden Seiten an Annes schmalen Nasenflügeln festgeklebt.

»Nun bin ich für alle Zeit die Schönste!«, gurrte sie und

hob einen goldverzierten Handspiegel auf, um hineinzublicken. »Ahhhh!«

Alle lachten, als der Schreckensschrei der Prinzessin durchs Wohnzimmer hallte. Unter dem Gelächter des Publikums musste die Prinzessin nun mit den Bestohlenen verhandeln. Am Ende erhielt sie ihre ursprüngliche Nase zurück und die Veteranen ihre Wunderdinge.

Als die Kinder alle vor den Vorhang traten und sich verneigten, klatschten Miep und Jan so laut, dass es bis übers Meer zu hören sein musste.

»Bravo!«, rief Miep.

Margot, die auch auf der Bühne ihre Schüchternheit nicht ganz losgeworden war, sah aus, als würde sie lieber wieder aus dem Rampenlicht treten. Aber Anne hatte sichtlich den Moment des Jahres. Ihre Wangen waren rot, und ihre strahlenden Augen verrieten, wie sehr sie den Applaus und die Aufmerksamkeit genoss. Immer wieder knickste und verbeugte sie sich, Jacque musste sie schließlich von der Bühne ziehen.

Ein Abend Freude. Ein Abend Leben. Konnte es nicht einfach so bleiben?

# 4

»Soll ich die Fenster schon abdunkeln?«

Miep hielt schon Pappe und Klebeband in der Hand, doch sie zögerte. Es war ein so schöner Sommerabend, und vielleicht würde es guttun, noch etwas laue Luft ins Haus zu lassen.

»Lass ruhig auf, es ist ja noch hell.«

Jan schien die kleine Brise zu genießen, die durchs Fenster hereinkam. Er saß mit einem Buch im Sessel neben dem Bett und hob die langen Beine an, als sie vorbeiging. Sie hatten schon gegessen, der Duft von Kartoffeln und Gulasch hing noch in der Luft. Es gab nicht mehr so oft Fleisch wie früher, weil alles teurer wurde. Aber davon abgesehen, hatte sie der Krieg bisher zum Glück weitgehend verschont.

Miep öffnete das Fenster weit und lehnte sich hinaus, um tief die warme Sommerluft einzuatmen. Es war der erste Julisonntag des Jahres 1942, und das Blatt schien sich endlich zu wenden. Vielleicht war der ganze Nazispuk bald vorbei. Sie blickte hinunter auf die Nebenstraße, wo nur wenige Passanten unterwegs waren. Einzeln wie kleine Boote auf einem Kanal trieben sie vorbei, wie von unsichtbaren Treidelseilen gezogen. Die alten Häuser dehnten sich wohlig in der Wärme des sommerlichen Abends.

Fast überall waren die Fensteraugen noch unverhängt. Die Stadt atmete Stille.

Die Türklingel schrillte so plötzlich, dass Miep zusammenfuhr. Es war kein einfaches Klingeln, höflich angetippt, genug, um sich bemerkbar zu machen, aber dezent genug, um niemanden zu stören. Es war ein Sturmklingeln, jemand hielt die Hand auf den Knopf gedrückt, als wollte er das Heulen von Sirenen übertönen.

Jan sprang auf. »Da stimmt etwas nicht.«

Er lief zur Tür, um zu öffnen, und Miep schloss unwillkürlich das Fenster. Atemlos lief sie ihm nach.

Es war Herr van Pels.

»Margot hat eine Postkarte bekommen«, stieß er hervor, ohne sich die Zeit zu nehmen, sie zu begrüßen. »Sie soll ein paar Sachen packen und sich zum Abtransport nach Deutschland einfinden. Es hieß, sie soll Wintersachen mitnehmen – offenbar wollen sie sie monatelang in einem Arbeitslager behalten.«

»In einem Arbeitslager?«, erwiderte Miep entsetzt. »Aber sie ist erst sechzehn!«

Was waren das für Menschen, die ein junges Mädchen zur Zwangsarbeit schickten! In welche Angst versetzten sie Margot, indem sie sie von ihrer Familie, ihrer Schwester und dem vertrauten Umfeld trennen wollten! Sie sollte in ein Land geschickt werden, das sie zum letzten Mal vor zehn Jahren gesehen hatte und das sie nicht wiedererkennen würde. In eine Baracke, wo sie mit Fremden auf engem Raum leben und harte Arbeit verrichten musste, ohne einen Ort für sich und die tausend kleinen privaten Dinge, die ein Mädchen in ihrem Alter eben hatte.

Mit einem Schlag war die friedliche Stimmung verflogen. Der kleine Funken Hoffnung, der Miep für einen Mo-

ment aus der Ruhe der abendlichen Seitenstraße zuge-
zwinkert hatte, war erstickt.

Van Pels blickte sich unwillkürlich um – draußen im
Flur, aber auch in der Wohnung. In den letzten Jahren
hatten sie gelernt, jedem zu misstrauen, überall Augen
und Ohren zu spüren. »Franks wollen sofort untertauchen. Sind Sie noch bereit zu helfen?«

»Natürlich, das wissen Sie doch.« Miep wechselte einen
schnellen Blick mit Jan. »Was brauchen Sie?«

»Ziehen Sie sich Mäntel an, unter denen man ein paar
Dinge verstecken kann«, sagte er mit gedämpfter Stimme.
»Die Franks packen gerade, aber sie werden nicht alles
tragen können. Ein paar Dinge könnten Sie bei sich aufbewahren und ihnen später bringen.«

Es fühlte sich merkwürdig an, dachte Miep, als sie in
ihren langen Regenmänteln im lauen Abendsonnenschein
auf der Straße standen. Etwas zu tun, das sie in den Augen
der Regierung zu Kriminellen machte. Zu Abschaum. Zu
Untermenschen, die man misshandeln konnte, vielleicht
schlimmer als Tiere. Doch Miep wusste mit unumstößli-
cher Sicherheit, dass das, was sie taten, das Richtige war.
Selbst wenn jede Zeitung sie Verbrecher genannt, wenn
das ganze Land mit dem Finger auf sie gezeigt hätte, dann
hätte sie dennoch gewusst, dass sie das Richtige tat.

Sie griff nach Jans Hand. Sie hatte nicht nur Herrn Frank
ein Versprechen gegeben, sondern auch sich selbst – damals, vor langer Zeit, als sie halb verhungert hierhergekommen war. Als man sie aufgenommen und wie ein eigenes Kind behandelt hatte. Sie drückte Jans Hand fester.

»Gehen wir«, sagte sie.

Es war wie ein seltsamer, wirrer Traum. Einer von den
Träumen, in denen man ständig vor etwas auf der Flucht

ist. Ständig in Gefahr, entdeckt zu werden, nur das Geräusch des eigenen, hastig gehenden Atems im Ohr. Immer wieder sah sie sich auf der Straße um, als könnte man ihr ansehen, was sie vorhatte. Es war noch immer warm, so wie sie es vom Fenster aus erwartet hatte. Aber trotzdem hatte sie das Gefühl, als würde ihr Atem wie eine sichtbare Wolke vor ihrem Gesicht dampfen und verraten, dass ihr Herz schneller schlug.

Der Merwedeplein war nicht weit, aber der Weg dorthin kam ihr vor wie eine Ewigkeit. Als sie endlich die Wohnung erreichten, war die unterdrückte Verzweiflung mit Händen zu greifen. Offenbar hatte Herr Frank seine Kinder jetzt erst darüber in Kenntnis gesetzt, dass sie sich vielleicht verstecken mussten. Die Mädchen waren völlig durcheinander: Margot war leichenblass, ihre dunklen Augen wirkten riesengroß. Anne war so still, wie Miep sie überhaupt noch nie gesehen hatte. Fahrig packten sie Dinge in Taschen. Immer wieder unterbrachen sie, wenn Herr Goldschmidt, der Untermieter, aus seinem Zimmer kam, um sich in der Küche einen Tee zu kochen oder das Bad zu benutzen.

Anne kam zu Miep und umarmte sie.

»Papa sagt, ich darf Moortje nicht mitnehmen«, flüsterte sie verzweifelt. »Wer soll sie denn füttern, wenn wir nicht mehr da sind?«

Die Katze strich um ihre Beine. Anne hob sie hoch und drückte sie so fest an sich, dass sie maunzte und sich befreite.

»Das wird Herr Goldschmidt schon machen«, versuchte Miep sie zu beruhigen. »Jetzt gib uns mal ein paar Sachen, die ihr nicht sofort braucht. Wir bringen sie euch dann später.«

Anne nickte. Sie nahm ein paar Pullover und Blusen

von ihrem und Margots Stapel und reichte sie ihnen. Miep und Jan stopften sie unter ihre Mäntel.

»Gut. Wir bringen das zu uns und kommen später wieder, um noch mehr zu holen. Bis dann.«

»Warte!« Sie waren schon an der Zimmertür, als Anne ihnen nachlief. »Das hier bitte noch.«

Miep blickte auf ein beigefarbenes Stück Stoff mit aufgedruckten Rosen, das Anne ihr entgegenhielt. »Ein Frisierumhang? Bist du sicher, dass du nichts Wichtigeres hast?«

Anne biss sich auf die Lippen. »Gertrud hat ihn genäht«, sagte sie. »Gertrud Naumann. Aus Frankfurt. Sie fehlt mir so.«

Das Mädchen tat Miep leid, wie es mit hängenden Schultern dastand, den Frisierumhang in den Händen. Überflüssiger Luxus, hätte Herr Frank gesagt. Aber waren körperliche Bedürfnisse allein entscheidend, ob etwas Luxus war oder nicht? Auch die Seele hatte Bedürfnisse. Miep nahm den Umhang und stopfte ihn sich noch unter den Mantel.

Sie versteckten die Sachen bei sich zu Hause unter dem Bett. Wie früher, wenn Mama manche Dinge nicht mitbekommen sollte, dachte Miep kopfschüttelnd. Dieses verfluchte Regime schien die Menschen als Kinder zu sehen – unmündig, nicht fähig, selbst zu entscheiden, denen man Dinge verbieten und andere erlauben konnte.

Fünf oder sechs Mal liefen sie zwischen den beiden Wohnungen hin und her, immer in der Angst, dass sie irgendjemandes Verdacht erregen würden. Ständig sagte sich Miep: Es ist nicht strafbar, unter dem Regenmantel Kleider von einer Wohnung in die andere zu bringen.

Das war es auch nicht. Erst morgen früh würde sie zum ersten Mal etwas Strafbares tun.

Montagmorgen, dachte Miep, als der Wecker schrillte. Wieso schrillte er so früh? Sie musste noch nicht zur Arbeit. Vor dem Fenster hörte sie das Rauschen von Regen und kämpfte gegen das Bedürfnis an, die Decke über den Kopf zu ziehen oder sich mit dem Kissen die Ohren zu verstopfen.

Jan neben ihr bewegte sich. »Wann musst du los zu den Franks?«

Die Franks.

Miep fuhr senkrecht hoch und schlug die Decke zurück. »Halb acht, hatten wir gesagt.«

Er richtete sich auf und gab ihr einen Kuss. »Du machst das schon. Es wird alles gut gehen.«

Miep konnte nur hoffen, dass er recht behielt. Sie öffnete die Verdunklung einen Spalt, um hinauszusehen. Um diese Jahreszeit hätte es schon heller sein müssen, doch dicke schwarze Wolken bedeckten den Himmel, und tatsächlich hing ein dichter Regenschleier in den Straßen. »Es schüttet wie aus Kübeln«, meinte sie. »Hoffen wir, dass das die Grünen im Haus hält.«

Als sie ihr Rad die Treppe heruntergetragen hatte und auf die Straße trat, war es unter dem tief hängenden Himmel so dunkel, als wäre es Winter und die Sonne noch nicht aufgegangen. So früh am Morgen war noch kaum jemand unterwegs, und das schlechte Wetter schien ein Übriges zu tun. Das würde ihnen helfen.

Als sie bei den Franks klingelte, war sie schon von dem kurzen Weg nass geworden. Ihr Regenmantel glänzte feucht, und auch ihr Haar hatte trotz der Regenhaube etwas abbekommen. Schon jetzt drang Wasser durch ihre Schuhe und machte die Strümpfe zu feuchten und vor allem kalten Lappen. Sie fröstelte.

Die Franks waren noch in den Nachtgewändern. Anne

trug ein niedliches Nachthemd, das ihr bis auf die Unterschenkel reichte, und auch ihre Eltern hatten nur die Morgenmäntel übergestreift. Allein Margot war fertig angezogen. Sie trug einen knielangen Rock und feste Schuhe. Offenbar hatte sie mehrere Sachen übereinander angezogen, um mehr mitnehmen zu können: mindestens zwei Pullover waren über dem Blusenkragen zu erkennen, und unter ihrem Rock schien sich ein zweiter zu verbergen. Sie warf eine Jacke über und griff danach noch nach einem Mantel. Was sie nicht trug, war der Judenstern.

Herr Frank war sichtlich nervös, aber seine Frau und seine Töchter wirkten so verängstigt, dass er sich offenkundig bemühte, ihnen gegenüber nicht zu zeigen, wie beunruhigt er war.

»Sie wissen Bescheid, Miep«, sagte er gedämpft. »Bringen Sie Margot ins Büro. Wir anderen kommen später. Könnten Sie sich noch ein paar Sachen von meiner Frau überziehen?«

Miep schlüpfte in eine weite Bluse und eine Jacke – da Edith Frank größer und stämmiger war als sie, ging das problemlos. Dann nickte sie Margot zu. Das arme Mädchen war ganz aufgelöst. Bleich und stumm bewegte sie sich, als hätte man sie aufgezogen wie einen Automaten.

»Keine Angst«, sagte Miep und drückte ihr die Hand. Vielleicht würde es ja auch ihren eigenen jagenden Herzschlag ein wenig beruhigen. »Ich begleite dich, du bist nicht allein. Wir werden aussehen wie zwei Sekretärinnen auf dem Weg zur Arbeit. Niemand wird uns anhalten, ich habe auf dem Weg hierher keine Polizei gesehen. Die sitzen im Trockenen und warten darauf, dass der Regen aufhört, glaub mir.«

Margot nickte mit bleichen, zusammengepressten Lippen. Aber durch ihre Brille warf sie Miep einen Blick zu, der dieser einen Schauer über den Rücken jagte. Sie konnte sich nicht erinnern, je so viel Angst in den Augen eines Menschen gesehen zu haben.

Ein sechzehnjähriges Mädchen in ein Arbeitslager zu schicken!, dachte Miep wütend, und wieder kam der glühende Hass in ihr auf. Diese Verzweiflung, die sie bei Margot gesehen hatte. Das einem so jungen Menschen anzutun, einem Kind fast noch – allein dafür müssten die Nazis in der tiefsten Hölle brennen. Sie verkleideten ihr Handeln in scheinbar moralische Argumente. Immer klang es, als wären sie im Recht. Begriffe wie Solidarität tauchten da auf, Hygiene und Volksgesundheit. Aber kratzte man an der moralischen Oberfläche, kam die dreckigste und widerlichste Menschenverachtung zum Vorschein.

Ihre Wut und das Wissen, dass dieses Mädchen ohne sie hilflos und verloren wäre, gab Miep etwas Mut. Heute konnte sie sich hinter niemandem verstecken. Kein Mann, kein Staat, keine Kirche und kein Freiheitskämpfer würde es für sie tun. Wenn sie nicht handelte, war dieses Mädchen ganz allein. »Lass uns gehen«, sagte sie.

Margot hatte ihr Rad offenbar nicht wie vorgeschrieben abgegeben, denn es stand noch immer im Keller, wo es hingehörte. Miep öffnete die Haustür und überzeugte sich, dass die Luft rein war.

Einen Moment lang blickte sie den regnerischen, menschenleeren Merwedeplein hinab. Der Platz lag geduckt im strömenden Regen, selbst die sonst allgegenwärtigen Möwen hatten sich irgendwo ins Trockene verzogen. Die Hochhäuser waren zu unwirklichen Schatten geworden, und alles verschwamm in einem zartgrauen Schleier.

Noch hatte sie nichts wirklich Schlimmes getan. Alles,

was man ihr vorwerfen konnte, war, ein paar Kleider zu verstecken. Sobald sie mit Margot hinaus in den Regen trat, brach sie das Gesetz. Wenn man sie aufgriff, wäre sie kaum besser dran als Margot selbst.

Einen Moment lang überfiel sie das Bedürfnis, einfach alles hinzuwerfen und wegzulaufen. Aber dann blickte sie über die Schulter in die angstgeweiteten Augen des Mädchens, das mit dem Rad hinter ihr stand. Margot hielt die Lenkerstange umklammert und sah sie mit zitternden Lippen an.

Miep nickte ihr zu. »Die Luft ist rein.«

Sie redeten nicht viel auf dem Weg. In dem Moment, als sie losfuhren, war Mieps Angst verschwunden. Auf einmal war alles wirklicher. Sie fühlte sich wacher. Konzentrierter.

Die Stadt erwachte allmählich. Straßenbahnen bimmelten hell und durchdringend. Menschen in dunklen Regenkleidern, Männer mit feuchten Hüten, Frauen mit aufgespannten Schirmen, alle bewegten sich in einem ruhigen Strom stadteinwärts. Miep und Margot fädelten sich mit ihren Rädern ein. Zwei Tropfen in einem Fluss, zwei Sandkörner in einer Wanderdüne. Nichts deutete darauf hin, dass sie in Wahrheit gegen diesen Strom schwammen.

Wasser spritzte vom dunklen Kopfsteinpflaster auf und durchnässte Mieps Beine. Der klamme Griff der Kälte wurde fester, aber sie hielten nicht an. Feine Tropfen bedeckten ihr Gesicht, kitzelten am Haaransatz. Jede Erschütterung, wenn das Rad über unebene Kopfsteinpflaster ratterte, jeder Windstoß von der Seite, der an ihnen zerrte, war so deutlich spürbar. Mieps Atem ging jetzt ganz ruhig, und ihr Herz schlug gleichmäßig. Tritt um Tritt bewegte sie ihr Rad in Richtung Prinsengracht. Die alten Häuser am Straßenrand, die breiten Straßen, in denen der Regen wie eine feine Nebelwand hing, der Geruch nach Dampf und Kohlen aus zahllosen Kaminen, immer wieder das Rattern eines Karrens oder das Brummen eines Automobils, all das war so wirklich, dass es sie überwältigte. Die leichte Steigung an den Brücken, die Hausboote auf den Grachten. Die Blumen über den Wasserstraßen. Die Stadt schien zu leben und zu atmen, und mittendrin war sie.

Endlich erreichten sie die Prinsengracht. Der Himmel war noch immer dunkel und schwer, der Regen allenfalls etwas leichter geworden. Als sich das Haus vor ihnen aus dem Nebelschleier schälte, atmete Miep auf. Sie stiegen ein paar Meter vor dem Haus ab, damit sie sich noch einmal vergewissern konnte, dass niemand sie beobachtete. Dann öffnete Miep die Tür zum Abstellraum und trug ihr Rad hinein. Es war beruhigend, in dem dunklen Schlund des Kellers unsichtbar zu werden, dachte Miep, als wäre sie selbst auf der Flucht. Es war ein Gefühl von Wärme und Sicherheit, wie sie es in den letzten Jahren kaum noch irgendwo empfunden hatte. Aufatmend lehnte sie ihr Rad an die Wand und richtete sich auf.

Margot kam ihr nicht nach.

»Margot!« Miep lief zurück nach draußen.

Das Mädchen stand im Regen, verloren wie eine vergessene Statue auf einem verlassenen Platz. Sie blickte nach oben, schien nicht einmal zu merken, wie der Regen in ihr Gesicht klatschte, wie Ströme von Wasser über ihre Brille und die wachsbleiche Haut liefen.

»Die ersten Arbeiter sind gleich da«, zischte Miep. »Komm rein! Schnell!«

Margot blickte sie an. Durch die Brillengläser konnte sie kaum noch etwas sehen. Aus ihrem Regenmantel rann das

Wasser, der Rock war dunkel und triefte. Sie gehorchte wortlos und schleppte ihr Rad hinein. Tief atmend lehnte sie sich an die Wand. Sie war völlig am Ende, wirkte nicht nur erschöpft, sondern beinahe apathisch.

»Herr Kleiman wird dein Rad verstauen, sobald er kommt. Ich bringe dich ins Versteck. Du brauchst dringend trockene Kleider.«

Margot ließ sich wie ein kleines Kind von ihr die Treppe zu den Büros hinaufschieben. Vorsichtshalber warf Miep einen Blick durch die Tür, ehe sie sie in den Flur treten ließ. Noch war niemand da. Sie winkte Margot, ihr zu folgen, brachte sie in den ersten Stock und zeigte ihr den unauffälligen Durchgang zum Hinterhaus, der in der Nische kaum zu sehen war.

»Dahinter bist du in Sicherheit. Zieh die Schuhe aus, damit man dich nicht herumlaufen hört. Sei bitte leise. Am besten legst du dich erst einmal hin. Wenn heute Nachmittag alle weg sind, so gegen fünf, komme ich wieder und sage euch Bescheid.« Miep öffnete die Tür zum Versteck. »Was hast du dir nur dabei gedacht, draußen stehen zu bleiben?«

Margot drehte langsam den Kopf zu ihr. Ihre Lippen waren so bleich, dass sie fast dieselbe Farbe hatten wie ihr Gesicht.

»Ich wollte noch einmal den Himmel sehen«, sagte sie leise.

# 5

Der Rest der Familie kam am späteren Vormittag. In Regenkleidung, den verhassten Stern gehorsam an die Mäntel geheftet. Auch sie waren nass, der Hut von Herrn Frank tropfte, und auch Edith und sogar Anne hatten sich für Hüte entschieden. Sie trugen mehrere Lagen Kleidung und ein paar Beutel, nicht zu viel, um keine Aufmerksamkeit zu erregen.

Miep holte eine Schere aus der Schublade, ging wortlos zu dem Mädchen und nahm den Stern ab. Sie begleitete sie nach oben und öffnete die Tür zum Versteck ein zweites Mal.

»Es ist alles gut gegangen. Margot ist erschöpft und verängstigt«, beantwortete sie die unausgesprochene Frage der Mutter. »Aber wir sind niemandem aufgefallen.«

Frau Frank wirkte genauso am Ende wie Margot heute Morgen. Miep hatte ein solches Mitleid mit ihr, dass es ihr fast den Atem abschnürte. Für die Nazis waren diese Menschen Schädlinge, Krankheitsüberträger, Ungeziefer. Sie hielten es für eine gute Tat, sie zu verfolgen und zu vernichten, und scherten sich nicht um die Ängste und Sorgen einer Mutter, wie es nun weitergehen sollte. Um die Tränen einer Frau, die sich eingestehen musste, ihre Kinder vor dem Staat nicht mehr beschützen zu können.

Es waren ja nur Juden.

Nachdem Miep die Franks zum Versteck gebracht hatte, setzte sie sich wieder an den Schreibtisch. Doch es fiel ihr schwer, sich zu konzentrieren. Den ganzen Tag sprang sie immer wieder nervös auf, wollte zu Herrn Frank ins Kontor und hielt auf dem Flur inne, wenn ihr klar wurde, dass er dort nicht mehr war. Sie versuchte zu arbeiten, aber immer wieder schweiften ihre Gedanken ab. Am Nachmittag, als es schon ruhiger wurde und die Arbeiter nach Hause gingen, hielt sie es nicht mehr aus und ging hinüber.

Das enge Treppenhaus roch nach Bohnerwachs und altem Holz und ein klein wenig muffig. Miep zögerte einen Moment, ehe sie die Schwelle überschritt. Es fühlte sich an, als würde sie in den Bauch einer Erdmutter steigen. Furcht einflößend, dunkel, fremd, aber auch schützend. Wie eine Höhle, die Sicherheit bot und gleichzeitig voller unwägbarer Gefahren war. Das Tor aus der profanen Welt zu einem Schattenreich, aus dem man den Ausweg nicht mehr fand. Die Stufen waren steil und eher eine Leiter als eine Treppe.

Miep legte ihre Hand auf das Geländer und tastete sich langsam in das dämmrige Hinterhaus. So klein sie war, ein Augenblick der Unachtsamkeit genügte.

»Au, verdammt!«

Sie rieb sich den schmerzenden Kopf. Der Aufgang war wirklich tückisch, wenn sogar sie sich den Kopf anstieß.

Sie erinnerte sich, dass dieses Stockwerk zwei Zimmer besaß. Das größere war beinahe quadratisch, das andere rechteckig und schmal, und beide mit jeweils einem Fenster.

»Miep!« Die hintere Tür flog auf, und Anne kam ihr auf Socken entgegengelaufen. Herr Frank tauchte hinter ihr aus dem ersten Zimmer auf und legte zischend den Finger auf die Lippen. Anne presste die Lippen aufeinander.

»Schön, dass du da bist!«, sagte sie gedämpft. »Komm in unseren Palast!«

Ganz wie ihr Vater, dachte Miep zärtlich. Auch Herr Frank versuchte oft, belastende Situationen durch Witze zu überspielen. In dem Mädchen steckte mehr Kraft, als man auf den ersten Blick vermutete.

»Du meine Güte, das hat sich verändert! Es ist ja beinahe gemütlich«, sagte Miep.

Wann hatten sie nur all diese Beutel und Taschen hergeschafft? Schachteln und Kisten türmten sich in den Zimmern, sogar Möbel gab es. Vermutlich war das der Grund, warum Herr Frank in letzter Zeit oft schon frühmorgens im Büro gewesen war. Er musste das meiste nachts hierhergebracht haben.

Das erste, quadratische Zimmer war für die Eltern hergerichtet, das lange schmale mit der grünen Täfelung beherbergte nun zwei Betten und einen kleinen Schreibtisch für die Kinder. Behelfsvorhänge verdeckten die Fenster und schützten die Bewohner vor Blicken. Anne hatte schon angefangen, auszupacken und sogar schon ein paar Fotos von Schauspielerinnen an die gelb tapezierte Wand geklebt. Sie und ihr Vater räumten gerade Kleider ein, während die anderen beiden immer noch völlig apathisch wirkten. Margot lag im Bett, und Edith Frank saß in einem Korbsessel, die Hand an die Stirn gelegt, und schüttelte immer wieder den Kopf.

Es war, als weigere sich ihr Verstand zu begreifen, dass sie sich hier verstecken musste wie ein Tier in einer Höhle. Bei ihrer wohlhabenden Herkunft fiel es ihr sicher besonders schwer. Als sie ein junges Mädchen gewesen war, hatte ihr alles offengestanden. Und nun war die Welt um sie fremd und feindlich geworden. Auf fünfzig Quadratmeter eines muffigen, dunklen Hinterhauses geschrumpft, mit abgeklebten Fenstern und zusammengewürfeltem Mobiliar.

Anne nahm Miep bei der Hand und zog sie nach oben. »Schau mal, wir haben sogar eine Küche und einen Esstisch! Als ob man länger hierbleiben wollte!«

»Na, ich hoffe, es wird nicht ewig sein.« Miep blickte sich um. Es sah sogar ganz wohnlich aus. Es gab eine Tischdecke, die blau lackierten Schränke waren gefüllt, der Herd war sauber und glänzte.

»Ich werde mich mal um das Essen kümmern. Deine Mutter kann gerade nicht, und ihr müsst es euch erst einmal bequem machen.« Miep öffnete die Küchenschränke und suchte Brot, Butter, eingelegte Gurken und etwas Käse zusammen. Sie stellte alles auf den Esstisch und begann ein paar Brote zu schmieren.

»Hoffentlich geht es Moortje gut«, sagte Anne. »Kannst du vielleicht mal nach ihr sehen?« Sie setzte sich an den Tisch und blickte Miep fragend an. Ihr Gesicht war noch immer blass, obwohl sie sich besser mit den neuen Umständen zu arrangieren schien als ihre Mutter und ihre Schwester.

Miep konnte nachempfinden, wie sie sich fühlte. Man liebte ein solches Tier, es war Teil der Familie. Wenn es krank war, schlief man nicht mehr vor lauter Sorge, und wenn man es berührte, durchlief einen ein warmes Gefühl von Glück und tiefer Zufriedenheit. Ein Tier bei sich aufzunehmen bedeutete, ein fühlendes Wesen um sich zu haben, aus dessen Augen oft mehr Verständnis sprach, als man vielleicht erwartet hätte. Miep hatte das Gefühl, als wäre dem Mädchen ein Stück von sich selbst herausgerissen worden.

»Versprochen. Nur nicht gleich heute, das wäre zu gefährlich«, sagte sie. »Ich muss so tun, als wüsste ich nicht, dass ihr verschwunden seid.«

Miep begann, Brot zu schneiden. Anne sah ihr zu, wie sie die Scheiben mit Butter bestrich, Käse darauflegte und Gurkenscheibchen daneben auf den Tellern arrangierte.

»Ob meine Freunde auch untertauchen? Oder verschleppt werden? Kannst du dich umhören, wie es Jopie geht? Ihr Vater ist doch auch Jude. Ich habe ihn seit Wochen nicht mehr gesehen, immer nur die Mutter. Und Hanne und Sanne und Jacque ...«

»Ich werde mich umhören.« Miep bemühte sich um einen aufmunternden Blick, aber das war gar nicht so einfach.

»Es ist wie in einem dieser Märchen«, meinte Anne nachdenklich. »Weißt du, was ich meine? Wo man in einen Zauberberg entführt wird und nicht mehr herauskommt. Wo alles weg ist. Die Schule. Freunde. Deine ganze Vergangenheit. Das Leben.«

Miep blickte auf und schob ihr einen Teller hin. »Es sind ein paar Monate, Anne. Schau, die Deutschen kämpfen inzwischen gegen sehr viele mächtige Gegner. Der Krieg kann nicht mehr ewig dauern. Du bist dreizehn, und wenn du hier erst wieder herauskommst, hast du dein ganzes Leben noch vor dir.«

Herr Frank bat sie selbst, ein paar Tage später in seiner Wohnung vorbeizuschauen. Er wollte heraushören, ob jemand wusste, wo sie waren, und notfalls Gerüchte streuen lassen.

Also machten sich Miep und Jan noch einmal auf zum Merwedeplein. Obwohl der Untermieter, Herr Goldschmidt, ebenfalls Jude war, hatten sie ihn nicht eingeweiht. Je weniger Menschen über ihren Verbleib Bescheid wussten, desto besser. Was er nicht wusste, konnte auch kein Nazi aus ihm herausprügeln.

»Ich weiß noch immer nicht, wo ich so viele Lebensmittelmarken herbekommen soll«, sagte Miep, während sie an Jans Arm wie ein ganz normal flanierendes Paar die Straße entlangging. »Noch reichen die Lebensmittel, weil Herr Frank wirklich sehr vorausschauend war. Er hat alles, was haltbar ist, für Monate eingelagert. Aber Gemüse und Fleisch und Obst ... wie soll ich das nur machen?«

»Versuch für den Anfang einfach, etwas Geld draufzulegen. Das machen doch viele, selbst wenn sie niemanden verstecken. Niemand vertraut noch darauf, dass es jederzeit alles zu kaufen gibt.«

Miep blickte über die Schulter, aber niemand folgte ihnen. Plötzlich so viel Verantwortung zu haben, war sie nicht gewöhnt. Es fühlte sich an, als würde sie eine Last auf den Schultern tragen, für die sie viel zu klein und schmal waren. »Ich habe solche Angst, mich zu verraten.«

»Das wirst du nicht. In dir steckt viel mehr, als du glaubst.« Sie hatten das Haus erreicht, und Jan klingelte unten an der Tür.

Sie wurden eingelassen – offenbar war Herr Goldschmidt noch da.

»Herr Frank war seit Tagen nicht im Büro«, erklärte Miep, als sie vor dem sichtlich überraschten Untermieter standen. »Wir wollten wissen, ob alles in Ordnung ist.«

Herr Goldschmidt kratzte sich am Kopf, wo das Haar trotz seiner Jugend schon spärlicher wurde. Er war im Morgenrock, da nun ja niemand mehr in der Wohnung auf korrekte Kleidung Wert legte. »Das ist eine gute Frage. Die Familie Frank ist seit ein paar Tagen spurlos verschwunden.«

»Verschwunden?«, echote Miep mit gespielter Überraschung. Am besten stellte sie sich ein bisschen dumm, das wirkte am wenigsten verdächtig. »Aber wo sind sie denn hin?«

Jan berührte ihren Arm. »Liebes, wenn sie verschwunden sind, dann bedeutet das, dass man nicht weiß, wo sie sind.«

Herr Goldschmidt zuckte die Achseln. Er öffnete die Wohnungstür weiter und ging in den Flur. Dort nahm er einen Zettel vom Sekretär und hielt ihn ihnen hin. »Das hier habe ich gefunden. Es ist eine Adresse in Maastricht.«

Jan drehte den Zettel in der Hand und studierte ihn ausgiebig. »Hm. Was wollen sie denn in Maastricht?«

Herr Goldschmidt schüttelte den Kopf. »Ich glaube nicht, dass sie dort bleiben wollten. Maastricht liegt auf einer Fluchtroute. Herr Frank hat doch Verwandte in der Schweiz, vielleicht möchten sie zu denen. Eine Nachbarin sagt, sie hat ein Automobil gesehen. Es gibt sogar ein paar, die glauben, dass ein deutscher Offizier ihnen geholfen hat. Jemand, den Herr Frank von früher kannte.«

Danke für die Beförderung zum deutschen Offizier, dachte Miep und grinste trotz ihrer Anspannung insgeheim. Das klang alles gut – wenn sich herumsprach, die Franks seien in die Schweiz geflohen, würde man jedenfalls nicht in Amsterdam nach ihnen suchen.

»Aber warum denn nur so plötzlich?«, fragte sie und schielte verstohlen in die Wohnung, um nach Moortje Ausschau zu halten. Anne hoffte so sehr, dass Herr Goldschmidt sie fütterte.

»Die Große, Margot, sollte sich zur Abfahrt in ein Arbeitslager melden«, erklärte er. »Vermutlich war das der Anlass. Na, überrascht mich nicht. Ständig verschwinden Menschen. Manche, weil sie abgeholt werden. Andere, um das zu vermeiden. Es ist komisch, aber man regt sich schon gar nicht mehr auf.«

Dass es für die Familie der richtige Zeitpunkt zum Untertauchen gewesen war, wurde Miep ein paar Abende danach klar. Als sie nach Hause kam, war Jan schon da und in ein lebhaftes Gespräch mit Frau Stoppelman vertieft.

»Ob wir Ihren Telefonanschluss auf uns umschreiben lassen wollen?«, echote Miep, als sie ihr erklärten, worum es ging. »Warum das denn?«

»Offenbar sperren sie jetzt den Juden die Telefonanschlüsse«, beantwortete Jan die Frage. Er schien bereits mit der Vermieterin darüber diskutiert zu haben. »Zuerst hat man sie identifiziert und mit immer neuen Maßnahmen terrorisiert, während man ihnen gleichzeitig die Ausreise verwehrte. Und jetzt schneidet man sie von der Kommunikation ab.«

Miep lief es eiskalt den Rücken herunter. Das war nicht mehr nur reine Schikane. Hier ging es um weit mehr. Zum Glück sind die Franks in Sicherheit!, dachte sie. So dunkel und wenig elegant das kleine Hinterhaus auch war, immerhin passierte ihnen dort nichts.

Frau Stoppelman saß wie ein Häufchen Elend auf ihrem Küchenstuhl. Eine einsame, ältere Frau, die nicht verstand, warum der Staat, der sie eigentlich schützen sollte, auf einmal zu ihrem schlimmsten Feind und unbarmherzigsten Verfolger geworden war. Gestern noch eine wohlsituierte Dame mit modischem Pagenkopf und eleganten Kleidern, heute zutiefst gedemütigt. Ihres Wesens beraubt.

»Haben Sie mal daran gedacht, sich einen gefälschten Ausweis zu beschaffen?«, fragte Miep. Sie holte ihr ein Glas Wasser und stellte es vor sie hin, wo es unbeachtet stehen blieb, »Ich weiß, es ist eine Straftat. Aber unter diesen Umständen wäre es vielleicht nicht mehr die schlechteste Wahl.« Mit einem jüdischen Ausweis wartete das Lager – das hatten die Nazis in den letzten Monaten überdeutlich gemacht. Vielleicht lohnte sich der Aufwand für eine Fälschung, denn damit konnte man immerhin, wenn man Glück hatte, noch aus dem Land fliehen. Mit dem J im Ausweis ging das nicht.

Endlich zog Frau Stoppelman das Glas zu sich heran und leerte es. »Ja, das habe ich. Aber es wird immer schwerer, noch welche zu bekommen. Und auch immer teurer. Ich hoffe nur, dass wir bald eine sichere Adresse finden.«

Eine sichere Adresse – so nannte man das, was die Franks nun hatten. Miep hätte gern geholfen, aber Herr Frank hatte schon der Familie van Pels versprochen, sie könnten notfalls mit einziehen. Und für noch eine Familie, besonders mit kleinen Kindern, gab es dort keinen Platz.

Jan legte den Arm um Miep. »Ich habe Frau Stoppelman gesagt, dass wir gern den Telefonanschluss übernehmen. Es steht dann einfach unser Name statt ihrem auf dem Papier. Sie könnte die Gebühren von der Miete abziehen. Ansonsten bliebe alles beim Alten.«

»Ja, natürlich.« Miep schüttelte den Kopf. Wo sollte das alles nur hinführen? Wer hatte etwas davon, dass die Juden, die den Mittelstand getragen hatten, verarmten und in Lager geschickt wurden?

Wenn ein Jude seinen Betrieb aufgab, kaufte ihn ein Großkonzern oder ein nichtjüdischer Unternehmer. So konzentrierte sich immer mehr Geld in den Händen von immer weniger reichen alten Männern. Nein, dachte Miep schaudernd. Das war keine Wahnvorstellung. Und gerade das erschreckte sie am meisten. Denn was würde man mit all den Menschen tun, die nichts mehr verdienten und bis aufs Hemd ausgeplündert worden waren? Menschen, die auf dem Arbeitsmarkt als »Kapital« nicht mehr gebraucht wurden und so in den Augen der Reichen und Mächtigen ihren Daseinszweck verloren hatten?

Sie wollte nicht so weit denken. Das konnte gar nicht sein. So etwas gab es nicht. Nicht in der Realität.

Als Miep das erste Mal am Morgen die Einkaufsliste des Hinterhauses geholt hatte und sich auf den Weg machte, war das mulmige Gefühl wieder da. Wie sollte sie wissen, wem sie vertrauen konnte? Was, wenn jemand Verdacht schöpfte?

Sie beschloss, als Erstes zu dem Gemüsemann zu gehen, der ganz in der Nähe seinen Laden hatte. Sie hatte schon öfter für sich selbst dort eingekauft, und er wirkte sympathisch. Dennoch wurde ihr ganz anders zumute, während sie in der Warteschlange stand. Selbst wenn sie ihm vertrauen konnte: Was, wenn andere Kunden beobachteten, wie viel sie kaufte, und sie verrieten?

Als sie endlich an der Reihe war, schlug ihr Herz so schnell, dass ihr fast schlecht wurde. Ihr war heiß, und wenn sie so weiterschwitzte, würde sie die Bluse heute Abend noch waschen müssen. Mit gesenkten Augen reichte sie ihre Liste über den Tresen.

Herr van Hoeve überflog sie. »Tomaten habe ich leider nicht«, meinte er. »Aber sonst fast alles. Darf ich?«

Miep reichte ihm ihre Tasche, und er begann sie zu füllen. Als er die Kartoffeln einpackte, meinte er wie beiläufig:

»Kartoffeln kann man gut lagern, die können Sie auch auf Vorrat kaufen, wenn Ihnen das lieber ist. Sie müssten sie auch nicht schleppen. Wenn Sie mir eine Adresse geben, liefere ich sie Ihnen.«

Miep fuhr zusammen. Ihr erster Gedanke war: Er will

meine Adresse! Aber dann sah sie das gutmütige Zwinkern unter seiner Schiebermütze und dachte: Ich bin schon ganz verrückt vor Angst! Wem konnte sie eigentlich noch trauen? Alles, was sie hervorbrachte, war: »Ich frage meinen Mann!« Dann flüchtete sie mit hochrotem Kopf aus dem Laden.

# 6

»Der Gedanke der Essenslieferungen ist gar nicht so schlecht«, meinte Johannes Kleiman, als Miep ihren Bürokollegen von der Idee erzählte. »Du müsstest weniger Lebensmittel durch die Stadt spazieren tragen, Miep. Einen Lieferanten schaut niemand so genau an, und wenn er die Sachen im Küchenschrank versteckt, können die Franks sie nachts selbst herausholen.«

»Und was erzähle ich ihm, warum ich so viele Kartoffeln an ein Büro geliefert haben möchte?«, fragte Miep.

Ihre Kollegin Bep Voskuijl zuckte die Achseln. Obwohl sie noch sehr jung war, hatten sie sie ebenfalls eingeweiht. Jede zuverlässige Hilfe war willkommen. »Wir haben eine Küche im Büro, warum also nicht auch Kartoffeln? Es könnte doch sein, dass wir hier für alle Angestellten kochen. Du musst ihm gar nichts sagen, er wird seine eigenen Schlüsse ziehen. Die Milch wird doch auch hierher geliefert.«

»Ich kann das nicht entscheiden. Wenn ich nachher hinübergehe, rede ich mit Herrn Frank.« Er war es, der sich mit seiner Familie hier versteckt hatte, also musste er die Entscheidung treffen.

»Oh, warte.« Johannes griff in seine Schreibtischschublade und reichte Miep eine Zeitschrift. »Herr Kugler war vorhin am Zeitungsstand und hat sie mitgebracht. Gib sie der Kleinen, wenn du rübergehst. Anne ist doch so ein Kinofan, und wenn sie schon keine Filme sehen kann, soll sie wenigstens in einer Illustrierten ihre Helden sehen können.«

Herr Kugler war Herrn Franks Geschäftspartner, der, seit Juden keine Firmen mehr leiten durften, auch den Vorstand übernommen hatte. Anfangs hatte er einen steifen Eindruck auf Miep gemacht, und sie war froh gewesen, vor allem für Herrn Frank zu arbeiten. Doch nun lernte sie eine ganz andere Seite an ihm kennen.

So verrückt es war, allmählich stellte sich fast so etwas wie ein Tagesablauf ein. Miep nahm nach und nach die Sachen mit ins Büro, die sie für Franks unter ihrem Bett versteckt hatte. Morgens in der Frühstückspause holte sie die Einkaufsliste, dann kaufte sie ein und schaffte alles ins Hinterhaus, wenn niemand da war.

»Bringst du mir morgen meinen Pullover mit?«, fragte Anne, als Miep am Nachmittag mit den Einkäufen vom Gemüsemann kam. »Den blauen, ja? Es ist kalt, wenn man die Fenster nie aufmachen darf.«

»Natürlich. Und du mach dir keine Sorgen wegen Moortje. Es geht ihr sicher gut, auch wenn ich sie nicht gesehen habe. Und wenn ich etwas höre, sage ich es dir gleich.«

Anne nickte, aber sie wirkte dennoch besorgt. Sie musste sich fühlen, als sei ihr ein Stück ihrer selbst herausgerissen worden, dachte Miep mitleidig. Umso mehr jetzt, da sie in diesen vier Wänden eingesperrt war.

»Ach ja, ich habe noch etwas für dich.« Miep zog etwas aus ihrer Jacke. »Schau mal – die neueste *Cinema and Theater*! Herr Kugler hat sie besorgt. Es ist ein Poster von Ginger Rogers drin.«

»Danke«, sagte Anne.

Miep liebte den Gesichtsausdruck, den das Mädchen

neuerdings hatte, wenn man ihr etwas schenkte. Es war kein lautes Jubeln, das sie alle gefährdet hätte, sondern eine kleine, versteckte Freude. Eine Freude, die sich in der Art verbarg, wie sie danach griff und es einsteckte. Wie ein Eichhörnchen, das eine besonders feine Nuss in seinen Kobel schleppte. Annes Gesicht hellte sich auf. »Willst du mein Zimmer sehen?«, fragte sie. »Es ist fast fertig.«

»Aber natürlich! Aber dann muss ich dringend mit deinem Papa sprechen.«

Anne hatte ganze Arbeit geleistet. Die fade blassgelbe Tapete war über und über beklebt, vor allem mit Bildern von Schauspielerinnen und Schauspielern. Greta Garbo rekelte sich hier neben Heinz Rühmann und Lily Bouwmeester. Dazwischen gab es auch ganz andere Bilder: eine Werbeanzeige und, als wäre es das Normalste der Welt, ein Foto von Michelangelos *Pietà*.

Miep lachte. »Wo hast du das nur alles her! Das sieht großartig aus.«

Herr Frank war einverstanden, dass der Gemüsemann Herr van Hoeve direkt in die Büroküche lieferte. Miep hatte außerdem Herrn van Pels getroffen, der anfragen ließ, ob sie nicht früher ins Versteck kommen könnten. Auch dagegen sprach in Herrn Franks Augen nichts, und sie richteten das Klappbett im Wohnzimmer für die Eltern her. Der Sohn Peter sollte in die kleine Kammer unter der Treppe zum Speicher ziehen.

Als Miep die Familie van Pels ins Versteck brachte, hatten sie denselben verängstigten Blick wie die Franks vor nicht allzu langer Zeit. Herr van Pels, der in der Gewürzabteilung arbeitete, war ein Mittvierziger, der ständig eine Zigarette im Mundwinkel hatte, selbst jetzt. Normalerweise hatte er auch immer einen Scherz auf den Lippen, aber

heute war er einsilbig. Peter war schlaksig und dunkelhaarig und sagte kein Wort. Miep meinte sich zu erinnern,
dass er vom Alter her zwischen Anne und Margot lag. Nur
Frau van Pels redete aus Nervosität wie ein Wasserfall.
Als sie Herrn Frank begrüßte, zwinkerte sie ihm sogar kokett zu. Nun, jeder versuchte eben auf seine Weise, mit
der Situation zurechtzukommen, dachte Miep und erinnerte sich, dass Auguste van Pels einen erlesenen Geschmack an Kleidern und Essen hatte. Sie würde in nächster Zeit auf vieles verzichten müssen. Miep war schon
froh, wenn sie genug Kartoffeln und Spinat bekam.

»Eine Katze!«, rief Anne gedämpft, als Peter die Tasche
öffnete, die er in der Hand getragen hatte. Ein schwarzes
Fellbündel sprang heraus und begann sofort neugierig in
allen Ecken zu schnüffeln.

»Das ist Mouschi«, sagte er schüchtern.

Herr Frank blickte Peters Vater an. »Er sollte die Katze
doch zu Hause lassen.«

Herr van Pels wand sich. »Ja, schon ... er hat sie einfach
mitgenommen, und wir waren schon unterwegs, als wir es
bemerkten.«

»Die Katze kann bleiben, oder nicht?«, rief Anne gedämpft. »Du kannst sie nicht wegschicken! Bitte, Papa!«

»Das wird er nicht«, beruhigte sie Frau van Pels und
schenkte Herrn Frank einen erneuten Augenaufschlag.
»Nicht wahr?«

Während Herr Frank sich noch den Kopf kratzte und zu
überlegen schien, gab Frau van Pels Miep einen Zettel.
»Ich habe schon meine erste Einkaufsliste geschrieben.
Könnten Sie mir diese Dinge in ein paar Tagen besorgen?«

Miep blickte auf den Zettel und riss die Augen auf.
»Rinderfilet?«, stieß sie hervor. Im letzten Moment gelang

es ihr noch, die Stimme zu dämpfen. »Ich bekomme kaum noch irgendwelches Rindfleisch, geschweige denn Filet. Das muss ich gar nicht erst versuchen.«

Das Ehepaar wechselte einen Blick, dann schenkte Herr van Pels Miep ein kleines, freches Grinsen. »Erinnern Sie sich, wie ich Sie vor einiger Zeit zu diesem Fleischer mitgenommen habe?«, fragte er. »Herrn Scholte?«

Miep schaute ihn verständnislos an.

»Er kennt Sie jetzt«, meinte van Pels. »Sie werden bei ihm alles bekommen, was Sie brauchen.«

Das war raffiniert! Miep blieben die Worte im Hals stecken. Aber sie wurde auch einer Antwort enthoben, denn Anne hatte endlich die Katze erwischt und hob sie hoch. Strahlend blickte sie zu Miep und ihrem Vater herüber. »Mouschi muss bleiben, Pim!«, wiederholte sie. Und dann, in beinahe herrischem Tonfall: »Versprich es!«

Pim, wie Anne ihren Vater nannte, war klug genug zu wissen, wann er sich geschlagen geben musste. »Also meinetwegen. Sie jetzt vor die Tür zu setzen, ist wahrscheinlich gefährlicher, als sie dazubehalten.«

Anne strahlte. Miep durchlief ein warmes Gefühl, als sie sah, dass das Mädchen zum ersten Mal, seit sie hier war, wieder glücklich wirkte. Mit vier Samtpfoten und einem seidenweichen schwarzen Fell konnte eben nicht einmal Ginger Rogers mithalten.


Die Einkäufe gehörten nun zu Mieps täglicher Routine. Sie würde noch den besten Zeitpunkt herausfinden müssen, dachte sie, als sie ein paar Tage später gegen elf Uhr morgens zum Gemüsemann ging. Besser rechtzeitig, hatte sie gedacht, vielleicht würde sie drei oder vier Geschäfte abklappern müssen, bis sie alles hatte. Die Knappheit machte sich überall bemerkbar.

Herr van Hoeve las ihre Liste. »Das habe ich alles da. Sie können mir die Marken geben.«

Überrascht förderte Miep sie zutage. »Wie kommt es, dass Sie ...«

Er grinste verstohlen. »Ich habe Ihnen was zurückgelegt. Na ja, Sie kaufen ja neuerdings etwas mehr, da dachte ich ...« Und er förderte zwei Bund Karotten zutage.

Und ich dachte, für die muss ich durch die halbe Stadt laufen, dachte Miep erleichtert und strahlte ihn an.

Inzwischen war sie sich einigermaßen sicher, dem Gemüsemann vertrauen zu können. Was den Fleischer betraf, war sie weniger überzeugt. Deshalb war sie ziemlich nervös, als sie sich mit der Liste von Frau Frank und Frau van Pels in die Schlange vor der Metzgerei Scholte einreihte. Vorsichtig schielte sie nach den anderen Leuten. Man merkte, dass es seit einigen Jahren immer schwerer wurde, gut einzukaufen. Die meisten Leute trugen Kleider, wie sie vor zwei, drei Jahren in Mode gewesen waren. Wer sich selbst keine Kleider nähen konnte, musste kürzertreten. Aber auch an Stoffe kam man immer schwerer. Erst letzten Monat hatte Miep einen schönen Baumwollstoff für eine Bluse gesucht, den es in Zartgrün einfach nicht mehr gab. Dabei hätte sich das so hübsch zu dem schwarzen Jackett gemacht. Die Schlange war ziemlich lang, weil immer wieder Leute mit dem Fleischer diskutierten.

»Aber ich habe eine Marke! Ich will ein Bruststück!«, rief jemand.

»Tut mir leid. Wo nichts ist, kann ich Ihnen auch nichts verkaufen.«

Endlich war Miep an der Reihe. »Guten Tag, Herr Scholte. Erinnern Sie sich an mich?«, fragte sie vorsichtig. Einerseits konnte sie nicht erwarten, dass er ihr Gesicht noch vor Augen hatte. Andererseits hatte sie Angst, zu deutlich zu werden, das hätte nur Verdacht erweckt.

Er zwinkerte. »Natürlich, Frau Gies. Eine hübsche Frau vergisst man doch nicht.«

Miep war so erleichtert, dass sie fast ihre Bestellung vergessen hätte. Offenbar war der Fleischer geübt darin, seine Kundschaft wiederzuerkennen. Vermutlich war sie nicht die Einzige, die hier für andere einkaufte. Wo man auf Hilfe angewiesen war, wurden verlässliche Leute weiterempfohlen. Unter der Hand, flüsternd, verstohlen. Aber unmissverständlich.

Irgendwie ein gutes Gefühl.

Auf dem Rückweg traf sie Jan, der unterwegs zu ihnen war. Der Tagesablauf im Büro war um einige Punkte erweitert worden. Mittags kam Jan, um mit ihr eine Kleinigkeit zu essen. Danach ging er mit Bep ins Hinterhaus, und nachmittags brachte Miep wieder die Einkäufe. Jemand musste im Büro bleiben, falls unerwarteter Besuch kam oder gar – hoffentlich nie! – eine Hausdurchsuchung.

Jan wurde schon nach der kurzen Zeit von allen sehnsüchtig erwartet. Nicht nur von Mouschi, der Katze, die ihn heiß und innig liebte und jedes Mal schnurrend um seine Beine strich, sondern auch von den Kindern, weil er ihre Wünsche für Zeitschriften aufnahm, und von den beiden Männern, weil er Zigaretten vom Schwarzmarkt auftreiben konnte.

»So spät?«, fragte er, nahm ihr die Tasche ab und stopfte die Zigarettenstange, die er unterm Arm getragen hatte, hastig mit hinein. Miep bewunderte seine Fähigkeit, irgendwie immer an alles heranzukommen. Sie war nicht halb so geschickt dabei.

»Wo kriegst du die nur immer her?«

»Berufsgeheimnis«, meinte er. »Ich erzähle es euch gleich. Lass uns erst mal reingehen.«

Wie üblich stieß sich Miep wieder auf der steilen Treppe zum Hinterhaus den Kopf an. »Au! Verflixt und zugenäht!«

Jan bückte sich vorsichtig, bevor er ihr hinterherkletterte.

»Wie machst du es bloß, dass du dich als Einziger nie anstößt?«, fragte sie. »Dabei bist du von uns allen der Größte.«

Jan grinste. »Wir sollten irgendwas drannageln, ein Polster oder so.«

Anne kam ihnen auf Strümpfen entgegen. Sie musste sie auf der Treppe gehört haben und lief gleich wieder nach oben, um Margot und Peter zu holen. Jan klopfte an die Tür von Annes Eltern.

»Die Ausweise?«, wiederholte Herr Frank, kaum hatte Jan sein Anliegen ausgesprochen.

»Ich habe Kontakte«, erklärte Jan. »Bei mir im Büro hassen einige die Nazis. Wir reden inzwischen recht offen darüber. Ein Kollege könnte uns Lebensmittelmarken besorgen. Ich weiß nicht, ob er sie fälscht oder klaut, ist mir auch egal. Aber das würde es uns deutlich erleichtern, Essen zu besorgen. Der Kollege will die Ausweise nur einmal sehen, um sicherzugehen, dass ich wirklich Juden verstecke und mir die Marken nicht in die eigene Tasche schiebe.«

Herr Frank zögerte noch immer. »Und Sie vertrauen ihm?«

Miep verstand seine Sorgen nur zu gut. Wenn Jan mit den Ausweisen aufflog, würden die Grünen wissen, dass die Familie Frank es nicht aus dem Land geschafft hatte, sondern noch hier war.

»Eine Garantie gibt es nie. Aber ja, ich vertraue ihm.

Und wir brauchen die Marken. Selbst mir wird es immer schwerer, Essen zu besorgen. Fragen Sie Miep.«

Jans optimistische Worte schienen nicht zu überzeugen. Herr Frank zögerte noch immer, doch endlich öffnete er die Schublade im Elternschlafzimmer und holte die Ausweise heraus. Aber seine Miene wirkte noch immer besorgt, als er sie Jan übergab. »Bitte seien Sie vorsichtig, Herr Gies, ja?«

# 7

Immer mehr Menschen verschwanden in der nächsten Zeit. Niemand fragte, wo sie geblieben waren. Manche wurden bei den Razzien abgeholt und in Lastwagen zum Bahnhof gekarrt. Andere hatten das gefunden, was man »eine sichere Adresse« nannte. Während die einen in Gefängnissen verschwanden, verkrochen sich andere in dunkle Hinterzimmer, Keller oder Dachböden, die kaum besser waren.

Miep stand in der langen, schmalen Büroküche. Ganz offiziell kochte sie Marmelade. Allerdings wusste niemand außer den Eingeweihten, dass die Gläser für das Hinterhaus bestimmt waren. Und wer nicht genauer hinsah, bemerkte auch nicht die große Schüssel, in der Miep klein geschnittenen Kohl eingesalzen hatte, der nun darauf wartete, zu Sauerkraut zu fermentieren.

Es klingelte, und sie legte den Holzlöffel quer über den Marmeladentopf, um zur Tür zu laufen.

»Kartoffeln, bestellt auf den Namen Gies.« Herr van Hoeve schob sich die Mütze aus der Stirn und lächelte. »Hallo.«

Auf dem Gehsteig neben ihm stand ein Handkarren mit mehreren Säcken Kartoffeln. Er lieferte selbst aus und vertraute die Aufgabe keinem Laufburschen an, dachte Miep. Das war beruhigend.

»Ah, die Lieferung fürs Büro. Hier entlang.« Auch

wenn sie nicht mehr glaubte, dass er sie verraten würde, war es doch besser, den Schein zu wahren. Miep bat ihn, seinen Karren ins Haus zu stellen, und führte ihn dann die Treppe hinauf und nach hinten in die Küche. Für die kräftigen Schultern des Gemüsemanns war der Sack Kartoffeln keine schwere Last, für eine winzige, zarte Person wie sie selbst schon. Sie war dankbar, dass sie ihn nicht schleppen musste.

»Wo darf ich die Kartoffeln abstellen?« Er blickte sich nicht um, obwohl ihm die auf dem Herd dampfende Marmelade auffallen musste. Miep zeigte auf den Schrank, und mit einem Schwung beförderte er seine Last in das gewünschte Fach.

Miep sah sich nervös um. Nachdem ein Vertreter gestern Obst gebracht hatte, hatten die Frauen aus dem Hinterhaus gestern Abend offenbar einige Früchte zum Dörren herausgesucht. Die schönsten waren im Steinguttopf verschwunden, der mit Rum aufgefüllt worden war, aber die leeren Tüten lagen noch auf der Theke, und Miep kam es so vor, als müsse jeder Fremde sofort riechen, dass nicht sie die Früchte herausgenommen hatte, sondern jemand anders.

Das alles schien Herrn van Hoeve indes nicht zu interessieren. Er zog nur den Lieferschein aus der Jacke, strich ihn auf der Theke glatt, damit Miep unterzeichnen konnte, und verabschiedete sich höflich.

Nicht immer allerdings verliefen die Begegnungen so unkompliziert. Als Miep am Nachmittag beim Bäcker stand und nach gut zehn Minuten schon an der Reihe war, begriff sie, dass diese Diskretion nicht selbstverständlich war.

»So viel Brot?«, fragte der Bäcker. »Das ist aber ungewöhnlich.«

Miep erstarrte. Sie umklammerte ihre Tasche so fest, dass sie die Ledergriffe hart und glatt auf den feuchten Handflächen spüren konnte. Ihre Schultern zogen sich zusammen, und sie hatte das Gefühl, als stünde auf ihrer Stirn geschrieben: *Ich verstecke Juden.* Wieder überfiel sie das Gefühl, von alles sehenden Augen umgeben zu sein, die sie packen, an irgendeinen Ort zerren, in unterirdische Kerker werfen wollten.

»Wir ... haben ein kleines Fest«, brachte sie hervor. Sie wusste nicht einmal, ob die Frage freundlich oder lauernd gemeint gewesen war, ob sie überhaupt irgendetwas bedeutete. So viel wurde einfach nur dahingesagt, verflog und war vergessen, sobald es ausgesprochen war. Auf einmal wollte sie nur noch hier weg.

Es dauerte eine schiere Ewigkeit, bis der Bäcker alles in ihre Tasche gelegt hatte. Sie zahlte und verließ den Laden, als sei jetzt schon die Gestapo hinter ihr her.

Im Büro schloss sie die Tür hinter sich und lehnte sich einen Moment dagegen. Ein, zwei tiefe Atemzüge. Dann nahm sie ihre Tasche und stellte sie neben ihren Schreibtisch ans Fenster, wo sie vom Eingang aus nicht zu sehen war.

»Was ist denn passiert?«, fragte Johannes.

Miep war ohnehin zu aufgelöst, um sich einfach so an die Arbeit zu setzen. Also erzählte sie, was passiert war. »Übertreibe ich?«, fragte sie. »Leide ich unter Verfolgungswahn?«

Johannes blickte sie nachdenklich durch seine dicken Brillengläser an. Dann schüttelte er den Kopf. »Ich glaube nicht. Und selbst wenn, wir sollten es nicht darauf ankommen lassen. Ich kenne einen Bäcker, der hat mir gegenüber schon öfter eine Bemerkung fallen gelassen ... ich denke, dem können wir vertrauen.«

»Wir haben jetzt auch eine sichere Adresse«, sagte Frau Stoppelmans Tochter, Frau Cohen, als sie nach der Arbeit bei Miep in der Küche einträchtig Zwiebeln fürs Abendessen schnitten. »Es wird auch Zeit. Hier ist es so eng für die Kinder. Und ich will nicht warten, bis sie uns holen kommen.«

Miep wusste ganz genau, wie sich das anfühlte – sehr viel besser, als sie ihr sagen konnte. Sie nickte nur stumm.

Frau Cohen atmete tief durch. »Wir suchen noch ein Versteck für meine Mutter«, fuhr sie fort. »Ich werde nicht viel tun können, wenn wir erst einmal untergetaucht sind. Aber vielleicht könnten Sie ...«

»Selbstverständlich.«

Miep dachte daran, wie penibel Herr Frank seine Flucht geplant hatte. Inzwischen hatte sie erfahren, wie er vorher so viele haltbare Lebensmittel und Möbel heimlich ins Versteck hatte bringen können. Der Bruder von Johannes Kleiman besaß einen kleinen Lieferwagen, den sie nachts beladen und zum Hinterhaus gefahren hatten.

Miep zögerte einen Moment, dann meinte sie: »Aber planen Sie es gut. Wenn Sie überstürzt abreisen, könnte das Aufsehen erregen.«

Frau Cohen stieß nur einen leisen, bitteren Laut aus.

Nach diesem Gespräch war Miep nicht allzu überrascht, als Frau Cohen zwei Tage später nicht mehr kam, um mit ihr zu kochen. Während sie das Essen zubereitete, brachte Jan einen Schwung Energie in die Küche.

»Hallo, Schatz. Gute Nachrichten. Ich habe mit meinem Freund in der Leihbücherei Cosmo gesprochen. Er sagt, alle seine Angestellten seien vertrauenswürdig. Wenn Anne und Margot also Bücher brauchen – wir bekommen dort alles.«

Miep nickte.

»Wo ist denn Frau Cohen?«, fragte er.

Sie legte ihre Hand auf seine. »Verschwunden.«

Es war auf einmal still und leer in der Wohnung. Obwohl sie in der letzten Zeit furchtbar beengt gelebt hatten, vermisste Miep den Trubel beinahe.

Die erste Nacht ohne die Cohens war sonderbar ruhig. So fühlte es sich also an, wenn jemand in der eigenen Wohnung verschwand, dachte Miep und starrte schlaflos an die Decke. Neben sich hörte sie Jans ruhige, gleichmäßige Atemzüge.

Durch die Verdunklung vor dem Fenster drang kein Funken Licht herein. Kein Mond, keine Sterne. Miep verlor allmählich die Erinnerung daran, wie es gewesen war, abends aus dem Fenster zu blicken und die funkelnden Lichter am Nachthimmel zu sehen. Wenn der Mond aufging und tröstend einen sanften, silbrigen Schimmer ins Zimmer warf.

Wie viel mehr mussten sich Franks diesem Schweigen ausgeliefert fühlen, bei denen selbst tagsüber nie direkte Sonnenstrahlen hereinfallen durften? Ohne Licht war die Welt fremd und feindlich und leer. Tot. Die Finsternis täuschte die Sinne, gab einem das Gefühl, auch draußen sei alles verschwunden, aufgesogen vom gierigen Schlund des Regimes. Als ließe die ewige Dunkelheit Blätter welken und das Land fahl und tot werden. Als würden selbst Wind und Wellen schweigen, und die Menschen als gesichtslose Schemen vorbeihuschen. Unwirklich. Geisterhaft.

Sie war hellwach, als es Sturm klingelte.

Erschrocken fuhr sie hoch. Auch Jan schreckte aus dem Schlaf und blickte orientierungslos um sich. Sie sahen sich an. Beide dachten dasselbe.

Die Grünen?

Entschlossen schaltete Miep die Nachttischlampe an, warf einen Schlafrock über und ging zur Tür.

Es waren keine Nazis. Nur eine ältere Frau. Aber sie führte zwei kleine Kinder an der Hand. Die von Cohens.

Hinter Miep ging die Tür zu Frau Stoppelmans Schlafzimmer auf. »O Gott, nein!«, flüsterte die alte Dame. »Nein!«

»Sind Sie Frau Stoppelman?«, fragte die Frau an der Tür.

Es war unübersehbar, dass Frau Stoppelman selbst Hilfe brauchte. »Das ist sie, ja«, mischte sich Miep ein. »Ich bin die Untermieterin und kenne die Kinder. Was ist passiert?«

»Herr und Frau Cohen wurden am Bahnhof verhaftet«, berichtete die Frau leise. »Ich konnte mit den Kindern fliehen. Sie müssen ein neues Versteck für die beiden finden.«

»Mein Gott«, flüsterte Miep. »Und was ...«

»Ich weiß nicht«, erwiderte die Frau. »Aber wer auf der Flucht verhaftet wird, kommt gewöhnlich in eines dieser Konzentrationslager.« Sie sah Miep ernst in die Augen. »Es tut mir so leid.«

# 8

In dieser Nacht bekam Miep kaum ein Auge zu. Offenbar hatten es die Cohens nicht mehr ausgehalten, waren in ihrer Angst überstürzt zum Bahnhof aufgebrochen und dort verhaftet worden. Was würde nun aus den Kindern werden? Immer musste sie daran denken, wie die beiden jetzt bei Frau Stoppelman lagen. Verzweifelt, verängstigt, verlassen.

Irgendwann gegen fünf Uhr morgens stand sie auf, um sich einen Tee aufzubrühen. Als sie in die Küche trat, brannte bereits Licht. Frau Stoppelman.

»Ich habe herumtelefoniert«, sagte sie apathisch. »Die Kinder müssen versorgt sein, ehe ich gehe.«

Miep setzte den Wasserkessel auf und suchte sich ihre Kräutermischung heraus, Kamille und Fenchel. Sie mochte den etwas herben Duft, die beruhigende Wirkung. Es war kalt, und sie zog den Gürtel ihres Morgenmantels fester.

»Sagen Sie uns nicht, wann genau Sie gehen«, meinte sie, während sie die getrockneten Kräuter in den Filter gab. »Je weniger wir wissen, desto besser. Am besten machen wir ein paar Tage Urlaub, wenn es so weit ist. Dann kann niemand erwarten, dass wir irgendetwas mitbekommen haben.« Sie setzte sich zu ihr. »Haben Sie jemanden, der Ihnen hilft, ein Versteck zu finden?«

Frau Stoppelman schloss die Finger um ihre Tasse. Die Milch musste kalt sein, es stand kein Topf auf dem Herd.

Trotzdem wirkte es, als wollte sie sich wärmen. »Da ist eine Studentenorganisation. Sie sagen, sie können vielleicht etwas für die Kinder finden. In Utrecht gibt es Platz, aber nur für eines. Für das andere suchen sie noch.«

Dann müssten sich die Geschwister auch noch trennen. Aber darauf konnte niemand mehr Rücksicht nehmen, wo es längst nur noch um das nackte Überleben ging.

»Es gibt kaum noch Ärzte, die es wagen, einem ein Attest über Arbeitsunfähigkeit zu schreiben«, fuhr Frau Stoppelman fort. »Und eine Arbeit, die mich unentbehrlich macht, habe ich auch nicht. Wenn sie mich im Lager haben wollen, werde ich mitkommen müssen.« Sie stützte die Hände auf den Tisch und legte die Stirn darauf. »Ich habe Angst vor jedem Geräusch«, flüsterte sie. »Bei jedem Schritt auf der Treppe denke ich, jetzt kommen sie und holen mich.« Sie blickte Miep ins Gesicht. »Warum nur tun sie uns das an?«

Niemand konnte Miep Gies erzählen, dass in den Lagern alles eitel Sonnenschein war, wie die Nazis sie alle glauben machen wollten. Doch wer seine Befürchtungen aussprach, wurde diffamiert als Lügner, der Gespenster sah oder Feindpropaganda verbreitete. Ganz abgesehen davon, dass es durchaus auch Leute gab, denen es egal war. Es waren ja »nur« Juden und Verbrecher.

Miep versuchte, so gut es ging, wieder etwas Alltag einkehren zu lassen. Im Büro achtete einer darauf, wann alle, die nicht eingeweiht waren, abends nach Hause gegangen waren. Sobald sich die Tür hinter dem letzten von ihnen schloss, konnte man im Hinterhaus Bescheid geben, dass die Luft rein war. Das bedeutete, dass man dort wieder die Toilettenspülung benutzen, in normaler Lautstärke reden und Treppen steigen durfte. Vielleicht sogar einmal die

Dachluke oben aufmachen, um etwas frische Luft zu schnappen.

Im Mansardenraum unterm Dach war Peter dabei, sich eine Werkstatt einzurichten, und die beiden Mädchen zogen sich dorthin zum Lesen zurück, zwischen Wäsche, Lebensmittelsäcke und Regale voll Werkzeug. Wenn Peter nachts die Kartoffeln aus der Büroküche holte, brachte er sie hierher.

Den anderen Kunden im Gemüseladen fiel nicht auf, dass sie für neun Personen einkaufte – viele hamsterten in diesen Tagen. Wenn sie ins Büro kam, stellte sie die Tasche jetzt immer neben ihren Schreibtisch, auf die Seite zum Fenster hin, wo man sie nicht so gut sehen konnte. Vom Milchmann waren keine Fragen zu befürchten – viele Büros gehörten zu seinen Kunden. Auch dem Bäcker, den Johannes Kleiman empfohlen hatte, vertraute sie längst, ebenso wie den Leuten in der Leihbücherei, wo sie immer samstags neuen Lesestoff ausliehen und zurückbrachten.

Als sie heute hinüberging, dachte Miep zum ersten Mal daran, den Kopf einzuziehen. Und ausgerechnet heute fiel ihr auf, dass jemand einen Lappen an die Stelle genagelt hatte!

Anne rannte ihr entgegen. »Was gibt es Neues? Mir ist so langweilig hier drinnen! Ich will Hanneli sehen, du weißt gar nicht, wie gern ich wieder hinausgehen würde! Es war so warm die letzten Tage, früher sind wir an solchen Tagen oft zum Meer gefahren. Ich würde so gern wieder schwimmen gehen!«

Immer war es Anne, dachte Miep zärtlich, die ihr als Erste entgegenlief. Sie hatte ihr dunkelbraunes Haar schon ausgiebig gebürstet und offenbar gestern Nacht noch gewaschen. Es glänzte, und tatsächlich hatte sie es mit Lockenwicklern gelegt! Es versetzte Miep einen Stich. Das Mädchen saß hier fest, in einem dunklen, stickigen Hinterhaus, und so wie es aussah, würde in den nächsten Monaten kaum jemand da sein, der bemerken würde, wenn sie sich hübsch machte. Es hatte etwas schmerzhaft Rührendes, zu sehen, dass sie sich trotzdem Gedanken um ihr Äußeres machte. Ob sie den Frisierumhang benutzte, den Miep für sie hergeschafft hatte?

»Pim unterrichtet uns, aber es ist nicht dasselbe wie in der Schule«, sagte sie, während sie Miep die Tasche abnahm und sich über die Schulter wuchtete. So schmal wie sie war, kein leichtes Unterfangen, doch sie schien so erleichtert über die Abwechslung, dass es ihr wohl gleich war. »Aber stell dir vor, Gusti van Pels hat ihren Nachttopf mit ins Versteck gebracht! Wir haben alle gelacht, als sie ihn auspackte!«

Miep tat das Mädchen leid. Wie mochte es sein, seine Jugend so zu verbringen, ohne eine Aussicht, wann es je besser sein würde? Die Langeweile, die abgestandene Luft, die immer gleiche Routine. Wie sehr musste Anne davon träumen, einmal wieder auf eine Feier zu gehen. Unbeschwert an den Kanälen entlangzulaufen. Kleider oder Schuhe kaufen zu gehen. Zum Friseur, zum Sport, zum Musikunterricht. In die Schule und später auf die Universität.

Langeweile zerfraß einem das Gehirn, sog einem alle Freude aus den Adern, hüllte einen in einen stinkenden Nebel aus Gleichgültigkeit, in dem irgendwann jeder Handgriff zur Überwindung wurde. Langeweile war wie ein zäher, klebriger Schmerz im Kopf und in den Muskeln. Diese Kinder waren schon jetzt Gefangene, auch wenn die Nazis ihrer bisher nicht habhaft geworden waren. Alles, was Miep tun konnte, war, ihnen diese Gefangenschaft zu erleichtern, so gut sie konnte.

»Ist bestimmt nicht einfach, die drei zu unterrichten«, meinte sie, als Herr Frank aus dem Elternschlafzimmer kam und seiner Tochter nachblickte.

»Oh, es geht schon. Margot liebt den Unterricht. Anne muss ich manchmal dazu bringen, sich zu konzentrieren, aber sie kommt zurecht. Und Peter, nun, er ist manchmal ein bisschen langsam, und seiner Ansicht nach muss er ohnehin nichts mehr lernen. Aber ich will Sie nicht aufhalten. Meine Frau ist oben.«

Tatsächlich fand sie Frau Frank in der Küche vor. Anne hatte die Tasche mit den Lebensmitteln hochgewuchtet. Es war Käse drin und etwas Fleisch. Miep hatte beides schon vorhin besorgt, weil der Laden auf dem Weg lag.

Frau Frank und Frau van Pels hatten die neue Liste schon fertig.

»Nur gut, dass bisher niemand krank ist«, sagte Frau Frank, als sie ihr den Zettel reichte. »Hustensaft können Sie uns besorgen, aber was ist, wenn mal jemand einen Arzt braucht?«

»Es wird ja nicht ewig so sein«, versuchte Miep, sie zu trösten. »Womöglich ist der Krieg in ein paar Monaten zu Ende, dann sind Sie hier raus. Und dann machen wir als Erstes ein großes Festmenü!«

»Oh, gut, dass Sie es erwähnen. Festmenü.« Frau Frank sah ihre Tochter an, dann Frau van Pels. Anne wirkte ganz zappelig.

»Ich will es ihr sagen!«, rief sie. »Wir wollen euch zum Essen einladen, Miep! Du und Jan, ihr habt doch bald den ersten Hochzeitstag. Wir kochen für euch.«

Miep blickte die drei überrascht an.

»Ein kleines Dankeschön, wenn Sie so wollen«, meinte Frau van Pels. »Sie tun hier eine ganze Menge für uns.«

»Ihr kommt doch, oder?«, fragte Anne ungeduldig.

Obwohl das Mädchen eigentlich schon zu groß für eine solche Geste war, fuhr Miep Anne durch das glänzende braune Haar. »Wenn es was Gutes zu essen gibt? Du kennst mich doch!«

Miep und Jan hatten ihre besten Kleider an, als sie an ihrem ersten Hochzeitstag nach der Arbeit die Tür zum Hinterhaus öffneten. »Guten Abend!«, rief Miep in den Flur. »Die Arbeiter sind weg, die Luft ist rein!«

Anne kam ihnen entgegengelaufen, auch sie trug ein hübsches Kleid und hatte ihre Haare unten gelockt.

»Herr und Frau Gies, *het Achterhuis* heißt Sie willkommen!«, verkündete sie in wichtigem Ton. »Bitte abzulegen. Der Speisesaal befindet sich oben, in der Beletage.«

Sie eskortierte sie hinauf in die beengte Wohnküche, wartete, bis sie alle begrüßt hatten, und rückte ihnen dann die Stühle zurecht wie der allerbeste Kellner in einem feinen Restaurant. Mit huldvoller Geste wies sie auf das Stück Papier, das auf dem Tisch lag. »Das Menü.«

Miep musste lachen. »Du hast eine Speisekarte geschrieben? Und sogar abgetippt!«

Jan rückte seine Brille zurecht und las vor: »*Galadiner, veranstaltet von Het Achterhuis, aus Anlass des ersten Hochzeitstags von Herrn Gies und Frau Gemahlin.*« Er blickte auf. »Besten Dank.«

Anne strahlte und machte eine kleine Verbeugung. »Lesen Sie weiter, gnädiger Herr.«

»Nun gut, was erwartet uns da? Ah, *Bouillon à la Hunzestraat, Roastbeef Scholte, Salade Richelieu, Salade Hollandaise, eine Kartoffel.* Eine Kartoffel?«

»Eine für jeden natürlich«, versicherte Anne großspurig.

»*Dazu Sauce de Boeuf (Jus). Wir empfehlen größte Zurückhaltung wegen der gekürzten Butterzuteilung.*« Jan blickte die Autorin der Speisekarte todernst an. »Machen Sie sich keine Sorgen, Gnädigste. Wir sind ja keine Barbaren und wissen, was wir einem so eleganten Restaurant schulden.«

Ihre Erwartungen wurden nicht enttäuscht. Die Suppe war perfekt ausgewogen, Gemüse, Kräuter und Butter aufeinander abgestimmt. Das Roastbeef war so zart, dass es im Mund zerging, mit einer knusprigen Kruste.

»Das schmeckt ganz fantastisch!«, sagte Miep beeindruckt.

Herr van Pels drückte die Hand seiner Frau. »Auguste ist eine ausgezeichnete Köchin.«

»Sie könnten in jedem Restaurant anfangen!«, meinte Miep begeistert und ließ sich noch einmal nachlegen. Plötzlich wurde ihr bewusst, dass sie für einen kurzen Moment alle vergessen hatten, wo sie waren, und warum. Auguste van Pels würde in keinem Restaurant in den Niederlanden Arbeit finden, denn Christen ließen sich kein Essen mehr von Juden zubereiten.

»Wie habt ihr euch eigentlich kennengelernt?«, fragte Anne neugierig.

Miep war froh über den Themenwechsel. »Ach, das war vor langer Zeit. Da habe ich dich noch gar nicht gekannt, Anne«, meinte sie. »Damals habe ich noch Tagebuch geführt.«

Anne erstarrte. »Du schreibst Tagebuch?«, fragte sie zögernd. »Stehe ich ... stehe ich auch drin?«

»Wer weiß?« Miep ließ sie einen Moment zappeln, dann lachte sie. »Keine Sorge, ich schreibe schon lange kein Tagebuch mehr, Anne. Ich habe es sogar verbrannt. So ein Tagebuch ist eine knifflige Sache. Man kann sich in Teufels Küche bringen, wenn jemand liest, was da drinnen steht. Es wurde mir einfach zu gefährlich.«

»Oho.« Sofort hatte Anne ihren frechen Ausdruck wieder. »Jetzt wird es aber interessant!«

Frau van Pels warf ihr einen strafenden Blick zu.

Anne blickte zum Fenster, wo der Kastanienbaum seinen Schatten auf die verhängten Scheiben warf. »Wenn das alles hier vorbei ist, würde ich mein Tagebuch gern veröffentlichen. Vielleicht nicht alles, aber Ausschnitte daraus.«

»Ist das nicht privat? Es ist doch ein Stück von dir«, gab Miep zu bedenken. In den letzten Jahren der ständigen Überwachung durch die Nazis hatte sie das Wort *privat* noch mehr schätzen gelernt. Wo der Staat alles wissen wollte, wo man ständig seinen Ausweis bei sich tragen musste, lag dieses übermächtige, riesige Auge schwer auf der Seele und machte selbst das Atmen zur Anstrengung. »Wäre das nicht dasselbe, wie wenn jeder es hier einfach lesen könnte?«

»Natürlich nicht. Ich würde ja selbst bestimmen, was ich für mich behalte. Es wäre dann kein Tagebuch mehr, sondern eher eine Art Brief: Hallo, Welt, hier ist Anne Frank.« Ihre grün gesprenkelten braunen Augen blickten nachdenklich aus dem feinen Gesicht mit der fast durchscheinenden Haut. Sie blickten in eine Ferne, als suchte sie dort etwas. Eine Welt außerhalb dieses Hauses. Eine Zukunft. Glück.

Miep konnte sich vorstellen, was es für die Mädchen bedeutete, sich nach draußen zu sehnen. Zu spüren, wie Freiheit schmeckte. Wie es sich anfühlte, nicht auf Schritt und Tritt beobachtet zu sein. Kleine, verbotene Dinge zu tun, harmlose Grenzüberschreitungen, die einen empfinden ließen, dass man am Leben war. Dummheiten machen zu dürfen. Die Sonne auf der Haut zu spüren. Laut sein zu dürfen, übermütig zu lachen.

»Ich will nicht so ein bedeutungsloses Leben führen«, sagte Anne ernst. »Manchmal frage ich mich, was mal von mir übrig bleibt. An was wird man sich erinnern, wenn ich mich bloß um Essen und Familie kümmere? Vielleicht werden noch ein, zwei Generationen wissen, was ich gekocht und abends geredet habe, das ist alles.« Sie zuckte die Schultern. »Aber vielleicht fühle ich mich hier drin auch nur so, als wäre ich schon begraben. Deshalb möchte ich irgendjemanden wissen lassen, dass ich lebe.«

Margot blickte zur Seite, das Thema schien ihr unangenehm zu sein. Ihre Mutter biss sich auf die Lippen, und Frau van Pels, die gerade dieses herrliche Menü gezaubert hatte, sah alles andere als amüsiert aus. Sie setzte zu einer Erwiderung an.

»Na dann«, sagte Miep schnell, »erzähle ich mal, wie es dazu kam, dass Jan und ich uns kennenlernten. Wisst ihr, dass ich die ganze Sache um ein Haar vermasselt hätte?«

»Was?« Anne lachte wieder. »Du? Wie das denn?«

Immerhin hatte Miep die Mädchen von dem gefährlichen Thema weggelotst. Sie konnte ihnen kein Leben in Freiheit geben, aber sie konnte ihnen Geschichten davon erzählen. »Also gut«, begann sie. »Das war 1927. Ich war damals gerade achtzehn Jahre alt und kam frisch von der Schule ...«

# 9

## Amsterdam, Frühjahr 1927

Es war nicht die beste Zeit, um auf Arbeitssuche zu gehen. Gute Stellen waren rar, aber Miep war entschlossen, ihr Glück zu versuchen. Sie war gut ausgebildet und bestens motiviert. Sie würde etwas finden.

Nervös umklammerte sie den Ordner mit ihren Papieren: Zeugnisse, ihre Urkunden. Das Haar trug sie jetzt halblang, wie es neuerdings in Mode war. Die ganze Nacht hatte sie kaum geschlafen, aus lauter Sorge, dass die Klammern für die Wasserwelle verrutschen und sie am nächsten Morgen wie einen Pudel aussehen lassen würden. Dann hatte sie weitere tausend Ängste wegen ihrer Strümpfe ausgestanden – ein Riss, und sie wären reif für die Mülltonne. Schließlich war sie in ihre Schuhe mit dem höchsten Absatz geschlüpft. Wer nur einen Meter fünfzig groß war, musste eben mit Schuhen nachhelfen, um groß und schlank auszusehen. Auf dem Weg hatte sie alles, was sie übers Plissieren und Sticken wusste, noch einmal zu rekapitulieren versucht, um in der Textilfabrik einen guten Eindruck zu machen. Tief atmete sie durch. Dann betrat sie das Haus und nannte dem Pförtner ihren Namen und ihr Anliegen. Er ließ eine Sekretärin holen, die sie in den ersten Stock hinauf zum Büro des Direktors brachte. Die Frau öffnete die Tür und schob sie hinein.

»Fräulein Santrouschitz kommt wegen der Stellung als Typistin.«

Damit überließ sie Miep sich selbst.

Etwas eingeschüchtert umklammerte diese ihre Handtasche, aber dann streckte sie den Rücken. Sie hatte schon Schlimmeres überstanden als ein Einstellungsgespräch.

Der ältere Herr hinter dem riesigen Schreibtisch deutete auf einen Stuhl, der ihm gegenüberstand. Er hatte nur kurz den Kopf gehoben, als sie hereintrat, und sich gleich wieder über seine Papiere gebeugt. Es sah sehr wichtig aus.

Miep nahm Platz und wartete. Er ließ sich Zeit, ganz offensichtlich wollte er demonstrieren, dass sie nicht der wichtigste Punkt auf seiner Tagesordnung war. Miep hatte Gelegenheit, die alten Bilder zu betrachten, die an den Wänden hingen, die goldene Tischuhr und die edlen Teppiche. Dann musterte sie unauffällig das Brillengestell auf der Nase des Herrn und zählte die letzten Haare auf seiner Glatze. Sie reckte sich ein wenig, um die Fotografien zweier Kinder auf seinem Schreibtisch zu betrachten. »Sie möchten hier bei uns als Typistin anfangen? Haben Sie das denn schon einmal gemacht?«

Endlich! Der Herr am Schreibtisch hatte Zeit, sie zur Kenntnis zu nehmen. Miep straffte den Rücken. »Ich komme direkt von der Schule, aber ich kann eine Schreibmaschine bedienen.«

Er nickte und ließ sich ihre Zeugnisse reichen. »Im Lebenslauf steht, dass Sie aus Österreich stammen. Sie sprechen unsere Sprache akzentfrei.«

»Danke.« Miep versuchte ein Lächeln, obwohl sie das eigentlich nicht besonders mochte. Vielleicht lag es an ihrer Geschichte – dem Hunger früher, dem Umzug in das ferne Land, weit weg von ihrer Familie –, dass sie nicht gern lächelte. Es kam ihr oft so unehrlich vor. »Ich lebe seit sieben Jahren in den Niederlanden. Damals kam ich als Pflegekind. Es steht in meinem Lebenslauf.«

»Schon gut, das glaube ich Ihnen. Ihre Zensuren sind gut.« Der Fabrikdirektor überflog die Referenzen. Es klopfte, und er rief laut: »Herein!«

De Tür ging auf, und ein blonder junger Mann betrat den Raum. »Sie wollten mich sprechen?«

Miep mochte den Klang seiner Stimme. Er trug eine Brille, die Augen dahinter waren warm, lebendig und hell. Das dichte Haar war modisch gescheitelt, und er war so groß, dass sie neben ihm winzig aussehen musste, wenn sie aufstand. So oder so, ihre hohen Absätze würden hier auch nichts helfen.

»Herr Gies, das ist Fräulein Santrouschitz. Seien Sie so gut, und führen Sie sie herum. Ich muss mich noch um den Papierkram kümmern.« Der Fabrikdirektor beugte sich wieder über Mieps Zeugnisse und überließ sie sich selbst. Miep blickte verstohlen zu dem jungen Mann auf. Er war ausnehmend gut gekleidet. Offenbar legte er genau wie sie Wert auf ein gepflegtes Erscheinungsbild.

Er kam zu ihr herüber – und fegte dabei einen Stapel Papier vom Tisch und auf Miep.

»Hoppla! Entschuldigung! Aber niemand hat mir gesagt, dass ich die Hollywoodlegende Norma Shearer herumführen darf.« Er hob die Blätter auf und stellte sich vor. »Jan Gies. Freut mich, gnädiges Fräulein.«

*Gnädiges Fräulein.*

Das fühlte sich gut an. Es klang nach einem jungen Fräulein, das sein Geld selbst verdienen konnte. Das nicht hungern musste, sondern eine Stellung als Typistin in einer guten Firma hatte. Vielleicht eines Tages sogar Chefsekretärin sein würde. Und es wäre gelogen gewesen, dass es ihr nicht gefallen hätte, mit der berühmten Hollywood-Schauspielerin verglichen zu werden.

»Das Vergnügen ist ganz meinerseits. Hermine Santrouschitz«, erwiderte sie höflich. »Oder, wenn das zu lang ist, einfach Miep.«

Jan Gies machte keinen Hehl aus seinem Interesse. Gleich in den ersten Wochen lud er Miep zur Mittagspause in ein Café im Stadtzentrum ein. Ein schlauchförmiger Raum mit Kassettendecke, Parkett und Möbeln im Empirestil. An den Wänden hingen altmodische Gemälde. Vielleicht hatte er sich daran erinnert, dass sie aus Wien kam, und wollte ihr einen Hauch kaiserliche Eleganz bieten.

Die beiden passten gut in dieses Lokal – Miep trug ein Damenkostüm, das sie nach einem Schaufenstervorbild selbst geschneidert hatte, und Jan einen gut sitzenden Anzug und eine seriöse Brille.

Sie schloss beide Hände um die dampfende Tasse und blickte ihn verstohlen über den Rand hinweg an.

»Ich gehe am Wochenende gern tanzen. Kann es sein, dass wir uns da schon einmal gesehen haben?«, fragte sie. Irgendwie kam er ihr tatsächlich bekannt vor. Aber offenbar waren sie bisher immer aneinander vorbeigelaufen.

»Möglich. Ich wohne im Flussviertel. Wenn Sie dort unterwegs sind, könnte es schon sein.« Er lächelte, und wieder fiel Miep auf, wie warm seine Augen wirkten. »Ich bin in Amsterdam aufgewachsen. Im Süden der Stadt, aber seit einiger Zeit habe ich ein Zimmer bei einer Familie gemietet.«

Miep seufzte. »Das konnte ich mir bisher noch nicht leisten, deshalb wohne ich noch zu Hause bei meinen Eltern. Aber vielleicht klappt es ja jetzt, wo ich eine Stellung habe.«

Jan nippte an seinem Kaffee. »Bestimmt, gnädiges Fräulein. Wenn es Ihnen zusagt, würde ich aber dennoch anbieten, Sie einmal ins Kino auszuführen. Es sei denn, Sie wollen mich ausführen.«

Miep musste lachen. Die Vorstellung, dass ein Fräulein einen Herrn ausführte, war doch zu komisch.

»Sie gehen gern ins Kino?«, wollte er wissen.

»Wer nicht?«

Miep nippte an ihrer Tasse, um ihr Lächeln zu verbergen.

Sie stellten so schnell Gemeinsamkeiten fest, dass es ihr fast den Atem verschlug. Bis zu diesem verflixten Tanzabend im Flussviertel.

Miep schwebte mit Joris übers Parkett. Sie mochte die Musik, und es machte ihr Spaß, sich von den Männern herumschwenken zu lassen. Besonders der Charleston gefiel ihr mit seinen schnellen Rhythmen und lebhaften Schritten. Sonst gab es wenig Möglichkeiten für eine temperamentvolle junge Frau, ihr Temperament auszuleben. Und es gefiel ihr durchaus, wie Wouter und Maarten ihr immer wieder heimliche Blicke zuwarfen. Das musste an ihrem Kleid liegen. Sie hatte das viel zu teure rosa Traumkleid, das sie in einem Schaufenster gesehen hatte, nachgeschneidert – mit ihrem ersten Gehalt den Stoff gekauft und dann in mühevoller Arbeit und nach langer Planung (und mit etwas Hilfe von Mama) die Nähmaschine heißlaufen lassen. Das Ergebnis konnte sich sehen lassen. Es war eine Schwäche, ein wenig eitel zu sein, aber es hielt sich im Bereich des Harmlosen. Obwohl sie vor Stolz auf ihr Werk fast platzte, gehörte sie nicht zu den Frauen, die sich permanent im Spiegel betrachten mussten.

Daan allerdings wirkte aus irgendeinem Grund verärgert. Stocksteif stand er am Rand des Saals in dem rustikalen Vereinsheim, gleich bei den dunkelroten Vorhängen, wo Stühle gestapelt waren, um Platz zum Tanzen zu schaffen. Immer wieder schielte er herüber, um dann wieder mit bissiger Miene wegzusehen.

Miep war nicht das Mädchen, das gern um den heißen Brei herumredete. Sie wartete das Ende ihres Tanzes ab, dann stapfte sie zu Daan hinüber und pflanzte sich vor ihm auf.

»Was ist denn los? Sie sehen mich die ganze Zeit an, als hätte ich Ihnen etwas getan.«

Daan rümpfte die Nase und blickte zur Seite. »Bilden Sie sich mal bloß nichts ein.«

»Mache ich nicht. Aber ich werde auch nicht weggehen, ehe Sie mir nicht sagen, warum Sie auf mich wütend sind.«

»Warum sollte ich wütend sein? Das ist albern.« Aber er runzelte die Stirn, und seine Lippen waren so schmal, dass man das Gefühl hatte, er würde am liebsten Tod und Pestilenz auf sie niedergehen lassen. In dem dunklen Anzug wirkte er noch bleicher als sonst, und das lag nicht nur an den straff zurückgekämmten roten Haaren.

»Daan! Ich werde nichts daran ändern können, wenn ich nicht weiß, was es ist.«

Der Anflug von Interesse in ihrer Stimme, der deutlich herauszuhören war, schien ihn etwas zutraulicher zu machen.

»Wir waren verabredet«, sagte er widerwillig. Er quetschte es zwischen den Zähnen hervor wie einen zähen Brei. »Vorgestern. Ich habe gewartet. Sie sind nicht gekommen. Ich hatte Blumen gekauft.«

Ach du liebe Zeit! Miep verschluckte die Bemerkung. Vorgestern war sie spontan losgeradelt, um Jan zum Eisessen zu treffen. Sie hatte die Verabredung mit Daan völlig vergessen.

»Das tut mir leid«, stotterte sie. Und log drauflos:

»Mein ... meine Mutter ist unvorhergesehen aus Österreich angereist. Ich konnte sie nicht gleich als Erstes alleinlassen.« Sie wusste wirklich nicht, was man in so einer Situation sagte. Ihr war so etwas noch nie passiert. Dass sich der eine oder andere Mann für sie interessierte, war nicht so neu. Aber neu war, dass es offenbar einen gab, mit dem sie lieber Zeit verbrachte als mit den anderen. So sehr, dass sie die anderen darüber vergaß!

»Was kann ich denn tun, um das wiedergutzumachen?«, fragte sie. Unwillkürlich sah sie sich dabei über die Schulter um, ob Jan vielleicht ausgerechnet jetzt zur Tür hereinkäme. Das fehlte gerade noch, dass sie den, der sie wirklich interessierte, verärgerte – wegen eines ungeschickten Versuchs, den zu beruhigen, den sie seinetwegen versetzt hatte. »Ich könnte mich noch einmal mit Ihnen verabreden«, schlug sie vor.

Daan blickte sie aus hoffnungsvollen wasserblauen Augen an. »Und Sie versetzen mich nicht wieder?«

»Auf gar keinen Fall.«

Und sie nahm sich fest vor, dieses Mal daran zu denken.


Daan wollte sie auf ein Eis ausführen. Wenn ich mich noch mit vielen Männern verabrede, dachte Miep, während sie sich in Rock und Bluse quetschte, werde ich bis zur Hochzeit dick und rundgefuttert sein! Hoffentlich peilte er nicht dieselbe Eisdiele an, in der sie sich immer mit Jan traf.

Daan erwartete sie am Merwedeplein, und tatsächlich hatte er noch einmal einen Strauß Blumen riskiert. Es waren einfache, aber farbenfrohe Frühlingsblumen, und auf einmal tat er Miep leid. Wenn er gewusst hätte, dass sie ihn nur traf, weil sie ein schlechtes Gewissen hatte und ihn wegen eines anderen versetzt hatte, wäre er nicht so hoffnungsfroh gewesen.

»Wie reizend von Ihnen! Die sind aber hübsch!« Miep nahm die Blumen entgegen und schenkte ihm ein Lächeln.

»Wollen wir?« Daan bot ihr den Arm, und gemeinsam gingen sie los.

Miep war erleichtert, dass er nicht Jans Café ansteuerte. Sie begann sogar den Tag ein wenig zu genießen. Die Sonne schien, und die Stadt strahlte förmlich. Mit Jan redete sie oft über Politik und Philosophie, aber vielleicht würde es gar nichts schaden, einmal eine Pause davon zu machen.

»Und, was machen Sie, wenn Sie nicht tanzen?«, fragte Daan.

»Nun, ich arbeite, damit ich mir bald eine eigene Wohnung leisten kann. Außerdem lese ich gern, gehe ins Theater oder ins Kino. Ich liebe Filme, Musik, aber auch Philosophie.«

»Das ist schön. Ich ebenfalls.« Er lächelte ihr zu.

Und schon bin ich wieder bei diesen tiefsinnigen Männern!, dachte Miep amüsiert. Ich bin wohl ein hoffnungsloser Fall.

Sie lehnten sich an eine Mauer und blickten hinunter auf die Gracht. Unten trieben langsam Boote vorbei. Hinter ihnen rannten Kinder die Straße entlang, gefolgt von ihren Müttern. Miep ließ sich die Sonne aufs Gesicht scheinen.

Als ihr Blick in Richtung der Brücke wanderte, sah sie Jan, der gerade dort entlangging.

Nicht ausgerechnet jetzt!, dachte sie. Wie peinlich! Was, wenn er herübersah? Wenn er winkte oder sie rief und gar herkam? Was sollte sie dann bloß sagen?

Jan blickte zu ihr herüber.

Miep erstarrte zur Salzsäule.

»Was ist?« Daan bemerkte, wie sie stumm und starr zur Brücke hinübersah.

Miep holte Luft. »Können wir ... können wir ein Stück gehen?«

»Aber das Café, das ich ...«

»Kommen Sie. Ich muss Ihnen dringend zeigen, wie schön die Häuser in der Seitengasse um diese Tageszeit sind.«

Und ehe er noch etwas sagen konnte, hatte sie sich bei ihm untergehakt und in die nächste Seitengasse gezogen.

Jan erwähnte den Vorfall mit keiner Silbe. Er kam sogar am Abend vorbei, um Miep für den nächsten Nachmittag ins Kino einzuladen. In Gegenwart ihrer Familie wollte sie erst recht nicht auf Daan zu sprechen kommen, aber sie nahm sich vor, bei der Verabredung reinen Tisch zu machen.

»Sie haben mich gestern gesehen, nicht wahr?«, fragte sie, kaum hatten sie es sich am nächsten Tag in den weichen, roten Samtsesseln des Kinos bequem gemacht.

»Mit Daan vom Tanzen? Ja, allerdings.« Es war nicht zu übersehen, dass er sich bemühte, streng zu klingen. Dann zuckte sein Mundwinkel, er fing an zu grinsen und zwinkerte ihr zu. »Sie sind doch nicht mein Besitz, Miep. Warum sollte ich etwas dagegen haben, dass Sie auch mit anderen ausgehen?«

Miep atmete auf. »Es war eine Wiedergutmachung, weil ich ihn kürzlich Ihretwegen versetzt habe. Ich hatte ihn einfach vergessen, stellen Sie sich nur vor! Seien Sie nicht böse, ja?«

»Warum sollte ich?« Er rückte seine Brille zurecht und blickte sie so intensiv an, dass ihr ganz warm wurde.

»Aber Sie werden sich damit abfinden müssen, dass ich von nun an etwas hartnäckiger werde.«

Wenn er gewusst hätte, dass dies nicht das letzte Mal war, dass Miep Santrouschitz die Sache beinahe vermasselt hätte, wer weiß ...

Der Film *Die Königin der Revue* erzählte von einem einfachen Mädchen, das auf der Bühne Liebe, Erfolg und Glück fand. Ein Aschenputtel in Paris – denn aus der armen Näherin wurde nicht zuletzt auch deshalb ein gefeierter Star, weil sie in die winzigen Schuhe für die Revue passte!

»Josephine Baker war großartig!«, seufzte Miep, als sie aufstanden und die Musik vor der Leinwand verstummte. Die Bilder mit all den wilden, leidenschaftlichen Tanzschritten, die Kostüme, die wie ein Rausch über die Bühne fegten und einen die Orientierung verlieren ließen, musste sie erst einmal verarbeiten. Sie kicherte. »Aber die Szene, als sie in ihrem Bananenröckchen tanzte, war schon ein wenig pikant!«

Jan lachte mit. »Ja, äußerst fortschrittlich. Und darüber hinaus tanzten sie die ganze Zeit Charleston, und den lieben Sie doch.«

Die Vorstellung hatte sie beschwingt, so sehr, dass Miep wie auf Wolken aus dem Kinosaal schwebte. Es wurde dämmrig draußen.

»Ich bringe Sie noch nach Hause«, meinte Jan.

Sie saßen gemeinsam auf seinem Fahrrad, er vorn, sie auf dem Gepäckträger, beide Beine auf einer Seite und immer bemüht, ihren Rock festzuhalten, damit er nirgends hineingeriet. Zusätzlich musste sie noch sich selbst festhalten. Am besten ging das, indem sie einfach beide Arme um seine Taille legte. Es könnte so romantisch sein, dachte Miep, wenn man vier Hände hätte!

Auch für den Herrn war es gar nicht so leicht, zwei Personen auf dem Rad zu befördern. Jan musste kräftig in die Pedale treten. Immer wieder schwankte das Gefährt bedenklich, wenn er in eine Kurve ging oder ihnen ein Automobil entgegenkam. Und dass es stellenweise immer wieder Kopfsteinpflaster gab, machte die Sache auch nicht bequemer. Miep wurde auf den harten Stangen des Gepäckträgers kräftig durchgerüttelt. Morgen habe ich vermutlich Abdrücke auf meinem Allerwertesten, dachte sie.

»Haben Sie am Wochenende Zeit? Wir könnten ins Konzert gehen. Sie spielen das Mozartkonzert, das wir beide so lieben.«

»Klingt wunderbar. Sie legen sich ja wirklich ins Zeug.«

»Na, ich werde doch nicht zulassen, dass Sie einen anderen attraktiver finden als mich.«

Es gefiel Miep, dass er so offen sein Interesse zeigte und sich Mühe gab, ihre Sympathie zu gewinnen.

Sie fuhren eine lang gestreckte Rasenfläche entlang, und es wurde allmählich dunkel.

»Wenn Sie Punkte sammeln möchten – ich mag Schokolade. Fast noch lieber als Blumen.«

Jan lachte laut. »Ist mir schon aufgefallen. Gibt es irgendjemanden zwischen hier und Batavia, der das noch nicht gemerkt hätte?«

»Sie verspielen gerade Sympathiepunkte!« Scherzhaft knuffte sie ihn von hinten in den Rücken.

Jan angelte nach ihrer Hand, um sie wegzuschieben, und fuhr kurz einhändig. Just in diesem Moment lief der Pudel auf die Straße.

Es war ein schwarzer Pudel, schwarz wie der in Goethes *Faust*, in dem sich der Kuppler Mephisto verbarg. Hinter ihm lief ein Mann mit der Leine und rief: »Halt! Hierbleiben! Sitz!«

Jan wollte seitlich ausweichen, doch da er nur eine Hand an der Lenkstange hatte, rutschte das Rad unter ihm weg. Ein kleiner Schreckensschrei aus zwei Kehlen – und schon landeten die beiden mit einem gewaltigen Schwung in der Rabatte.

Miep spürte Erde und abgeknickte Tulpenstängel unter sich und Jan, der nach seiner Brille tastete, auf sich. Die lag wohl direkt neben ihrer Schulter, oder er nutzte die Situation aus. Sie schlug ihm scherzhaft auf die Finger. Hastig griff er nach dem Gestell und setzte es auf die Nase.

»Lieber Himmel, das tut mir leid! Sind Sie verletzt?« Er streckte ihr die Hand entgegen, um ihr aufzuhelfen.

»Halb so wild. Wenigstens hatten sie keine Rosen in der Rabatte.« Miep kam auf die Beine und klopfte Erde und Pflanzenteile aus ihrem Rock.

Der Hundehalter war hinter ihnen auf die Straße gerannt. Der Pudel war stehen geblieben und blickte zu ihnen herüber. Erleichtert hakte der Mann die Leine wieder ein und führte das Tier schleunigst auf den Gehsteig. Das Rad lag am Bordstein, der Hinterreifen drehte sich noch. Jan sprang auf, um es aufzurichten und zu begutachten. Es schien keinen Schaden genommen zu haben.

»Dafür schulde ich Ihnen eine große Tafel Schokolade«, meinte Jan zerknirscht. »Ich werde mal sehen, ob ich diese belgischen Pralinen ...«

Miep nahm seinen Kopf in beide Hände und küsste ihn.

Jan kam nun beinahe jeden Tag vorbei, um Miep abzuholen. Dieses Frühjahr war so verregnet, wie es in den Niederlanden oft vorkam. Aber für Miep war es so strahlend, wie ein Frühling nur sein konnte. In ihrem Mantel, eingehakt bei Jan, um noch unter seinen Regenschirm zu passen, fühlte sie sich so schön und stark wie nie.

Sie flanierten die Prinsengracht entlang. Der Wind, der jetzt noch aufgekommen war, zerrte an ihnen, aber Miep war nicht kalt. Sie hatte früher so viel Kälte und Hunger erlebt, dass es ihr jetzt gleichgültig war. Wärme empfand sie noch immer als etwas Kostbares, das beschützt und behütet werden musste. Es störte sie nicht, dass der Wind an ihrem keck seitlich aufs Haar gesetzten Hütchen rüttelte, dass sich auf der linken Seite ihres Mantels, wo der Schirm sie nicht mehr schützte, feuchtkalte Flecken bildeten, die immer größer wurden. Die Giebelhäuser auf der anderen Seite des Kanals verschwammen hinter der grauen Regenwand, unwirklich, wie eine feenhafte Kulisse, ein Trugbild, das sich jeden Moment wieder in Luft auflösen konnte.

Jan sah gut aus, dachte Miep mit einem verstohlenen Seitenblick. Er hätte durchaus als Held eines Stummfilms getaugt. John Barrymore hätte nicht eleganter gekleidet sein, nicht kultivierter und weltgewandter wirken können. Der leicht schief sitzende Hut, das Jackett, die hellen Hosen ließen ihn wie einen der Geschäftsmänner aussehen, die man in den eleganten Straßen der Stadt nach Feierabend aus ihren Büros kommen sah.

»Wollen wir uns den neuen Film von Fritz Lang ansehen?«, fragte Jan, als könnte er ahnen, dass sie gerade ans Kino dachte. »Er heißt *Metropolis*. Die Kritiken sind eher gemischt, aber es muss ein Höllenspektakel sein.«

»Gern. Worum geht es?«

Jans runde Brille war beschlagen von der Feuchtigkeit, aber es schien ihn genauso wenig zu stören wie sie.

»Eine Elite von reichen Menschen hat die Macht an sich gerissen und alle anderen versklavt. Die Reichen leben in einer luxuriösen Stadt, und sie zwingen die Arbeiter, im Elend zu hausen.«

Miep blickte zu ihm auf. »Klingt ein bisschen wie der Wunschtraum der Reichen von heute.«

»Aber es wird bestimmt nicht so enden.« Jan drückte ihren Arm an sich und lachte. »Das ist in Filmen nie so.«

Miep blickte über den regenverhangenen Kanal. Das Pflaster glänzte feucht, und in manchen Häusern brannten schon die ersten Lichter.

»In Filmen nicht«, sagte sie leise. Plötzlich musste sie an diese neue Partei in Deutschland denken. Diesen Hitler, der immer so furchtbar gegen Juden wetterte. Der würde ganz sicher alle Juden in unterirdische Löcher sperren, wenn er nur könnte, dachte sie. Der graue Backstein schien mit dem Himmel zu verschmelzen, man konnte kaum noch sagen, ob man oberhalb oder unterhalb der Erde war.

»He, woher der Ernst auf einmal?« Jan griff nach ihrem Kinn und drehte ihr Gesicht zu sich. »Sie vermasseln mir meinen Auftritt.«

»Welchen Auftritt?«

Er wirkte auf einmal verlegen, grinste nervös wie ein kleiner Junge. Dann griff er in die Tasche und holte den abgeknickten Kopf einer roten Rose hervor.

»Sie wissen ja, dass ich nicht reich bin«, sagte er verlegen. »Sonst hätte ich einen Ring gekauft. Aber ...«

»Mein Gott!«

Miep riss Augen und Mund auf, als er so unversehens die Katze aus dem Sack ließ.

Der Windstoß überraschte sie völlig, riss Jan den Schirm aus der Hand und klatschte ihnen eine Wand eiskaltes Regenwasser ins Gesicht. Von einer Sekunde auf die andere war Mieps mühevoll zurechtondulliertes Haar ein glatter, triefender Wasserfall.

Jan machte Anstalten, den Schirm zu holen, und beugte

sich über das Geländer. Der Wind trieb den Regen wie Wolken vor sich her und peitschte die Wasserströme über die graue Oberfläche. Das kann doch nicht sein Ernst sein, dachte Miep. Er fragt, ob ich ihn heiraten will, und dann springt er wegen eines albernen Regenschirms in den Kanal!

Jan schien ihre Gedanken zu lesen, denn er hielt inne. »Das ... hm ... ist ein ziemlich guter Regenschirm.«

»Wollen Sie die Antwort nun hören oder nicht?«

Er kam zurück, nahm ihre Hände und sah sie an. Seine Haare waren genauso durchnässt wie ihre, und an den runden Brillengläsern rann das Wasser herunter wie kleine Bäche.

»Vielleicht«, sagte Miep.

Das war ganz bestimmt nicht das, was er erwartet hatte. Und als er die Brauen hinter der beschlagenen Brille hob, setzte sie hinzu: »Kommt drauf an, ob Sie es schaffen, Ihre Frage zu Ende zu formulieren, bevor uns der Regen beide hier wegschwemmt.«

# 10

*Amsterdam, Juli 1942*

Die kleine Feier im Hinterhaus anlässlich ihres Hochzeitstags war harmonisch zu Ende gegangen. Dennoch hoffte Miep, dass sich diese freiwillige Haft nicht mehr allzu lange hinziehen würde.

Anne hatte ihr gestanden, wie sehr sie den Morgen hasste. Nachdem alle das Bad benutzt hatten, zwischen acht und neun Uhr, war die gefährlichste Zeit. Die Arbeiter waren dann schon im Lager, aber das Büro war erst ab neun besetzt. Jeder Laut aus dem Hinterhaus in dieser Zeit konnte sie verraten. Die Kinder liefen ohnehin schon nur auf Socken, aber in dieser Zeit durften sie sich kaum bewegen. Herr Frank versuchte offenbar, sie mit Lesen zu beschäftigen. Aber eine wilde Hummel wie Anne hielt eben auch beim Lesen nicht immer still.

Als Miep einige Tage nach der kleinen Feier morgens ins Büro kam, erwartete sie schon Frits, der Vorarbeiter im Lager.

»Frau Gies, ob Sie wohl mal den Schlüssel zum Hinterhaus hätten?«

Miep fuhr so heftig zusammen, dass sie fast ihre Tasche hätte fallen lassen.

»Hab ich Sie erschreckt? Tut mir leid.« Frits schob verlegen seine Schiebermütze nach hinten und zerrte an seinen Hosenträgern. Aus dem Lager hörte Miep das Rattern der Gewürzmühle, die Schritte der anderen Arbeiter. Hin und wieder erklang ein dumpfes Geräusch, wenn ein Sack Gewürze oder Zucker auf dem Boden landete.

»Ist schon gut. Ich weiß gar nicht, wo der Schlüssel ist, den müsste ich erst suchen. Was wollen Sie denn im Hinterhaus?« Es gelang ihr sogar, fast beiläufig zu wirken. Während sie redete, schaffte sie es sogar, sich die Schreibmaschine heranzuziehen. Eine ganz normale Sekretärin, die mit einer ganz normalen Frage konfrontiert war. Einer, die ihr nicht den Angstschweiß auf die Haut trieb.

»Da war so ein komisches Geräusch.« Frits trat von einem Fuß auf den anderen. »Das Haus wird aber doch gar nicht benutzt, oder? Ich wollte nachsehen, ob alles in Ordnung ist. Vielleicht haben sich ... Landstreicher eingenistet?«

Miep setzte sich, spannte einen Bogen Papier ein und blickte zu ihm hoch. Sie schaffte es, ein wenig überfordert auszusehen, als sei sie mit einer echten Zumutung konfrontiert.

»Frits, wie sollen denn Landstreicher ins Hinterhaus kommen, wenn nicht einmal ich gerade weiß, wo der Schlüssel ist? Vermutlich war es Moffie, der Bürokater. Katzen kommen überall hinein. Wenn er in der Küche aufkreuzt, um sein Schälchen Milch zu holen, sieht er oft so wüst und dreckig aus, dass ich mich schon frage, wo er sich immer herumtreibt.« Sie begann zu tippen – nur sinnlose Sätze, aber Frits sollte das Gefühl haben, dass er sie von der Arbeit abhielt. Das Klacken der Schreibmaschine schlug hart in die Ohren. »Ist noch etwas?«, fragte sie aufblickend.

Frits versenkte die Daumen in den Taschen seiner groben, weiten Hosen und machte ein Gesicht, als sei in deren Abgründen vielleicht die Ursache des seltsamen Geräuschs zu finden. Dann schüttelte er den Kopf. »Nein. Vermutlich haben Sie recht.«

Miep wartete, bis er aus dem Büro war. Dann lehnte sie sich zurück und schloss die Augen. Sie hatte das Gefühl, jeden Moment ohnmächtig werden zu müssen.

Als Bep etwas später kam, erzählte sie ihr, was passiert war. Zwischen den Eingeweihten hatte sich längst eine verschworene Gemeinschaft gebildet, und das Vertrauen, das sie zueinander hatten, hatte sich noch vertieft. Bep war jung, aber man konnte mit ihr Pferde stehlen. Oft reichte ein Augenzwinkern, eine Geste, und die jeweils andere wusste, was zu tun war.

»Und was, wenn jemand fragt, ob das Hinterhaus wirklich nicht benutzt wird? Die Tür ist zwar in einer Nische, aber wenn jemand in die Lagerräume oben geht, sieht er sie. Ich würde ja sagen, wir stellen ein Regal davor, aber wir müssen mehrmals täglich hinüber. Wir können den Eingang nicht einfach zustellen.«

Bep überlegte. »Weißt du was, ich frage meinen Vater. Er arbeitet doch seit zwei Wochen im Lager, und er ist ziemlich gut in diesen handwerklichen Dingen. Vielleicht hat er eine Idee.«

Herr Voskuijl war fast fünfzig Jahre alt, ein kräftiger, ruhiger Mann. Er betrachtete die Tür, überlegte und meinte dann: »Doch, da lässt sich schon was machen.«

Am nächsten Tag kam er etwas früher. Miep hatte das Hinterhaus informiert und sah zu, dass sie auch schon da war, um Kaffee zu machen – vor allem aber, um ihn zu warnen, falls einer der anderen Arbeiter früher auftauchen sollte.

Herr Voskuijl kam mit seinem Werkzeugkasten kurz herein, um sie zu begrüßen, danach sah sie ihn nicht mehr, hörte ihn aber umso besser. Es hämmerte, schraubte und knarrte, als Dinge hin und hergeschoben wurden. Nach einer guten Stunde kam er wieder an ihren Schreibtisch und meinte: »Schauen Sie mal.«

Miep folgte ihm über die enge, dunkle Stiege hinauf in den ersten Stock. Rechts ging es ins Lager. Die Tür in der Nische zur Linken war verschwunden. Ein Regal stand davor, und darüber an der Wand hing eine Landkarte von Luxemburg.

»Aber ich muss mehrmals täglich da rein! Wie soll ich denn jedes Mal ganz allein das Regal wegschieben? Bei meiner Größe?«

Herr Voskuijl grinste breit. Triumphierend, sichtlich stolz auf seine Idee. »Schauen Sie. Dafür brauchen Sie kaum Kraft. Ich habe das Regal so an die Tür montiert, dass es sich ganz leicht verschieben lässt. Wie eine Drehtür.« Er zeigte ihr, wo sie ziehen musste, und es ging tatsächlich ganz leicht. »Hier auf der Innenseite kann man sie jetzt auch verriegeln.«

Er hatte auf der Innenseite einen Haken montiert, mit dem die Bewohner ihr Versteck von innen verschließen konnten.

»Das ist großartig, Herr Voskuijl! Vielen Dank, das nimmt uns allen eine große Sorge!«

Er freute sich sichtlich. »Prima. Dann geh ich jetzt an meine Arbeit im Lager. Sie machen hier sauber, stimmt`s?«

Und weg war er. Seufzend blickte Miep ihm nach.

# 11

## *Amsterdam, August 1942*

Tage und Wochen vergingen. Dass die Entscheidung von Otto Frank, mitsamt seiner Familie unterzutauchen, richtig gewesen war, wurde Miep spätestens im August klar. Als sie den Briefkasten leerte und die schmucklose Postkarte für Frau Stoppelman fand, schlug Mieps Herz schneller. Sie konnte sich nicht beherrschen und las den Text:

»Sind umgesiedelt worden. Alles bestens. Grüße an Ellen de Groot.«

Unterschrieben von Frau Cohen.

Umgesiedelt – so nannten die Nazis die Deportationen. Frau Cohen hätte so einen Ausdruck nie verwendet. Und wer war Ellen de Groot?

Frau Stoppelman atmete tief durch, als sie las. Sie sank auf den Küchenstuhl. »Ich habe gehört, dass sie manchmal die Gefangenen zwingen, solche Postkarten zu schreiben. Dass alles gut ist und so.«

»Wer ist diese Frau de Groot?«

»Es gibt keine. Das ist eine Nachricht. Es heißt, dass es schrecklich ist. Ellen de Groot – das steht für *ellende groot: Großes Elend.*«

Die Warnung, die aus der Karte sprach, war überdeutlich. Die Juden, die noch nicht untergetaucht waren, mussten sich bald ein Versteck suchen, oder es würde zu spät sein. Wenigstens hatten sie für die Kinder endlich Familien gefunden.

Als Frau Stoppelman im September fragte, ob Miep und Jan vielleicht demnächst ein paar Tage Urlaub hätten, wusste sie, was gemeint war: Sie hatte eine sichere Adresse und wollte abreisen.

»Nichts überstürzen«, meinte Jan und nickte. »Aber ja – wir wollten ein paar Tage ans Meer fahren.«

Sie fanden einen kleinen Gasthof mit Reetdach und weiß gestrichenen Fensterrahmen. Der Strand war herrlich um diese Jahreszeit. Man konnte beinahe vergessen, dass Krieg war. Wäre nicht auch hier die abendliche Verdunklung gewesen, hätte Miep geglaubt, dass alles wieder sei wie früher. Der scharfe, böige Seewind, der einem die salzige Luft ins Gesicht trieb, die endlose Weite des Watts hinter den Dünen, die tausend und abertausend Muscheln, die knackten, wenn man drauftrat, der feuchte, festgebackene Sand – all das gab ihr ein Gefühl von Urlaub und Freiheit.

Stundenlang streiften sie durch die Dünenlandschaft. Sobald die nächtliche Ausgangssperre endete, wenn morgens noch ein leichter Nebel über den Feldern hing, zogen sie los, mit Rucksack und Wanderschuhen. Im Rucksack befanden sich Badekleider und Picknick – unterwegs in einen Gasthof zu gehen, wäre viel zu teuer gewesen.

Es tat gut, einmal wieder in die Natur zu kommen. Die frische Luft prickelte auf Mieps Haut, und die morschen Bohlen unter ihren groben Wanderschuhen knirschten. In der Luft hing ein leichter Geruch nach Moor und dem nahen Wald. Der Bohlenweg führte an einem Bach entlang, dessen Glucksen sanft ihre Ohren kitzelte. Je weiter sie sich von den menschlichen Behausungen entfernten, desto weiter weg waren auch die unzähligen Augen, die sie in Amsterdam jeden Tag in ihrem Nacken spürte. Ihre Blicke reichten nicht bis hierher, es wurden weniger und weniger. Weiches Moorgras neigte sich über die winzigen Wellen, streichelte sie mit seinen Spitzen. Ein feenhafter Nebelschleier hing noch über den Wiesenpolstern.

In einiger Entfernung reckte eine Windmühle ihre Arme in den hellblauen Morgenhimmel. Sie drehten sich langsam, bedächtig fast. Wie das Schicksalsrad, dachte Miep unwillkürlich, als sie sie links hinter sich ließen. Irgendetwas musste dort blühen, es wehte ein leichter Hauch herüber, der betäubend schwer war.

Der Weg führte weiter über einen Wasserlauf. Je weiter sie sich dem Meer näherten, desto klarer war die Luft. Der Rucksack auf Jans Rücken vor ihr wippte im Takt seiner Schritte. Der Blütenduft mischte sich mit dem des Wurstbrots, das er darin transportierte. Mieps Magen begann schon zu glucksen – nur aus Vorfreude. Eigentlich hatte sie gerade erst gefrühstückt. Das Wasser sprudelte und tanzte um ihre Wanderschuhe. Am anderen Ufer ging es hinein in die Dünen. Grasbewachsen wie Hügel begannen sie, sanft, unauffällig, um sich dann höher und sandiger zu erheben. Büsche und ein paar Kiefern hielten sich hier noch.

Miep und Jan folgten dem sandigen Pfad in die Hügelwelt. Bergauf, immer weiter. Hinter sich konnten sie noch die Windmühle von vorhin erkennen, fast verdeckt von Büschen und Pappeln, aber die langen Flügel blitzten immer wieder hervor. Aufatmend erreichten sie den Gipfel des bewachsenen Hügels. Von den Dünen blickten sie hinab auf das weite, endlos scheinende Watt. Am Ende der Bucht hob sich ein rot und weiß gestrichener Leuchtturm in den Himmel. Der Wind frischte jetzt auf und fegte den letzten Nebel aus dem Moor. Am Horizont, weit entfernt, war ein dunkler Streifen zu erkennen.

»England«, sagte Miep. »Dort ist Frieden.«

Sie setzten sich in die Dünen, um ein wenig auszuruhen und einen Apfel zu essen. Miep breitete das rot karierte Tuch, das sie im Rucksack hatten, an einer sandigen Stelle aus und stellte die Wasserflasche und zwei Becher darauf. Zum ersten Mal seit Monaten hatte sie das Gefühl, nicht ständig beobachtet zu werden. Nicht auf der Hut sein zu müssen. War das Freiheit?

»So müsste das Leben sein«, sagte sie. »Ohne diese ständige Angst.« Aber sie wusste auch, dass sie es nicht anders gemacht hätte, hätte Otto Frank sie noch einmal gefragt.

Miep und Jan blieben ein paar Tage, dann fuhren sie zurück nach Amsterdam.

Jan trug den Lederkoffer die Treppe hinauf und sperrte die Wohnungstür auf. Es war alles ruhig.

Frau Stoppelman war verschwunden.

Jan ließ die Wohnung gleich am nächsten Tag auf seinen Namen umschreiben. Der holländische Name Gies als Hauptmieter würde die Nazis vielleicht fernhalten. Beide kannten sie zu gut die Möbelwagen, die anrollten, sobald eine jüdische Familie deportiert worden war: Sie räumten alles leer, und bald danach zogen Nazis ein. Das würde ihnen nicht passieren. Mit Jan als Hauptmieter konnten sie vielleicht Frau Stoppelmans Besitz für sie aufbewahren, bis sie zurückkehrte. Es stand zwar unter Strafe, jüdischen Besitz aufzubewahren, aber inzwischen stand sowieso fast alles unter Strafe. Ein Wunder, dass es noch keine Strafsteuer fürs Atmen gab, dachte Miep.

Es war wieder einmal regnerisch, und sie verzog das

Gesicht, als sie den Laden von Fleischer Scholte verließ. Eine Tram klingelte im Vorbeifahren, aber obwohl sie nur ein paar Schritte entfernt war, sah man sie nur durch einen Nebelschleier. Ein kalter Windstoß fegte in den Kragen ihres Mantels und erinnerte sie, dass der Sommer vorbei war. Ihre Hände waren schon wieder feucht und klamm, in ein paar Minuten würden sie steifgefroren sein. Gerade wollte sie mit ihren Einkäufen um die Ecke verschwinden, als sie jemand ansprach. Ein Mann mit tief ins Gesicht gezogenem Hut und regendurchnässtem Mantel.

Miep blieb fast das Herz stehen. »Dr. Pfeffer! Sie sind es. Du liebe Zeit, Sie haben mich erschreckt.« Man wurde schreckhaft unter diesem Regime.

Ihr Zahnarzt wirkte verzweifelt. Er trug den Judenstern nicht, was Miep nicht überraschte. Juden wagten sich kaum noch auf die Straße, und wenn, dann ohne das Brandmal, das sie für jeden vogelfrei machte.

»Ich bin Ihnen nachgegangen«, erklärte Herr Dr. Pfeffer. »Verzeihen Sie. Es ist nur ... Ich suche dringend eine sichere Adresse. Und ich weiß nicht, wen ich sonst fragen könnte.«

Deshalb hatte er sich hinausgewagt. Diese Welt gehörte Juden nicht mehr. Geboren als freie Bürger wurden sie nun verfolgt im eigenen Land. Verbannt aus dem Leben.

Miep zögerte. »Ich weiß nicht, ob ich ...«

»Bitte. Ich darf nur noch für Juden arbeiten, und die gibt es kaum noch. Ich darf in keine Läden mehr, die nicht speziell für Juden sind. Anfangs habe ich zu Hause gesessen und gewartet, wenn ich keine Patienten hatte, aber ich halte es nicht mehr aus. Manchmal laufe ich in der Stadt herum, nur um nicht da zu sein, falls sie mich holen kommen.«

Wie verzweifelt musste er sein! Er hatte einen Sohn aus

erster Ehe, erinnerte sich Miep. Und eine junge Verlobte. Seine Angst zerschnitt ihr das Herz. Aber diese Entscheidung konnte sie nicht treffen.

»Ich werde mich umhören«, sagte Miep.

»Könnten Sie ... Ich weiß, wie unverschämt es klingt, aber ich habe Angst ... Das Haus von van Pels ist ausgeräumt worden. Könnten Sie sich beeilen?«

Miep versprach es. Als sie ihm nachsah, wie er im Regenschleier die kopfsteingepflasterte Straße hinunter verschwand, seufzte sie. Frau van Pels würde sich furchtbar aufregen, wenn sie das mit ihrem Haus erfuhr!

Als sie die Einkäufe die steilen Stufen zum Hinterhaus hochwuchtete, spürte sie sofort die angespannte Stimmung. Das war in letzter Zeit öfter so. Anne wirkte bei ihrem Anblick sichtlich erleichtert, und wenn sie Frau van Pels' Gesichtsausdruck richtig deutete, waren die beiden aneinandergeraten.

Auf Annes übliche Frage nach Neuigkeiten hatte sie eigentlich keine Lust, in diese Stimmung auch noch mit schlechten Nachrichten zu antworten. Aber ihr etwas zu verschweigen, war gar nicht so einfach.

»Ich sehe, dass es was gibt«, meinte Anne und starrte sie an.

»Hm, also eigentlich ...« Miep blickte angestrengt in ihre Tüten, um sie nicht ansehen zu müssen. Aber Anne zupfte sie am Ärmel und wiederholte: »Ich sehe, dass es was gibt. Ich sehe, dass es was gibt. Ich sehe ...«

»Himmel, Herrgott, ja!«, entfuhr es Miep. »Das Haus von van Pels' ist ausgeräumt worden! Zufrieden?«

»Was? Und meine Möbel? Mein Porzellan! Und das Tafelsilber!«

Genau das hatte Miep vermeiden wollen. Auguste van

Pels war nicht gerade für ihre Contenance bekannt. So sehr sie ihre Pfauenräder schlug, wenn sie guter Laune war – wenn sie sich aufregte, dauerte es Stunden, bis sie sich beruhigte.

»Pst! Man darf Sie nicht hören«, versuchte Miep sich zu retten. Aber natürlich war es längst zu spät.

»Das Silber war meine Aussteuer, es stammt noch von meiner Großmutter!«, jammerte Frau van Pels. »Und den schönen Sekretär habe ich zur Hochzeit bekommen! Und was ist mit der Meißner Suppenterrine ...«

»Es tut mir leid, Frau van Pels. Ich weiß auch nicht mehr. Herr Dr. Pfeffer sagte es mir. Er ... sucht ein Versteck.« Hilfe suchend sah sie Otto Frank an, der gerade die Treppe heraufkam. Vielleicht konnte sie das Thema wechseln.

Er hatte bei Frau van Pels' Ausbruch gerade auf dem Absatz kehrtmachen und wieder verschwinden wollen, aber jetzt blieb er stehen. »Er hat noch keines?«

Miep verneinte. »Es ist wohl dringend.«

»Das ist entsetzlich!«, klagte Frau van Pels. »Einfach furchtbar! Die Porzellanfigur mit dem Reiter, die mir meine Tante geschenkt hatte, zum fünfundzwanzigsten Geburtstag! Alles weg?«

»Gnädigste, beruhigen Sie sich bitte. Das Thema ist von größter Bedeutung. Herr Dr. Pfeffer muss irgendwo unterkommen.«

So förmlich war Herr Frank früher nie mit ihr gewesen. Hing es vielleicht damit zusammen, dass sie ihn in letzter Zeit öfter angeflirtet hatte und Edith deswegen eifersüchtig gewesen war?

»Wir werden das besprechen, Miep«, sagte er dann. »Ich gebe Ihnen morgen Bescheid.«

»Kann Miep nicht endlich einmal hier übernachten?«,

bat Anne. Es schien ihr leidzutun, dass sie Miep dazu gebracht hatte, die Wahrheit über die Plünderung der Wohnung auszuspucken.

Aber Miep hatte ihr schon verziehen. »Ich frage Jan, in Ordnung? Falls hier tatsächlich demnächst noch jemand einzieht, sollten wir das bald machen.«

Für Anne schien es ein großes Abenteuer zu sein: länger aufbleiben zu dürfen und nach dem Abendessen hinüber ins Kontor zu gehen, um BBC zu hören ... Miep empfand die Übernachtung im Hinterhaus als längst nicht so angenehm.

Jan hatte sie im Büro abgeholt, und gemeinsam waren sie nach Feierabend hinübergegangen. Sofort war das Hinterhaus zum Leben erwacht. Irgendwo ging die Toilettenspülung, Schritte ertönten, Stimmen. So schön es war, dass wieder einmal alle beim Abendessen zusammensaßen – beim Schlafengehen kam ein sonderbares Gefühl auf. Margot und Anne hatten ihnen ihr Zimmer überlassen. Trotz der vielen Decken fröstelte Miep in dem schmalen, kurzen Bett, und sie hatte das Gefühl, jedes noch so kleine Geräusch zu hören. Nicht nur die Turmuhr der nahen Westerkerk, auch das Knarren der Treppe, wenn jemand auf die Toilette ging, ein Husten, den Regen oder die Katze Mouschi. Die Enge des nächtlichen Zimmers schien sich auf ihre Brust zu legen und ihr das Atmen schwer zu machen. Immer wieder schreckte sie hoch, hatte das Gefühl, die finsteren Wände bewegten sich auf sie zu. Hinter den abgeklebten Fenstern war die Luft stickig und schwer.

Als sie am nächsten Morgen alle nacheinander in den kleinen Waschraum gingen, wo es nur kaltes Wasser gab, fühlte Miep sich wie gerädert. Erst in dieser Nacht war ihr so wirklich klar geworden, in welchem Gefängnis die Kinder lebten.

Der 2. Oktober 1942 war ein Freitag. Miep bekam erst mit, dass es eine Großrazzia gegeben hatte, als Herr Dr. Pfeffer sie noch einmal ansprach.

»›Schwarzer Freitag‹, hat er es genannt«, berichtete sie den Franks. »Es muss furchtbar gewesen sein. Sie haben die Leute mit vorgehaltener Waffe aus ihren Häusern geholt.«

Frank blickte seine Frau an. »Wir haben mit allen gesprochen«, sagte er. »Herr Dr. Pfeffer kann hier einziehen. Margot schläft dann bei uns, und er bekommt ihr Bett. Herr Dr. Pfeffer soll aufs Postamt gehen und dort Herrn Kleiman treffen. Der wird ihm einen Satz sagen, an dem er ihn erkennt – wir lassen uns da noch etwas einfallen. Dann bringt er ihn ins Büro, und Sie führen ihn hier herauf. Aber er muss sich gleich morgen entscheiden. Wenn jemand Wind davon bekommt, könnten wir alle verraten werden. Und er soll nur eine kleine Tasche mitbringen. Nichts, das Aufsehen erregt.«

»Aber das geht nicht so schnell«, meinte Pfeffer, als Miep ihm wenig später die Nachricht überbrachte. »Es gibt kaum noch jüdische Zahnärzte, und ich muss unbedingt noch eine Behandlung abschließen. Kann ich nicht Anfang nächster Woche untertauchen?«

Also lief Miep wieder zurück. Herr Frank war nicht gerade begeistert, und sie sah ihm an, dass er am liebsten Nein gesagt hätte. Aber letztlich stimmte er doch zu.

Anfang der nächsten Woche traf Johannes Kleiman mit einem sichtlich verwirrten Dr. Pfeffer im Büro ein. Miep erhob sich, um ihn ins Hinterhaus zu bringen.

131

Orientierungslos blickte Herr Dr. Pfeffer sich um. Er hatte die Bitte befolgt und nur eine kleine Tasche bei sich. Ein ganzes Leben, mehr als fünfzig erfolgreiche Jahre. Und alles, was blieb, war eine Tasche mit ein bisschen Unterwäsche und vielleicht einem Buch.

»Wo geht es denn hin?«, fragte er. »Ich dachte, das Versteck sei irgendwo auf dem Land.«

Miep nahm ihn am Arm und führte ihn die steile Treppe hinauf zum Regal. Sie schob es beiseite und ihn hindurch. »Sie sind am Ziel, Herr Doktor. Passen Sie auf Ihren Kopf auf, Sie brauchen ihn noch. Darf ich Ihnen Ihr neues Domizil präsentieren?«

# 12

*Amsterdam, November 1942*

Der rasche Blick über die Schulter war Miep längst zur Gewohnheit geworden, so wie der Gedanke, jederzeit überwacht zu werden. Das Gefühl, dass einen ständig jemand begleitete, wohin man auch ging, ob ins Schlafzimmer, auf die Toilette oder zur Arbeit. Nichts war mehr privat, nichts gehörte einem wirklich. Die Menschen unter den Nazis waren zu einem austauschbaren Kollektiv geworden, und nichts war intim oder persönlich genug, um nicht jederzeit diesem Kollektiv zum Fraß vorgeworfen zu werden. Das einzelne Leben zählte nichts, es existierte nur für das, was sie den Volkskörper nannten, der es bei Bedarf einfach durch ein anderes ersetzte. Überwachung war der sichtbare Ausdruck erstickender Tyrannei.

Heute war die Luft rein.

Miep vergewisserte sich, dass der Zettel noch an seinem Platz war – in der Innentasche ihres Jacketts –, und schob dann scheinbar ziellos ihr Fahrrad auf das elegante Modegeschäft zu. Als ob sie sich treiben ließe, blieb sie vor dem Schaufenster stehen.

Die Kleider dort waren viel zu teuer für sie. Aber das sah man nicht, und wer sie kannte, wusste ohnehin, dass sie hier öfter auf dem Heimweg von der Arbeit für ein paar Minuten anhielt. Noch immer schneiderte sie sich selbst Kleider nach, deren Preis sie im Laden nie hätte aufbringen können. Eine Frau, die einer kleinen Eitelkeit frönte. Der am wenigsten verdächtige Ort der Welt.

Das Spiegelbild einer hübschen Blondine erschien neben ihrem im Schaufenster. Elegant gelegte Locken, ein volles, herzförmiges Gesicht. Wie immer war sie auffallend gut gekleidet. Auch heute trug sie ein Kostüm, das ihre schlanke Figur zur Geltung brachte. Vor diesem Schaufenster fiel sie nicht auf. Miep lächelte.

»Guten Abend, Fräulein Kaletta«, sagte sie.

»Wissen Sie, ob es ihm gut geht? Ich mache mir solche Sorgen.« Dr. Pfeffers Verlobte war keine Jüdin, und offenbar hatte er sie bisher nicht eingeweiht, wo genau er sich befand. Aus gutem Grund, denn er musste davon ausgehen, dass man sie verhören würde, und je weniger sie in diesem Fall wusste, desto besser.

»Ich denke schon«, erwiderte Miep ausweichend. Sie warf erneut einen verstohlenen Blick über die Schulter und vergewisserte sich, dass sie unbeobachtet waren. Dann schob sie ihr schnell den zusammengefalteten Zettel hinüber. Fräulein Kaletta ließ ihn ebenso schnell in ihrem Jackett verschwinden.

Pfeffers junge Verlobte sollte ruhig glauben, dass Miep nichts Genaueres wusste. Dann würde sie auch niemandem Mieps Namen nennen, sollte es doch einmal zum Schlimmsten kommen.

Herr Frank war dagegen gewesen, dass irgendjemand im Versteck mit der Welt draußen Kontakt hielt, aber Miep verstand, dass Pfeffer sich nach seiner Charlotte sehnte, und sie mochte ihn. Schlecht ging es ihm tatsächlich nicht, auch wenn es schon in den ersten Tagen Ärger gegeben hatte.

Pfeffer hatte Angst vor Katzen, aber leider hatte niemand das Mouschi erklären können. Offenbar war die Katze mit einem eleganten Satz auf Pfeffers Schoß gesprungen, woraufhin dieser vor lauter Schreck seinen Teller mit dem Abendessen auf den Boden befördert hatte. Als Anne deswegen laut herausgeplatzt war, hatte sie einen Rüffel bekommen, was die Stimmung nicht eben gehoben hatte.

Charlotte Kaletta griff in ihre Handtasche und förderte ein Paket zutage, das Miep schleunigst in ihrer eigenen Tasche verschwinden ließ. »Können Sie ihm das zukommen lassen?«

Miep bejahte, dann sah sie auf ihre Armbanduhr und tat, als müsse sie weiter. Den Blick noch auf die elegante Mode im Schaufenster gerichtet, schob sie wie zögerlich ihr Rad die Straße hinab, ehe sie schließlich weiterfuhr.

Sie schaute nie in die Pakete, die Fräulein Kaletta ihr für ihren Verlobten mitgab. Vermutlich enthielten sie das Übliche: Rasierwasser, Leckereien, vielleicht seine Lieblingszeitschrift. Miep erreichte ihre Straße und ließ aufatmend das Fahrrad ausrollen. Wieder einmal geschafft, ohne erwischt zu werden.

Es war November geworden, und ein eisiger, scharfer Seewind pfiff durch die Häuserschluchten. Die roten Backsteinhäuser brachten ein wenig Farbe in die graue Umgebung, doch seit an jeder Straßenecke Militärfahrzeuge standen, kam Miep ohnehin alles dunkler und bedrohlicher vor. Nicht einmal die Herbstzeitlosen, die im Grünstreifen blühten und ihren blasslila Schleier darüberbreiteten, konnten diesen Eindruck ändern. Heute war die Straße verlassen, aber das verstärkte das Gefühl des Unbehagens eher noch. Wenn das Automobil der Wehrmacht ausnahmsweise nicht an seinem üblichen Platz stand, fragte sie sich unwillkürlich, ob die Nazis nicht etwas Übles aussheckten.

Am Eingang zum Nachbarhaus saß eine ältere Frau auf den Treppenstufen. Sie sah aus wie die meisten älteren Frauen hier: ein etwas verschlissener Mantel, die Folge der Kriegsjahre, die sie alle längst fast abgerissen aussehen ließen. Dicke Wollstrümpfe in Schuhen, die sicher schon etliche Jahre alt waren. Sie wirkte erschöpft, und als Miep näherkam und den gelben Stern auf dem Mantel bemerkte, begriff sie auch, warum. Vermutlich war es eine von den vielen, die ziellos auf der Straße umherirrten, um nicht zu Hause zu sein, wenn sie kamen, um einen zu holen. Parkbänke und Geschäfte waren Juden verboten. Wurden sie dort erwischt, drohten Strafen, wenn die Besitzer oder Passanten sie nicht ohnehin hinauswarfen. Es blieben nur Hauseingänge, um sich einen Moment auszuruhen.

Miep zögerte und überlegte, ob sie ihr später eine Tasse Tee hinausbringen sollte oder eine warme Milch.

»Stehen bleiben! Sofort!«

Sie waren so schnell da, dass es keine Chance zur Flucht gab. Mehrere Wagen hielten mit quietschenden Bremsen auf der Straße. Polizisten in Kampfausrüstung mit angelegter Waffe sprangen heraus und bildeten eine Kette, die es niemandem ermöglichte, hinein- oder hinauszukommen. »Sie da! Aufstehen! Mitkommen!«

Die Frau auf der Treppe fuhr erschrocken hoch. Orientierungslos stand sie da, die Hände in den Wollfingerlingen ineinandergepresst, blickte verständnislos um sich.

Zwei Polizisten liefen auf sie zu, packten ihre Arme und zwangen sie auf den Rücken wie bei einem Schwerverbrecher. Mit vorgehaltener Waffe befahlen sie ihr, mitzukommen. Obwohl die Frau keine Anstalten machte, sich zu wehren, stießen sie ihr unsanft den Gewehrkolben in den Rücken, bis sie vor Schmerz aufschrie. Der Lastwagen, der inzwischen vorgefahren war, öffnete sich. Die Polizisten stießen sie hinein, und die Klappe schloss sich wieder.

Miep starrte ihr nach. Das war ein böser Traum, dachte sie immer wieder. Sie hatte das Gefühl, etwas sagen und der Frau helfen zu müssen. Doch sie konnte es nicht.

Plötzlich fiel ihr ein, dass sie das Paket und den Brief an Pfeffer von seiner Verlobten finden würden, wenn sie sie festnahmen. Sie würden herausfinden, dass sie Juden half. Dafür konnte sie hingerichtet werden. Die Angst würgte sie wie eine unsichtbare Hand. Miep stand reglos da, und ihre kältestarren Finger umklammerten den Fahrradlenker.

»Sie da! Halten Sie hier nicht Maulaffen feil! Weg da!«

Es dauerte einen Moment, bis Miep begriff, dass diese Worte ihr galten. Hastig schob sie ihr Rad weiter zu ihrem eigenen Eingang, den Blick auf den Boden gerichtet.

Und die Scham, die glühend heiß in ihr aufstieg, brachte sie fast um.


»Du hast nichts falsch gemacht«, versuchte Jan sie später zu beruhigen. »Wenn sie dich verhaftet hätten, wer würde dann unsere Freunde in der Prinsengracht versorgen? Womöglich hätten sie noch das Versteck gefunden, du hattest doch das Paket für Pfeffer dabei. Und was hätte es bewirkt, wenn du etwas gesagt hattest? Sie hätten nur eine mehr verhaftet. Widersprechen muss man, solange es noch geht. Wenn es nicht mehr geht, muss man zu anderen Methoden greifen.«

Er stellte den Tee vor sie hin, den er aufgebrüht hatte. Miep war so durcheinander, dass sie nicht einmal das mehr geschafft hatte. Sie zog die Tasse zu sich heran, fühlte die Wärme in ihrer Handinnenfläche. Der Duft von

Kräutern stieg ihr in die Nase. Langsam nippte sie. Es tat gut.

»Weißt du noch, der alte Mann, der uns seine teure Shakespeare-Ausgabe zur Aufbewahrung gegeben hat? Was habe ich mich bemüht, eine sichere Adresse für ihn zu finden. Ich habe es nicht geschafft. Du weißt doch, dass es besonders für alte Leute inzwischen unmöglich ist. Ich hätte ihm gern geholfen, aber wir werden damit leben müssen, dass es manchmal eben auch nicht geht.«

Miep trank langsam ihren Tee. Dann blickte sie zu Jan auf, der noch immer neben dem Tisch stand, als warte er auf etwas. »Ich weiß, wir müssen da helfen, wo wir es noch können. Trotzdem fühle ich mich, als hätte ich versagt.«

In den nächsten Wochen überkam sie immer wieder dieses Gefühl der Machtlosigkeit. Auch im Hinterhaus konnte man spüren, wie die Stimmung frostiger wurde, und sie konnte so gut wie nichts tun, um den Bewohnern die Situation zu erleichtern. Seit Monaten waren sie dort auf engstem Raum zusammengepfercht, und bei so unterschiedlichen Charakteren war es kein Wunder, dass sie immer wieder aneinandergerieten. Besonders ein temperamentvolles Mädchen wie Anne, das schon unter normalen Umständen bisweilen aneckte, musste Schwierigkeiten bekommen.

Schniefend und die Nase in ihrem Taschentuch vergraben, stieg Miep die Treppe zu ihrer Wohnung hinauf. Seit Tagen schleppte sie eine Erkältung mit sich herum. Sie hoffte nur, dass sie niemanden im Hinterhaus ansteckte, wo man keinen Arzt rufen konnte. Als sie den Schlüssel suchte, öffnete sich die Tür der Nachbarwohnung.

»Frau Gies? Das hier ist für Sie. Er ist versehentlich in

meinem Briefkasten gelandet.« Die Nachbarin, eine junge Frau in ihrem Alter, wedelte mit einem Brief. Miep war schon vor einiger Zeit aufgefallen, dass sie schwanger war. Was für Zeiten, um ein Kind in die Welt zu setzen, dachte sie.

»Vielen Dank.« Miep nahm den Brief entgegen. Van der Horst? Der Name des Absenders sagte ihr nichts.

»Hoffentlich geht es Frau Stoppelman gut«, meinte die Nachbarin. »Mein Mann und ich haben sie seit Wochen nicht gesehen.«

»Wir auch nicht. Ja, hoffentlich.« Besser, sie drückte sich nicht allzu deutlich aus. Sie kannten sich nur vom Sehen, ein flüchtiger Gruß hier, eine kurze Frage nach dem Befinden da im Treppenhaus. Nicht gut genug, um zu wissen, ob man sich vertrauen konnte. Aber die Hoffnung, dass es jemandem gut ging, konnte nicht strafbar sein.

»Ich sage das sonst nicht so offen ... man muss ja so aufpassen. Aber Sie haben bei ihr gewohnt.« Die Nachbarin lächelte, und es wirkte ein wenig verschwörerisch. »Ich bin Elli, übrigens.«

»Miep.« Und unwillkürlich erwiderte sie das Lächeln.

Als sie die Wohnungstür hinter sich schloss, las Miep noch einmal die Adresse. Der Brief war tatsächlich an sie adressiert, auch wenn sie keine Familie van der Horst aus Hilversum kannte. Miep drehte ihn ein paarmal hin und her, dann holte sie den metallenen Brieföffner, der auf dem Küchentisch lag, und öffnete ihn.

Ein paar Tage später stiegen Jan und Miep in Hilversum aus dem Zug.

Der Ort lag nur gute dreißig Kilometer von Amsterdam entfernt an der Zugstrecke nach Amersfoort. Die Adresse war nicht schwer zu finden. Schon nach kurzer Zeit standen sie vor einer Villa aus rotem Backstein inmitten eines schönen, etwas vernachlässigten Gartens. Die Hecken, die den Weg zum Haus flankierten, sahen aus, als wären sie schon länger nicht geschnitten worden, und auch die Blumenrabatten waren nicht für den Winter vorbereitet. Die Fenster waren nur unten geputzt, oben beinahe schon blind. Das Anwesen verbreitete eine morbide Ausstrahlung, erzählte von vergangenem Wohlstand und längst vergessener Größe.

»Entschuldigen Sie, wie es hier aussieht. Ich habe kein Personal mehr, und mein Mann sitzt in Amerika fest«, erklärte Frau van der Horst, als sie sie begrüßte und hereinbat. Im Esszimmer war der Kaffeetisch gedeckt, und hier sah es wirklich fast so aus wie vor dem Krieg. Gutes Porzellan und Servietten aus weißem Damast, stellte Miep beeindruckt fest. Ein schwerer silberner Kerzenständer stand in der Tischmitte, und auf der Etagere lagen Kekse. Es roch sogar nach Bohnenkaffee.

»Das ist mein Sohn Kuno«, stellte Frau van der Horst den blonden jungen Mann vor, der im Durchgang zum Salon wartete. Ein gut aussehender Junge, allerdings etwas zu mager, dachte Miep. Er trug sportliche Kleidung, modische Knickerbocker und ein Hemd mit Weste.

»Sehr erfreut, Gnädigste«, begrüßte er sie wohlerzogen. »Wie schön, dass Sie es einrichten konnten.«

*Gnädigste!* Miep schwankte, ob sie kichern oder sich dem schwebenden Gefühl überlassen sollte, wie eine feine Dame behandelt zu werden.

Am Tisch hatte eine Frau gesessen, die sich jetzt erhob. Klein, etwas pummlig und dunkelhaarig.

»Frau Stoppelman!« Miep lief auf sie zu und umarmte sie ganz spontan. Hin und wieder waren sie sich in die

Haare geraten, aber jetzt war sie einfach nur froh, sie bei guter Gesundheit anzutreffen.

»Oh, Miep, ich bin so froh, Sie zu sehen!« Frau Stoppelman schien es genauso zu gehen. »Meine Tochter hätte hier untertauchen sollen, aber dann passierte dieses schreckliche Unglück ... und nun bin ich hier gelandet.«

»Wenigstens sind Sie in Sicherheit. Danke, dass Sie uns benachrichtigt haben«, wandte sich Miep an Frau van der Horst. »Es tut gut zu sehen, dass man nicht ganz allein ist.«

Das Wissen, dass es Frau Stoppelman gut ging, gab Miep ein Stück von ihrem Glauben zurück, doch etwas bewirken zu können. Zu sehen, dass ihre Vermieterin gut aufgehoben und in Sicherheit zu sein schien, schenkte ihr auch wieder das Vertrauen, dasselbe für ihre eigenen Schützlinge tun zu können.

Das Nikolausfest nahte. In den Niederlanden war es ein großes Kinderfest, und ob man nun Christ war oder nicht, spielte dabei keine große Rolle. Die Kinder der Franks hatten früher immer genauso begeistert wie alle anderen das Spektakel verfolgt, wenn der Sinterklaas, wie man den Nikolaus hier nannte, im November mit seinem Segelschiff im Hafen ankerte und, begleitet von seinen Helfern, von Bord ging. Danach war Holland immer zwei, drei Wochen lang im Sinterklaas-Fieber: Kekse wurden gebacken und die Kinder gestriegelt, um adrett und brav auszusehen. Und natürlich warteten alle auf den 5. Dezember, den Pakjesavond – Päckchenabend –, an dem es die Geschenke gab. Da die Bescherung dieses Mal nicht so wie in früheren Jahren gefeiert werden konnte, bemühte sich Miep um einen Ersatz.

Sie legte sich im Büro einen Korb zurecht und begann,

ihn mit kleinen Geschenken zu füllen. Ein richtiges Fest würde es nicht geben können, und eigentlich waren die Kinder ohnehin schon zu groß dafür. Aber wenn ihre Welt aus den Fugen geriet, würde ihnen diese Erinnerung an eine glückliche Kindheit vielleicht wieder etwas Mut machen.

»Schau mal«, sagte Bep, »ich habe noch eine Packung Kekse gefunden.«

»Danke.« Miep legte sie in den Korb.

»Du siehst besser aus als in den letzten Wochen«, meinte ihre Bürokollegin.

»Ich kann nicht allen helfen«, sagte Miep. »Auch wenn ich es gerne täte. Aber ich habe gesehen, dass ich nicht die Einzige bin. Und das macht mir Mut.«

Mieps Sinterklaas-Geschenke waren ein voller Erfolg. Selbst die oft schon so damenhafte Margot freute sich wie ein kleines Kind, und Anne, die Jüngste, war so überglücklich, dass sie Miep schier minutenlang an sich drückte.

Ansonsten ging das Jahr beinahe friedlich zu Ende. Silvester verbrachten Miep und Jan in diesem Jahr zu zweit in der Wohnung – es fühlte sich ein bisschen sonderbar an, denn früher hatten sie den Jahreswechsel gern mit Freunden gefeiert. Jetzt legte Miep nur am Nachmittag den Gefangenenchor auf, und danach stellten sie das Radio auf BBC ein.

Es klingelte.

Hastig stellte Jan das Radio aus, während Miep die Wohnungstür öffnete. Draußen standen Elli und ihr Mann Maarten.

»Wir wollten nur kurz ein frohes neues Jahr wünschen«, sagte Elli und reichte Miep ein kleines Päckchen.

»Man kann ja nicht richtig backen, aber ich habe es versucht.«

Miep lächelte erleichtert. »Kommt doch rein.«

Ehe Jan im Wohnzimmer das Radio wegdrehen konnte, fiel Maartens Blick darauf. »Ihr hört auch BBC?«, fragte er und zwinkerte.

Miep wechselte einen Blick mit Jan, dann mit Elli. Schließlich mussten alle lachen.

»Dann können wir den Feindsender auch gleich zusammen hören«, grinste Jan. Und stellte das Radio wieder an.

»Und ihr vertraut euren Nachbarn?«, fragte Bep, als Miep ihr nach den Feiertagen im Büro die Geschichte erzählte.

»Ja, schon. Abgesehen davon, dass sie sich ja jetzt, da wir zusammen Radio gehört haben, selbst mitbelasten würden, wenn sie uns verraten. Und Elli ist hochschwanger, sie riskiert sicher kein Gefängnis.«

Bep zuckte die Schultern. »Wenn du meinst. Ich würde das nicht einmal meiner eigenen Schwester verraten. Man wird so misstrauisch, wem gegenüber man noch was sagen kann.« Sie holte einen Bogen Papier aus dem Stapel auf ihrem Tisch. »Sagst du Margot nachher, dass ich mich für einen Fernkurs in Stenografie angemeldet habe? Wenn die Aufgaben kommen, bringen wir sie hinüber, dann haben die Mädchen etwas, womit sie sich beschäftigen können.«

»Man sieht kaum noch Juden auf der Straße«, meinte Johannes Kleiman. »Wie viele sich wohl noch verstecken? Inzwischen holen sie ja sogar schon die christlichen Holländer. Vor allem junge, gesunde Männer.«

»Was?«, fragte Miep erschrocken. Jan!, dachte sie.

»Hoffentlich ist der Krieg bald vorbei«, meinte Bep. »Wir haben jetzt 1943. Es wird Zeit, dass dieser Albtraum endet.«

»Hoffentlich stirbt Hitler!«, zischte Miep. »Ich weiß, man sollte niemand etwas Böses wünschen, aber ich gönne es seinen Soldaten, dass sie nun selbst in Russland erfahren, wie es sich anfühlt, zu leiden und zu sterben.«

»Ja, das war nicht sehr schlau, Russland anzugreifen«, meinte Johannes. »Napoleon ist das schon nicht gut bekommen, und Hitler wird es genauso gehen.«

»Kommunist!«, kicherte Miep. »Stalinfreund!«

Die Tür ging so plötzlich hinter ihr auf, dass sie nicht einmal die Zeit hatte, zusammenzufahren. Zwei Männer standen im Büro.

Miep klappte den Mund zu. Hatten sie gehört, was sie gesagt hatte? Ihr wurde abwechselnd heiß und kalt. Warum nur hatten sie die Schritte auf der Treppe nicht gehört? Bep und Johannes wechselten einen Blick, und es war ihnen anzusehen, dass sie dasselbe dachten.

Die Männer trugen Anzüge, stellte Miep erleichtert fest. Und sie waren schon etwas älter, der eine hatte fast schon eine Glatze, als er den Hut abnahm. Zivilisten. Keine Polizei, keine Wehrmacht. Und keine SS.

»Können wir ... Ihnen helfen?«, fragte sie.

Der Ältere übernahm das Reden. »Das hoffe ich. Mein Name ist Piron. Ich bin der neue Besitzer des Hauses. Das ist Herr Schouten, mein Architekt. Ich würde mir gern ein Bild von dem Gebäude machen. Hätte jemand von Ihnen ein paar Minuten, um uns herumzuführen?«

Alle drei sahen sich wortlos an. Langsam erhob sich Johannes Kleiman. »Bitte folgen Sie mir.«

»Das hier ist das Vorderhaus, nicht wahr?«, fragte der Architekt. Er stellte seine Tasche auf Mieps Schreibtisch und holte eine Mappe heraus. Offenbar enthielt sie die Pläne, als er sie öffnete, erhaschte Miep einen Blick auf eine Skizze. »Es gibt noch ein Hinterhaus, steht in den Unterlagen. Ihre Firma hat beides gemietet, heißt es.«

Miep blieb das Herz stehen. Bep und sie starrten einander wortlos an.

»Ich glaube schon, aber Herr Kugler, unser Chef, ist gerade nicht da ... Ich weiß auch gar nicht, wo der Schlüssel zum Hinterhaus ist ... Wir benutzen es nämlich gar nicht ...«, stotterte Johannes Kleiman. »Wollen wir ... mit den Büros anfangen?«

Kaum hatten die Männer den Raum verlassen, wandte sich Bep aufgeregt an Miep. »Wusstest du, dass das Haus verkauft worden ist?«

Miep schüttelte den Kopf. »Nein! Was machen wir denn jetzt? Für heute lassen sie Johannes vielleicht in Ruhe, aber was, wenn sie wiederkommen und darauf bestehen, das Hinterhaus zu sehen?«

Wie lange würden sie ihre Freunde noch beschützen können? Hatte das alles überhaupt einen Sinn? Sie brachten sich nur selbst in Gefahr, und am Ende würden sie sie doch finden.

Miep atmete tief durch. Im Grunde wusste sie ganz genau, warum sie das alles tat. Und wenn es nur ein Tag Aufschub wäre, den sie diesen Menschen verschaffte, dann wäre es das Risiko wert gewesen. Sie half ihnen nicht für das Gefühl, die Nazis an der Nase herumgeführt zu haben. Nicht für sich.

Sie tat es wegen jeder einzelnen Stunde, die sie gemeinsam verbracht hatten. Sie tat es für das, was sie verband. Für das, was sie gemeinsam erlebt hatten. Es ging um die tausend Kleinigkeiten. Um all das, was damals mit ihrer Kündigung bei der Textilfabrik begonnen hatte, damals, ehe sie selbst einmal ans Untertauchen gedacht hatte. Miep erinnerte sich genau ...

# 13

## Amsterdam, Anfang 1933

»Gekündigt!«, berichtete Miep ihrem Verlobten aufge-
bracht. »Er muss die Fabrik retten, sagte er! Damit meint
er doch nur, dass er sein eigenes üppiges Gehalt retten
will! Will die Fabrik essen und trinken und tanzen gehen?
Braucht sie Kleider, für die sie Stoffe kaufen muss? Wieso
rettet man eigentlich Firmen und nicht Menschen? Wieso
stößt man Menschen in Elend und Verzweiflung, nur damit ein paar Konzernchefs, denen die Inflation doch sowieso nichts ausmacht, nichts von ihrem Reichtum einbü-
ßen? Firmen retten – das heißt doch in Wirklichkeit nur,
dass die Inflation auf Kosten der Armen geht, nicht der
Reichen.«

Sie gingen an der weitläufigen Prinsengracht entlang,
einem der wichtigsten und schönsten Wasserwege Amsterdams. Überall standen alte Giebelhäuser aus der Zeit,
als die Niederlande mit ihren Tulpen ein reiches Land geworden waren. Niedrige Steinbrücken überspannten den
Kanal, und an den Seitenmauern war Boot neben Boot
vertäut. Die Kastanienbäume blühten, und das Wasser
blitzte immer wieder auf, wenn ein Sonnenstrahl es bis hinunter schaffte. Der Sommer stand vor der Tür, auch
wenn es der Sonne noch immer schwerfiel, ihren Weg
durch die Wolken zu finden.

»Du bist jung und gut ausgebildet«, tröstete Jan. »Du findest schon wieder etwas. Wir hätten sowieso noch nicht heiraten können.«

Miep blickte zu den Häusern hinauf. Hinter den meisten Scheiben verbargen sich Büros. Kleine und mittelgroße Firmen, die meisten von wenigen Männern betrieben. Irgendeiner musste doch ein Büromädchen brauchen!

Jan drückte ihre Hand. »Schau, Miep, bei meiner neuen Stelle im Sozialamt verdiene ich noch nicht genug, aber das wird sich bald ändern. Sobald ich die Probeanstellung überstanden habe, werde ich eine Gehaltserhöhung verhandeln.«

Miep hoffte, dass Jan recht behielt. Sie liebte seinen unverwüstlichen Optimismus. Ihr selbst fiel es manchmal schwer, zuversichtlich in die Zukunft zu blicken. Die Inflation, die Deutschland schlimm getroffen hatte, war auch hier deutlich zu spüren. Immer mehr Menschen verloren ihre Arbeit. Die Deutschen waren sogar so verzweifelt gewesen, dass sie Hitler gewählt hatten. Der allerdings schien derzeit vor allem damit beschäftigt zu sein, politische Gegner zu verfolgen. Für die Menschen änderte sich nichts, nur dass sie außer ihrem Geld nun auch noch zunehmend ihre Freiheit verloren.

Die nächste Zeit lief Miep von einer Bewerbung zur anderen. Jedes Mal bügelte sie ihre Bluse, legte ihr Haar in elegante Wellen und radelte los. Jedes Mal stand sie würdigen Herren in Anzügen gegenüber, die meisten schon etwas kahl, reichte ihnen ihren handgeschriebenen Lebenslauf und ließ sich eine halbe Stunde ausfragen. Dann kam eine Woche nervöses Warten und schließlich die Erkenntnis, dass auch hier keine Antwort kommen würde.

Es war zum Verzweifeln.

Ein paar Monate waren vergangen, und der Herbst kündigte sich schon an. Jeden zweiten Mittwoch war die Nachbarin Frau Blik von unten zu Besuch, um mit Mieps Pflegemutter Kaffee zu trinken. Sie war als Vertreterin tätig und kam viel herum. Auch an diesem Oktobertag hatte sie von einer freien Stelle gehört.

»Es ist eine der Firmen, deren Produkte ich vertreibe«, sagte sie und reichte Miep einen Zettel mit der Adresse. »Eine Kontoristin fällt wohl längere Zeit wegen einer Erkrankung aus, und sie suchen eine Aushilfe.«

Besser als gar nichts, dachte Miep. Ansehen konnte sie sich die Firma ja einmal, auch wenn sie danach vermutlich wieder eine Woche banges Hoffen und am Ende eine Enttäuschung erwarteten.

*Otto Frank, N. Z. Voorburgwal 120–126* stand auf dem Zettel.

»Das ist recht zentral und von hier aus gut zu erreichen«, meinte ihre Mutter.

»Ich werde mal hinfahren«, sagte Miep. »Danke.«

Ihre guten Sachen mussten ohnehin gewaschen werden, also schnappte sich Miep Waschbrett und Seife und verbrachte den nächsten Vormittag in der Küche. Sie kochte Wasser und goss es in den Zuber. Dampf stieg auf und schlug sich heiß und feucht auf ihrem Gesicht nieder. Sie gab die Seife und die Kleider dazu und rührte mit dem Holzstab herum, bis sie gut eingeweicht waren. Miep verwendete nicht die einfache Kernseife, sondern eine gute, die angenehm nach Lavendel duftete. Feine Schlieren zogen wie Schiffe in kreisförmigen Bahnen vorbei, dazwischen die Strümpfe und die weiße Bluse, wie Wale, die sich unter der Oberfläche wortlos verständigten. Der schwarze Rock hing noch über einem Stuhl und wartete, bis er an der Reihe war. Dann kam das Waschbrett zum

Einsatz. Miep lehnte es an den Rand des Zubers, angelte nach den Kleidungsstücken und schrubbte die Bluse, bis sie blitzsauber war. Ihre Hände quollen im heißen Wasser auf, die Haut wurde rot und begann zu brennen. Dann kam der Rock an die Reihe, und zum Schluss spülte Miep die Sachen in klarem, eiskaltem Wasser ab und hängte sie auf.

»Mach dir keine Sorgen«, meinte ihre Schwester Catherina, die kurz hereinschaute. »Es ist nicht leicht, jetzt, wo auch noch immer mehr aus Deutschland wegwollen. Aber irgendwann klappt es schon. Du weißt ja, wie lange ich nach einer Stellung gesucht habe.«

Mit frisch gebügelter Kleidung schleppte sie ihr schwarzes Fahrrad zwei Tage später die Treppe hinunter. Sie passte gut auf, dass die Sachen keine Flecken bekamen, denn Fahrradöl war aus Textilien gar nicht mehr herauszubekommen.

Bei ihrem üblichen Tempo hatte Miep die Adresse bald erreicht. Sie kannte die Straße, es war eine belebte Meile mit Giebelhäusern aus dem 17. und 18. Jahrhundert. Fußgänger strömten an den Gebäuden vorbei, das Klingeln der Trambahnen war zu hören. Die Nummer 120 war ein hohes modernes Gebäude mit Sandsteinportal, das von einer Markise gekrönt wurde. Neun Stockwerke zählte sie, als sie die Glasfassade hinaufblickte.

Beeindruckt, aber keineswegs eingeschüchtert trat Miep ein. Sie hatte nie vergessen, wie aufregend es sich angefühlt hatte, als halb verhungertes Kind in das hübsche Haus einer fremden Familie zu ziehen. Dagegen war ein Bewerbungsgespräch wirklich eine Kleinigkeit.

Sie sprach einen Herrn im Foyer an, um nach dem Büro zu fragen, und der zeigte zur Treppe. Es war gar nicht so leicht, sich in dem großen Haus zu orientieren. Zum

Glück war alles gut beschriftet. Auf ihr Klopfen öffnete ein Junge in Arbeitskleidung.

»Ich bin Willem, der Expedient. Kommen Sie mit, ich hole Herrn Frank.«

Die Firma war offenbar nicht groß, sondern schien nur aus zwei Räumen zu bestehen. Der Junge öffnete die eine Tür, und sie standen in einem nicht besonders hellen Büro mit einem Schreibtisch, auf dem eine schwarze Schreibmaschine stand. Willem bat sie zu warten und kam ein paar Minuten später mit einem großen, schlanken Mann zurück.

Er hat ja eine Figur wie Jan!, dachte Miep mit einem Grinsen. Als er ins Licht trat, erkannte sie schnell, dass er um einiges älter war als Jan, sicher schon in den Vierzigern. Er hatte dunkle Augen, etwas schiefe Zähne und trug einen Schnurrbart. Ein schmales, nach unten spitz zulaufendes Gesicht, spärlicher werdendes Haar. Er trug einen eleganten Anzug aus hellgrauer Wolle und eine passende Krawatte. Ein wenig steif wirkte er, aber vielleicht war er auch nur nervös. Der Verdacht kam Miep, als sie bemerkte, wie seine Augen unruhig im Zimmer auf und ab wanderten.

»Willkommen. Mein Name ist Otto Frank.« Er sprach langsam und so, als hätte er die Sätze aus einem Sprachführer gelernt. Seine Aussprache war nicht schlecht, doch der deutsche Akzent war nicht zu überhören. Offensichtlich hatte er noch nicht viel Gelegenheit gehabt, Holländisch zu sprechen, er suchte noch die richtigen Worte. »Mein Holländisch ist nicht gut«, entschuldigte er sich.

»Keineswegs, es ist gut«, meinte Miep auf Deutsch. »Aber wenn es leichter für Sie ist, können wir gern Deutsch sprechen.«

Herr Frank schenkte ihr ein breites Lächeln. »Das ist

sehr freundlich, danke. Ich bin erst kürzlich aus Frankfurt hergezogen. Meine Frau und die Kinder sind noch dort.« Er unterbrach sich sofort, als er von seiner Familie sprach. War es ihm zu persönlich gegenüber einer jungen Frau, die er nicht kannte?

Miep gefiel es, dass er ein wenig zurückhaltend war. Manche Arbeitgeber verhielten sich etwas zu zutraulich gegenüber den Büromädchen. Herrn Franks Art flößte ihr Vertrauen ein.

»Ich habe Ihre Bewerbung gelesen«, sagte er. »Das klingt alles gut. Würden Sie mich in die Küche begleiten?«

Miep runzelte die Stirn. Hieß das, dass er sie einstellen würde? Sollte sie Kaffee kochen? War das etwa gar keine Bürostelle?

Das Büro hatte tatsächlich eine kleine, lang gezogene Küche mit mehreren großen Vorratsschränken. Herr Frank hielt Miep die Tür auf und wies auf den Herd. »Haben Sie schon einmal Marmelade gekocht?«

Was war das denn? Miep war verunsichert. »Hm ... also, ich lebe noch bei meinen Eltern ... ich muss dort nicht kochen.«

»Na, Sie werden es schon hinbekommen. Hier sind die Zutaten.« Er öffnete den großen Schrank am Fenster.

»Verzeihung, Herr Frank ... Ich dachte, es geht um eine Bürostelle. Was hat die Marmelade damit zu tun?«

Herr Frank hielt inne, den Kopf schon halb im Schrank, dann lachte er und fasste sich an die Stirn. »Wie schusselig von mir! Das habe ich Ihnen ja noch gar nicht gesagt!«

Er förderte Zucker und ein paar kleine Päckchen zutage und legte alles auf den Küchentisch. Erst jetzt fielen Miep die Holzsteigen mit Erdbeeren auf, die am anderen Ende des Tisches standen.

»Der Hauptsitz der Firma ist in Köln. Dort wird auch

das Produkt hergestellt, das wir vertreiben. Opekta ist ein Konservierungsmittel für den Hausgebrauch, und unsere Kundschaft sind vor allem Hausfrauen, die ihre Marmelade selbst machen. Das Mittel wird beim Kochen zugegeben und sorgt dafür, dass die Marmelade besser geliert und sich gut hält. Es wird übrigens aus Äpfeln hergestellt – na ja, sozusagen aus Apfelbutzen!« Er lachte. »Ihre Aufgabe wird es sein, Kundenanfragen zu beantworten. Aber dazu müssen Sie wissen, wie man Marmelade macht und was der Grund sein kann, warum es einmal nicht klappt. Deswegen möchte ich, dass Sie sich mit dem Vorgang vertraut machen.«

Jetzt musste auch Miep lachen. »Und ich dachte schon, ich bin fürs Frühstück zuständig!«

»Würden Sie es mal versuchen? Auf der Rückseite der Opekta-Tütchen stehen die Rezepte. Es gibt für jedes Obst eine eigene Anleitung, achten Sie also bitte darauf, dass Sie in diesem Fall das Rezept für Erdbeermarmelade nehmen.«

Als Miep ein paar Minuten später allein in der Küche stand, fragte sie sich, ob es schlau gewesen war, sich darauf einzulassen. Sie hatte das noch nie gemacht, und sie war alles andere als mutig. Wenn sie daran dachte, dass sie bis heute nicht Schlittschuhlaufen konnte! Aber irgendwie war sie auch neugierig, und so schwer konnte es ja nicht sein.

Sie nahm das Konservierungsmittel in die Hand und betrachtete es. Den Schriftzug kannte sie bereits, denn Opekta wurde an der Tür von Vertretern wie Frau Blik, aber auch in Drogerien verkauft. Jede Verpackungseinheit enthielt vier Tütchen Opekta, auf deren Rückseite die Rezepte gedruckt waren. Außerdem lagen Aufkleber für die Marmeladengläser bei und quadratische Zellophanstücke, mit denen man die Gläser verschließen konnte. Sie las die Anleitung auf dem Tütchen: klein geschnittene Erdbeeren, Zucker, etwas Wasser und Opekta. Das war alles. Das würde selbst eine kulinarische Analphabetin hinbekommen.

Als eine halbe Stunde später der süße Duft der kochenden Erdbeeren in ihre Nase stieg, bekam sie schon wieder Hunger. Als Kind in Wien hatte sie nie bewusst Marmelade gegessen, erst in Holland. Beim ersten Mal hatte sie geglaubt, dass etwas in ihrem Mund explodieren müsste vor lauter Süße und Aroma. Vielleicht war ihre Kindheit der Grund, warum sie bei Süßigkeiten nie Nein sagen konnte. Es wäre allerdings unklug, mitten in einer Bewerbung beim Naschen erwischt zu werden. Eigentlich hatte sie gut gefrühstückt, aber es roch so gut, dass sie nicht widerstehen konnte. Sie suchte sich einen kleinen Löffel, tauchte ihn in die kochende Marmelade, pustete kurz und leckte ihn dann ab.

Mmmh.

Ein starker, aromatischer Geschmack, heiß und süß. Es fühlte sich an, als könne man die Sonne schmecken, die ihre wärmenden Strahlen auf die Felder geschickt hatte, den Kontrast von dunklem Grün und Knallrot, den leichten Duft, der in der Luft hing. Miep fuhr sich mit der Zungenspitze über die Lippen. Sie wusch den Löffel ab, konnte aber nicht widerstehen und tauchte ihn doch noch einmal ein.

»Na, wie läuft es?«

Miep fuhr zusammen und ließ den Löffel fallen. »Ich … habe sie nur abgeschmeckt.«

Herr Frank lachte. »Macht meine Jüngste auch immer. Eine wichtige Aufgabe, finden Sie nicht?«

154

# 14

Das Telefon schrillte schon wieder. Miep ächzte und zog es sich heran.

»Opekta, Miep Santrouschitz am Apparat. Sie sprechen mit der Reklamations- und Informationsstelle.«

Grinsend sah Willem, der gerade durchs Büro lief, zu ihr herüber. Die Formulierung war in der Tat etwas hochtrabend, denn die Reklamations- und Informationsstelle bestand nur aus ihr und ihrem Schreibtisch am Fenster des Vorzimmers. Miep hatte die Stelle bekommen, und nach fast zwei Wochen in der Küche hatte sie hierher umziehen dürfen. Nun war es ihre Aufgabe, aus ihrem dort gewonnenen Erfahrungsschatz zu schöpfen. Falls Kundinnen reklamierten oder Fragen hatten, konnte sie ihnen sagen, was sie falsch gemacht hatten.

»Hier spricht van Huis. Ihr Geliermittel hat leider versagt. Ich will mein Geld zurück.«

Miep kannte diesen Tonfall schon. Die Leute mussten inzwischen auf ihr Geld achten, die Inflation hatte die Niederlande nicht verschont. Und die Holländer standen ohnehin im Ruf, besonders sparsam zu sein. Kein Wunder, dass sie wütend waren, wenn sie für ihr Geld nicht das gewünschte Resultat erhielten.

»Haben Sie sich denn genau an das Rezept gehalten?«

»Natürlich, junges Fräulein, was denken Sie denn?«

»Nicht noch irgendeine Spezialzutat dazugegeben?

Nach einem alten Familienrezept vielleicht?« Die gab es immer, und die meisten Probleme kamen daher, dass ein industriell gefertigtes Produkt wie Opekta nicht mit solchen Familienrezepten rechnete.

»Nur den Zitronensaft noch, den meine Großmutter schon verwendet hat.«

»Verstehe.« Miep hatte für diese Fälle schon eine Standardantwort. »Sehen Sie, das Problem ist, dass Sie sich ganz genau an das Rezept halten müssen. Wenn Sie irgendetwas daran verändern, und wäre es auch nur eine Kleinigkeit, dann funktioniert es nicht mehr. Ist mir früher selbst passiert.«

Nun klang die Stimme nicht mehr so wütend, sondern interessiert. »Wirklich?«

Das Gefühl, mit einer anderen Hausfrau zu sprechen – auch wenn sie das gar nicht war – und nicht mit einer abgehobenen Bürokraft, schien Vertrauen zu erwecken.

»Sie hätten mal meine erste Himbeermarmelade sehen sollen«, sagte Miep. »Was halten Sie davon: Wenn Sie das nächste Mal bei uns bestellen, lege ich Ihnen persönlich ein extra Päckchen mit hinein. Aber nicht weitersagen!« Sie lächelte in den Hörer, und tatsächlich ließ sich die Kundin beruhigen. Das funktionierte bei den meisten Leuten. Sie waren ja nicht von Natur aus auf Ärger aus, sie mussten nur ihr Geld zusammenhalten.

Miep dachte an ihre ersten Versuche. Sie hatte Erdbeermarmelade gekocht, dann Himbeermarmelade, Stachelbeermarmelade und schließlich Pflaumenmarmelade. Himbeeren benötigten viel mehr Opekta als Pflaumen. Beim ersten Mal war ihr die Menge viel zu reichlich vorgekommen, also hatte sie nur die Hälfte genommen. Als sie die dünne Suppe in die Gläser gegossen und sofort gesehen hatte, dass sie bestenfalls mithilfe von schwarzer

Magie fest werden würde, hatte sie begriffen, dass sie sich genau an das Rezept halten musste. Beim nächsten Mal war es besser gelaufen, allerdings hatte sie wohl nicht darauf geachtet, dass die Gläser richtig ausgekocht waren, denn nach ein paar Tagen hatte sich Schimmel gezeigt. Als sie beim dritten Versuch die Gläser gefüllt hatte und ihr ein verführerisch zarter Duft in die Nase gestiegen war, hatte sie gewusst, dass es dieses Mal klappen würde. Die Marmelade war fest, aber nicht hart gewesen und von der Farbe her strahlend hellrot. Und sie schmeckte wunderbar nach Himbeeren, süß und würzig. Miep leckte sich bei der bloßen Erinnerung die Lippen. Ob sie vielleicht schnell hinübergehen und sich ein Löffelchen ...

»Wie läuft es heute?« Herr Frank kam herein, gerade als Miep aufstehen wollte, um ihrem Laster zu frönen.

Sie ließ sich wieder auf den Schreibtischstuhl fallen. »Drei Anrufe in zwei Stunden. Es werden weniger.«

Er wirkte erleichtert. »Gut. Ich hatte schon Sorge, Opekta verkauft sich hier nicht. Wenn Sie in Deutschland etwas auf ein Rezept schreiben, machen es die Leute genauso, wie es dasteht. Das ist hier anders, das musste ich auch erst mal lernen.«

»Wissen Sie schon, wann Ihre Familie nachkommt?«, fragte Miep. Sie wusste, dass Herr Frank nach Holland gekommen war, um seine Kinder vor der neuen deutschen Regierung zu schützen – weil er wollte, dass sie in Freiheit aufwuchsen. Im nächsten Moment schalt sie sich, dass sie so neugierig gewesen war. Es ging sie doch im Grund nichts an.

Doch ihr Chef schien die Frage nicht als zu persönlich zu empfinden. »Sie sind noch in Aachen bei meiner Schwiegermutter«, sagte er. »Die Kampagne gegen die Juden in Deutschland scheint sich etwas beruhigt zu haben.

Aber noch immer muss meine Große von den anderen abgesondert in einer eigenen Ecke des Klassenzimmers sitzen, stellen Sie sich das mal vor!«

Miep hatte sich nie besondere Gedanken gemacht, ob jemand Jude war oder nicht. Dass man Kindern so etwas antat, machte sie unfassbar wütend.

»Ich kann gar nicht sagen, wie ich diesen Hitler hasse«, gestand sie. »Wie kann es nur sein, dass so viele Deutsche das mitmachen?«

Herr Frank zuckte die Achseln. »Die Nazis machen den Leuten Angst. Sie behaupten, Juden wären für Krankheiten verantwortlich und würden mit den Feinden Deutschlands zusammenarbeiten. Besonders mit den Russen. Aber wehe, man sagt, das seien alles nur Vorwände, um Macht zu bekommen und Menschen gegeneinander aufzuhetzen. Dann verbreitet man Lügen, ist ein Volksschädling und gehört schon deswegen eingesperrt.«

Kein Wunder, dass Herr Frank seine Familie in Sicherheit bringen wollte. »Ich hoffe, dass Sie und Ihre Familie hier ein neues, sicheres Zuhause finden.«

»Nun, wie dem auch sei: wenn weniger Leute anrufen, arbeiten wir Sie in die Bürokratie ein. Ach, und nehmen Sie ruhig von Ihrer letzten Marmelade ein paar Gläser mit nach Hause.« Er zwinkerte ihr zu und verließ das Büro.

Miep beschloss, ein Stück Brot mit ihrer Lieblingsmarmelade zu bestreichen und es Jan in der Mittagspause mitzubringen. Viele Männer wären eifersüchtig gewesen, wenn ihre Verlobte ein so gutes Verhältnis zu ihrem Arbeitgeber gehabt hätte. Es war eine simple Methode, aber sie funktionierte zuverlässig. Nachdem er die Marmelade probiert hatte, liebte Jan Herrn Frank auch.

Als sie am nächsten Tag ins Büro kam, erwartete Miep eine Überraschung.

»Das ist Fräulein Heel«, begrüßte Herr Frank sie. »Die Kollegin, die Sie vertreten haben – und das ist Fräulein Santrouschitz.«

Miep begrüßte die junge Frau, die ihr auf Anhieb unsympathisch war – und nicht nur, weil ihre Rückkehr bedeutete, dass Miep bald würde gehen müssen. Fräulein Heel war blond, ein wenig unscheinbar und hatte etwas Salbungsvolles an sich, das Miep abstieß.

»Wir werden für Sie einen festen Platz einrichten«, wandte sich Herr Frank an Miep. »Es gibt genug Arbeit, und ich lasse Sie sicher nicht mehr weg. Seien Sie so nett und weisen Sie Fräulein Heel in alles ein, was sie verpasst hat. Es gibt einen neuen Schreibtisch, der ist für Sie. Dort werden Sie vor allem Korrespondenz erledigen. Fräulein Heel übernimmt Ihre frühere Aufgabe. Sie sind dann zu dritt im Büro, mit Willem.«

Damit ließ er sie allein. Fräulein Heel fasste Miep ins Auge, als solle sie sie verkaufen und nicht Opekta. Mit einem Räuspern versuchte Miep, das unangenehme Gefühl zu überspielen. »Hm … na gut. Ich habe in den letzten Wochen am Telefon gesessen und die Kundenanfragen entgegengenommen. Es sind jetzt deutlich weniger als noch vor ein paar Wochen.«

»Sie müssen mir nichts erklären. Wenn, dann sollte ich eher Ihnen sagen, wie es hier läuft. Schließlich sind Sie ja die Neue.«

Hoppla, dachte Miep. So empfindlich? Herr Frank hatte ihr schließlich den Auftrag gegeben, Fräulein Heel auf den neuesten Stand zu bringen. »Dann nehme ich mal meine Sachen rüber auf den anderen Schreibtisch.«

Fräulein Heel beobachtete sie scharf, während sie ihre Papiere zusammenlegte, ihre Stifte obenauf und alles hinüberschaffte.

»Passen Sie auf, Ihnen fällt gleich ein Stift runter«, mahnte sie gönnerhaft, machte allerdings keine Anstalten, Miep zu helfen. »Wissen Sie denn, wie man Briefe schreibt?«

»Ich habe das während Ihrer Abwesenheit erledigt und werde es weiterhin tun. Von daher: ja.« Allmählich verlor Miep die Lust, besonders nett zu ihr zu sein. So sehr sie sich freute, dass sie bleiben konnte, dieses Fräulein Heel gefiel ihr nicht.

»Ich schreibe oben in die Anrede immer: ›Sehr verehrter Herr Sowieso‹, das sollten Sie auch tun«, erklärte Fräulein Heel.

Miep atmete tief durch. Dann stellte sie ihre Sachen ab und wandte sich an die Kollegin. »Es gibt eine neue Vorgabe im Büro, kennen Sie die schon?«

Fräulein Heel riss die Augen auf. »Tatsächlich? Welche denn?«

»Sie lautet: Gehen Sie mir nicht auf die Nerven.«

# 15

»Fräulein Saaantrouschitz?«

Miep sog scharf die Luft ein und bemühte sich um Gelassenheit. »Fräulein Heel?«

»Sagen Sie, sind Sie eigentlich auch Mitglied in der NSB?«

Miep hätte sich fast verschluckt. »Wieso sollte ich denn der NSB beitreten?« Die NSB war die niederländische Variante der NSDAP. Selbst wenn Miep sich in irgendeiner Form dafür interessiert hätte, wäre es ihr doch unpassend vorgekommen, hier im Büro davon zu sprechen. Schließlich wusste jeder, dass Herr Frank Jude war.

Fräulein Heel setzte eine salbungsvolle Miene auf und das Hinterteil auf Mieps Schreibtisch. »Die Bedrohungen der heutigen Zeit sind verheerend. Der Russe zeigt sein wahres, schreckliches Gesicht und gefährdet unsere Sicherheit. Und die Juden sind seine Verbündeten. Russenfreunde, kommunistische Hetzer und Krankheitsüberträger. Da kann man doch nicht einfach wegsehen!«

»Warum arbeiten Sie eigentlich hier, wenn Sie ein Problem mit Juden haben?«

»Ach, Sie meinen wegen Herrn Frank?« Fräulein Heel hob schmerzvoll die Augen gen Himmel. »Na, der ist eine Ausnahme. Ein echter Gentleman.«

Miep blickte notgedrungen zu ihr auf, da Heel ihr Achterdeck noch immer auf ihrem Brief platziert hatte. »Ach, und Sie denken, dass normalerweise nur Christen Gentlemen sein können?«

Fräulein Heel rümpfte die Nase und bedachte Miep mit einem Blick, der selbst dem grimmigen Stalin das Fürchten hätte lehren können. Dann rutschte sie wortlos vom Schreibtisch und entschwebte hocherhobenen Hauptes. Den Rest des Tages zeigte sie Miep die kalte Schulter.

Die Atmosphäre im Büro wurde nach diesem Vorfall so kühl, dass man es förmlich klirren hörte. Fräulein Heel, im heiligen Bewusstsein, auf der Seite des Guten zu stehen, schien wild entschlossen zu sein, alle Parteigänger der Finsternis mit Verachtung zu strafen. Fragt sie sich gar nicht, ob etwas an der Sache stinkt?, dachte Miep. Es musste einem doch aufstoßen, wenn die »Guten« zufällig auf der Seite der Mächtigen und Einflussreichen zu finden waren. Wenn die »Guten« verlangten, Menschen als gefährlich oder »unrein« zu betrachten, ohne je wirkliche Beweise zu erbringen. Doch offenbar machte sich Fräulein Heel diese Gedanken nicht. Miep zog es vor, in ihrer Gegenwart das Thema Politik zu meiden.

Herr Frank schien den Kopf anderswo zu haben, er nahm die winterlich veränderte Stimmung im Büro kaum zur Kenntnis – und das nicht nur, weil der Februar 1934 inzwischen schon den Frühling erahnen ließ. Den Grund dafür erfuhr Miep ein paar Tage später.

»Haben wir Kaffee und Milch in der Küche?«, fragte er, als er kurz den Kopf zur Tür hereinsteckte.

Miep blickte kaum auf, als sie bejahte. Es kam öfter vor, dass er Besuch von Geschäftspartnern hatte, und es gehörte zu ihren Aufgaben, sie zu bewirten. Just in dem Moment, als der Kaffee fertig war, hörte sie Stimmen aus dem

Vorzimmer. Sie erkannte die von Willem und von Herrn Frank. Die Frauenstimme hatte sie noch nie gehört.

Neugierig ging sie hinüber.

Herr Frank stellte einer dunkelhaarigen Dame die Belegschaft vor. Als er Miep bemerkte, rief er sie herein.

»Und das ist Miep – Miep Santrouschitz. Du kannst Deutsch mit ihr sprechen. Meine Frau Edith mit unserer Jüngsten Anneliese. Wir rufen sie Anne.«

Edith Frank war eine ruhige, elegante Erscheinung. Sie trug das dunkle Haar in einem modischen Pagenkopf. Ihre Kleider waren sicher nicht billig gewesen. Sie schien einige Jahre jünger zu sein als ihr Mann, eher in den Dreißigern als den Vierzigern. An der Hand hielt sie die kleine Anne, die vier oder fünf Jahre alt sein mochte und in ihrem winzigen weißen Pelzmäntelchen beinahe verschwand. Auch ihr Haar war dunkel und das Gesicht fein geschnitten, mit großen, aufmerksamen grünbraunen Augen. Sie schienen alles aufzusaugen, was um sie herum war: die schwarze Schreibmaschine auf Mieps Tisch, die Kartons mit Packpapier und Paketschnur, in die Willem die Ware verpackte, das naserümpfende Fräulein Heel.

»Hallo. Ich bin Miep«, sagte Miep auf Deutsch.

Die Kleine strahlte sie an und knickste höflich. Wie ein wohlerzogener winziger Pelzball, dachte Miep entzückt, mit einem herzförmigen Gesichtchen.

»Möchtest du eine Milch?«, fragte sie. »Sie ist ziemlich gut hier.«

Die Kleine nickte eifrig. Miep brachte das Tablett mit dem Kaffee in Herrn Franks Büro. Als sie mit einem Glas Milch aus der Küche zurückkam, war Anne noch immer damit beschäftigt, alles zu mustern. Ihr winziges Näschen zuckte, und ihre Augen hatten einen unternehmungslustigen Schimmer. Vermutlich wäre sie am liebsten in die vielen leeren Kisten geklettert, doch sie war zu gut erzogen.

»Dürfen wir Anne ein paar Minuten hierlassen? Wir haben etwas zu bereden«, fragte Frau Frank.

»Sehr gern. Wir werden uns schon miteinander beschäftigen.«

Das Ehepaar verschwand in Herrn Franks Büro. Willem ging wieder ins Lager an seine Arbeit, und Fräulein Heel verabschiedete sich in die Pause.

Die wachen, grün gesprenkelten Augen der Kleinen flitzten in alle Richtungen. In ihrem weißen Pelzmäntelchen wirkte sie wie eine viel zu klein geratene Version einer Hollywoodschauspielerin.

»Wie alt bist du denn?«, fragte Miep.

Anne grinste verlegen und zeigte vier Finger.

»Vier. Soso.« Was redete man mit einem Kind, das so klein war? »Also ... gefällt es dir hier?«

Anne nickte und sah immer wieder verstohlen nach dem Fenster. Miep hob das kleine Pelzknäuel hoch, damit sie hinaussehen konnte. Die Fußgänger unten auf dem Gehweg faszinierten sie ebenso wie der kleine Hund, der an der Leine hinter seinem dicken, gemütlich aussehenden Frauchen hertrottete. Die Fahrräder, die sich klingelnd einen Weg suchten, die Straßenbahn auf dem Voorburgwal. Das Funkeln, wenn der Wind die Zweige der Bäume am Ufer bewegte und ein einzelner Sonnenstrahl hindurchfiel. Ein silbriger Schimmer übergoss die Giebelhäuser und den feinen Nebel. Zahllose Möwen schwebten in der Luft, ihre gellenden Schreie waren sogar durchs geschlossene Fenster zu hören. Manchmal schienen sie fast bewegungslos über ihnen zu hängen, irgendwo zwischen Himmel und Erde, an einer Schnur, geknüpft zwischen Wirklichkeit und Unendlichkeit.

»Ich wäre auch gern eine Möwe«, sagte Anne. »Dann könnte ich durch die Straßen fliegen. Und weit aufs Meer hinaus. Ich möchte das Meer sehen. Papa sagt, es ist nicht weit.«

»Das stimmt.« Miep packte sie und schwenkte sie durch das Zimmer. »So fliegt eine Möwe!«

Anne lachte. »Noch mehr!«

Miep schwenkte sie herum, bis ihr die Puste ausging. »So, jetzt kann ich nicht mehr. Willst du noch eine Milch?«

Die Kleine nickte eifrig. Miep erinnerte sich an ihre erste Milch in Holland. Vielleicht war sie ihr damals besonders gut vorgekommen, weil sie so hungrig gewesen war. Aber irgendwie blieb so etwas doch hängen. Sie holte die Milch, und die Kleine griff danach.

»Deine Socke ist heruntergerutscht. Warte, ich ziehe sie wieder hoch.«

Miep ließ die Milch los, aber Anne hatte die Händchen noch nicht fest genug um das Glas geschlossen. Es rutschte ihr aus der Hand und fiel auf den Linoleumboden.

Miep starrte auf den See aus Milch und Glasscherben. Lieber Himmel, wie peinlich! Ein paar Minuten sollte sie auf das Kind aufpassen, und schon ruinierte sie den Hausstand!

Sie rannte in die Küche und holte Lappen, Kernseife und einen Eimer Wasser. Schnell war alles aufgewischt und die Scherben zusammengekehrt. Miep öffnete alle Fenster und hoffte, dass der Boden schnell trocknete. Dann würde niemand etwas bemerken.

»Sagst du meiner Mama, dass ich das Glas kaputt gemacht habe?«, fragte Anne besorgt.

»Nein. Ehrenwort. Das bleibt unser Geheimnis.«

Die Kleine wirkte erleichtert. Sie konnte nicht wissen,

dass es der fremden Frau genauso ging. Miep setzte Anne an den Schreibtisch, schenkte ihr dort eine neue Milch ein und überlegte, wie sie die Kleine den Rest der Zeit unterhalten konnte.

»Hm, willst du … willst du sehen, wie man auf einer Schreibmaschine schreibt?«

Anne nickte und schien es ehrlich zu meinen, nicht nur aus Höflichkeit. Miep hob sie hoch, setzte sie auf ihren Schoß und legte ein frisches Blatt ein. »Was sollen wir schreiben? *Anne ist zu Besuch in Papas Büro?*«

»Ich kann noch nicht lesen.«

»Macht ja nichts. Ich schreibe es mal, und dann lässt du es später deine Mutter vorlesen.«

Das schien der Kleinen zu gefallen. Während Miep tippte, beobachtete Anne sie eindringlich.

»Hier – fertig.« Miep zog das Blatt aus der Maschine und reichte es ihr.

Die Kleine lächelte. Es war ein verlegenes Lächeln, das ein paar leicht schiefe Milchzähne entblößte. Der hübsch geschnittene Pagenkopf wackelte, als sie den Kopf hin und her bewegte, um einzelne Buchstaben zu suchen.

»Mama schreibt mit der Hand«, sagte sie.

»Das tue ich auch, wenn ich nicht arbeite. Die Maschine ist für offizielle Briefe an Geschäftspartner und so.«

»Und was schreibt man mit der Hand?«

»Private Briefe. Alles, was man in der Schule macht. Oder ein Tagebuch.«

»Was ist ein Tagebuch?«

Miep dachte an ihren einzigen misslungenen Versuch mit einem Tagebuch. Sie war siebzehn gewesen, und am Ende war es im Küchenofen gelandet. Der Gedanke, dass irgendjemand es lesen könnte, war zu beängstigend gewesen. »Da schreibt man hinein, was man so erlebt. Manch-

166

mal passieren Dinge, die sind einem wichtig. Man kann aufschreiben, was einen ärgert. Oder glücklich macht.«

»Hast du ein Tagebuch?«

Ach, du liebe Zeit. Sehr schlau eingefädelt, dachte Miep.

»Ich hatte mal eines. Aber es ... hm ... es war vollgeschrieben. Ich hätte ein neues kaufen können, aber bisher habe ich das noch nicht getan.«

»Was steht in deinem Tagebuch?«

Miep spürte, wie sie zu schwitzen begann. Es hatten da einige Dinge dringestanden, die nicht für die Ohren von Kindern geeignet waren, schon gar nicht von so winzigen.

»Das ... hm ... das ist geheim. Tagebücher sind geheim. Man schreibt Sachen hinein, als ob man sie seiner besten Freundin erzählt. Na ja, und man würde nicht alles, was man seiner besten Freundin erzählt, auch anderen Leuten sagen.«

Annes Augen wurden groß. »Geheimnisse stehen da drin? So wie unseres, mit der Milch?«

Uff. Das war die Rettung.

»Ja. Geheimnisse.«

# 16

Acht Uhr dreißig. Sie war wieder eine gute Zeit gefahren, dachte Miep mit Blick auf ihre Armbanduhr, während sie die Treppen zum Büro hinaufstieg. Trotz ihrer festen Stellung hatte sie nur selten Geld für die Straßenbahn. Von ihrem Gehalt zahlte sie eine kleine Miete an ihre Eltern. Den Rest investierte sie in Stoffe, aus denen sie sich Kleider schneiderte, in Eintrittskarten fürs Kino, fürs Theater oder zum Tanzen. Und so musste sie eben nach wie vor radeln. Ihr wäre es lieber gewesen, weniger verschwitzt anzukommen, aber das ließ sich nicht ändern.

Als sie die Bürotür öffnete, war sie wie üblich die Erste. Sie stellte die Handtasche auf ihren Schreibtisch und machte sich etwas frisch. Während sie in der Küche Kaffeepulver, Filter und Kanne bereitstellte und Wasser aufkochte, dachte sie über die kleine Anne nach. Es war sicher hart, sein Land in so jungen Jahren verlassen zu müssen. Vielleicht hatte sie Glück und war gerade noch in dem Alter, in dem man das noch gut überwand. Mieps eigene Situation damals war ganz anders gewesen. Schließlich hätte sie jederzeit nach Wien zurückkehren können, wenn sie gewollt hätte, doch sie hatte hier in Holland eine zweite Familie gefunden.

Sie goss das heiße Wasser in den Filter, und ein feiner Kaffeeduft stieg auf. Miep sog ihn ein und blickte aus dem kleinen Fenster in den Hinterhof. Sie hatte einen Gedanken, den sie nicht fassen konnte, er schwebte vorbei wie eine Schimäre. Da hörte sie Schritte auf der Treppe. Klack-klack – die Absätze. Fräulein Heel.

Natürlich näherten sie sich als Erstes der Küche. »Sie sind das, Fräulein Santrouschitz? Seit wann sind Sie da?«

Miep zuckte die Schultern. Jeden Morgen dieselbe Frage statt eines Grußes. Als würde Fräulein Heel Buch führen, wie eine penible Gefängniswärterin, die jeden Schritt gewissenhaft notierte, jede Bewegung aufzeichnete, jede Aussage abheftete.

»Seit ich da bin«, erwiderte Miep abweisend und goss konzentriert Wasser in den Kaffeefilter, um den Blickkontakt mit Fräulein Heel zu meiden.

»Sie sehen heute aber wieder verbittert aus«, fuhr die Kollegin fort. »Sie sollten nicht so viele judenfreundliche Magazine lesen, in denen gegen Deutschland gehetzt wird. Kein Wunder, dass Sie so schlechte Stimmung verbreiten.«

»Mir geht es gut, danke der Nachfrage.« Wie lange brauchte das verflixte Wasser noch, um durch den Filter zu laufen? Miep betete stumm um Standhaftigkeit.

»Sie müssen sich diesem schlechten Einfluss entziehen. Noch ist es vielleicht nicht zu spät. Ich meine es ja nur gut mit Ihnen. Aber wissen Sie, es ist auch für uns andere nicht so schön, immer diesen Gesichtsausdruck sehen zu müssen.«

Jetzt reichte es aber. »Vielleicht kommt mein Gesichtsausdruck ja daher, dass ich bei der Arbeit ständig Sie sehen muss«, erwiderte Miep schnippisch.

Fräulein Heel riss die Augen auf. Dann runzelte sie die Stirn und rauschte wie ein Herbstgewitter zur Tür hinaus.

Am nächsten Tag meldete sie sich krank. Miep atmete auf. Allein mit Willem war die Stimmung im Büro viel angenehmer.

Auch Herr Frank schien Fräulein Heel nicht sehr zu vermissen. Jedenfalls kam er, seit sie krank war, viel häufiger in Mieps Büro als sonst. »Kommen Sie zurecht mit Ihrer Arbeit und der Vertretung von Fräulein Heel? Es ist etwas weniger Telefonarbeit, nun, da die Kundinnen wissen, wie sie das Produkt anwenden müssen.«

»Allerdings. Ich komme sehr gut zurecht, vielen Dank.« Und lieber ein bisschen mehr Arbeit als diese dumme Zicke, dachte Miep, aber sie traute sich nicht, das auch laut zu sagen. »Noch etwas: Herr Kugler war nicht zufrieden mit dem Brief, den ich an Frau de Vries geschrieben habe. Soll ich ihn noch einmal umschreiben?«

Herr Kugler war der Geschäftspartner von Herrn Frank und teilte sich mit ihm die Räume. Er war Österreicher wie sie selbst, Anfang dreißig und ein gut aussehender dunkelhaariger Mann, dessen Verhalten allerdings immer etwas steif war. Mit Herrn Frank arbeitete Miep viel lieber zusammen.

»Was war denn das Problem?«

Miep suchte den Brief heraus. »Ich schreibe die Briefe an die Hausfrauen ein bisschen anders als die an unsere Geschäftspartner. Viele von ihnen haben Vorbehalte gegen offizielle Schreiben und fühlen sich wohler, wenn man etwas persönlicher ist. Aber Herr Kugler findet das unprofessionell.«

»Ach, der ist immer so schrecklich korrekt.« Herr Frank grinste und überflog den Brief. »Das ist ganz wunderbar, Miep. Schicken Sie ihn raus.« Er legte ihr den Entwurf zurück auf den Tisch. »Wir werden übrigens demnächst umziehen. Dieses Büro ist doch recht dunkel, und ich hätte gern mehr Platz im Lager. Es gibt da ein hübsches Büro an der Singelgracht, in der Nähe des Blumenmarkts. Wenn alles klappt, bekommen Sie dort einen größeren Schreibtisch.«

Wenn wir nur auch das Fräulein Heel loswerden könnten, dachte Miep. Fräulein Heel umgekehrt schien auf ihre Gesellschaft auch keinen großen Wert zu legen. Sie blieb mehrere Wochen krank. Als sie zurückkam, packte Miep schon die Kisten für den Umzug an die Singelgracht.

Ein paar Tage ging alles gut. Bis Miep den Fehler beging, mit Willem im Büro übers Radfahren zu sprechen.

»Es überrascht mich zu hören, dass Sie sportliche Betätigung schätzen«, stichelte Fräulein Heel. »Wo Sie doch sonst eher auf der Seite von Verfall und Dekadenz stehen.«

Miep runzelte die Brauen. »Wann habe ich mit Ihnen über Verfall und Dekadenz gesprochen?«

Die Kollegin lächelte zuckersüß. »Indirekt. Sie verteidigen doch immer alles Jüdische. Die dekadente Rasse, die das Weiche schätzt und sich dem Verfall ergibt.«

Miep verdrehte die Augen. »Ich nehme an, mit ›weich‹ meinen Sie Kultur? Musik? Kino? Theater?«

Fräulein Heel lächelte weiter. »Radfahren stählt immerhin den Körper.«

»Hm. Ich hatte nie vor, einen Körper aus Stahl zu haben. Mit dem aus Fleisch und Blut bin ich eigentlich ganz zufrieden.«

»Oh, das sollten Sie aber nicht. Sehen Sie, es wird ein neuer Mensch entstehen. Einer, der über dem alten Menschen steht, genau wie Gott. Überlegen in allem, an Schönheit, Kraft und Intelligenz. Ein Übermensch.«

»Na, dann haben Sie ja noch einiges vor sich. Immerhin, blond sind Sie schon. Aber das bleiben Sie auch nicht ewig.«

Die Kollegin zuckte die Achseln. »Spotten Sie nur. Aber

irgendwann ist der Zug für Sie abgefahren. Der Übermensch wird kommen, so oder so. Sie können mitmachen oder abgehängt werden. Wundern Sie sich nur nicht, wenn der Übermensch dann die Abgehängten nicht besonders nett behandelt.«

Miep stand auf und griff nach ihrer leeren Kaffeetasse. »Und wenn dieser Übermensch so ein ekelhafter Zeitgenosse ist, warum sollte ich dann einer werden wollen?«

»Die Menschheit entwickelt sich eben weiter. Stellen Sie sich nur vor, wenn es anders wäre. Dann wären überall Juden und Erbkranke. Seuchen würden sich ausbreiten, weil die Schädlinge nur ans Feiern denken und nicht daran, den Volkskörper gesund zu halten.«

Das ist doch vollkommen verrückt, dachte Miep. »Na, ich bleibe erst mal bei meinem eigenen Körper«, erwiderte sie schnippisch. »Und ich bin zuversichtlich, dass Sie und Ihr Volkskörper nicht plötzlich zu Übermenschen werden.«

Miep hatte eigentlich gar nicht mehr mit Fräulein Heel diskutieren wollen, aber irgendwie ging ihr die Sache jetzt so auf die Nerven, dass sie die Geduld verlor. Es kam ihr so vor, als wären von einem Tag auf den anderen all ihre Werte ins Gegenteil verkehrt worden. Freiheit ist ein Verbrechen, Unterwerfung ist Freiheit. Hass ist gut, und Liebe ist schlecht. Als müssten alle menschlichen Beziehungen nur noch auf den Glauben an diesen Hitler ausgerichtet sein. »Ich mache Ihnen einen Vorschlag«, meinte sie. »Warten wir doch einfach ab, bis Ihr verehrter Herr Hitler schön und groß und muskulös und intelligent wird. Wenn er das schafft, reden wir weiter. Aber nicht vorher.«

Und damit drehte sie sich auf dem Absatz um und ging in die Küche, um sich einen neuen Kaffee zu holen. In ihrem Rücken hörte sie Willems unterdrücktes Kichern.

Zum Glück sorgte der Umzug dafür, dass weitere Diskussionen über ein plötzliches Anwachsen von Herrn Hitler auf Hünengröße mit dem Aussehen eines Hollywoodschauspielers und dem Intellekt von Einstein (ach nein, der war ja Jude und Kommunist obendrein!) unterblieben.

Die Singelgracht war eine wirklich repräsentative Adresse. Sie war eine der prachtvollsten Wasserstraßen der Stadt, lag im Zentrum und war gesäumt von wunderschönen Häusern. Niedrige Brücken überspannten hin und wieder den Kanal, kleine Erker an den Mauern luden zum Verweilen ein. Möwen schwirrten über den Booten, die an den Ufern schaukelten. Hin und wieder zogen sie langsam vorbei wie ruhige Schwäne und hinterließen im Wasser eine glänzende Spur. Der Blumenmarkt, der tatsächlich ganz in der Nähe lag, war ein quirliger Ort. In großen Körben wurden im Frühjahr Tulpen und im Sommer Lilien und Rosen angeboten. Von den Decken der Stände baumelten üppige Sträuße, verwandelten die einfachen Hütten in duftende Teppiche blühenden Überflusses.

Fräulein Heel hatte sich nach der letzten Diskussion mit Miep schon wieder krank gemeldet und überließ ihr die Telefonarbeit. Miep störte es nicht. Das neue Büro war luftig, und sie hatten ein weiteres Fenster, durch das Licht hereinfiel. Der Blick auf die Gracht war belebend, das Grün der Bäume, das sommerliche Glitzern des Wassers, das Treiben auf der Straße. Manchmal sah Miep einfach nur zehn Minuten hinaus, wenn sie müde wurde. Danach fühlte sie sich erfrischt.

Der Platz von Willem war heute leer, denn er war mit dem Lastenfahrrad unterwegs, um Waren auszuliefern. Hoffentlich kam er bald zurück, um im Lager zu helfen. Miep warf einen Blick nach unten, und tatsächlich, gerade in diesem Moment kam der Junge herangesegelt. Das Lastenfahrrad mit seinem orangefarbenen Gestell war nicht zu übersehen. Willem schien ziemlich motiviert zu sein, oder es lag daran, dass es noch früh und die Straße wenig belebt war. Mit halsbrecherischer Geschwindigkeit raste er über die Brücke.

Lieber Himmel, dachte Miep. Wie wird er es um die Kurve schaffen?

Die Antwort lautete: Gar nicht.

Willem wurde aus der Kurve getragen. Er versuchte, den Lenker noch herumzureißen, doch zu spät. Das Rad schoss auf die niedrige Absperrung zu. Mit voller Wucht prallte es dagegen, Willem wurde in hohem Bogen durch die Luft geschleudert – und landete in der Gracht. Das Fahrrad machte einen Salto hinterher.

Miep sprang auf und raste hinunter.

Als sie ankam, hatte sich Willem schon wieder an die Oberfläche gekämpft. Er spuckte Wasser aus und zerrte sich Algen aus den Haaren. Das Fahrrad war halb auf einem der Kähne gelandet und schwankte bedrohlich. Ein paar Passanten waren stehen geblieben und beobachteten halb amüsiert, halb erschrocken die Szene. Ein kleiner Dackel kläffte wie verrückt den sonderbaren Wassermann an.

Miep konnte nicht anders, als lauthals zu lachen. Herr Frank war ihr gefolgt, auch er schien das Malheur von seinem Büro aus beobachtet zu haben. Er grinste verdächtig, und dann brach es selbst aus ihm hervor. So wenig reserviert hatte Miep ihn überhaupt noch nie erlebt.

Willem schien erst jetzt seine missliche Lage zu begreifen.

»Hilfe!«, brüllte er – reichlich verspätet, aber besser spät als nie.

Miep lachte immer noch, als sie in ihren hochhackigen Schuhen vorsichtig über die Absperrung aufs nächste

Boot balancierte, um dem Unglücksraben aus dem Wasser zu helfen. Auch Herr Kugler war inzwischen vom Lärm auf die Straße gelockt worden und half Herrn Frank, das Fahrrad zu bergen, während Miep sich um Willems Rettung bemühte.

Ein paar Minuten später stand ein ziemlich kleinlauter Botenjunge auf der Straße. Die Passanten kicherten verstohlen, das Wasser triefte ihm aus Kleidern und Haaren, und wie es aussah, war die Ware, die er hätte ausliefern sollen, nicht mehr zu retten.

»Es tut mir leid«, stotterte Willem.

Herr Frank lachte nur und meinte: »Ist schon gut, Willem. Du hast uns prächtig unterhalten, und wenn wir den Unterhaltungswert gegen den der Ware anrechnen, sind wir dir sogar noch etwas schuldig!« Er wandte sich an Miep: »Rufen Sie uns bitte ein Taxi? Willem muss nach Hause, er braucht trockene Kleider.«

Das Wetter war zwar schön, aber in den Niederlanden wehte es fast immer. Miep versuchte, ihr Lachen herunterzuschlucken, aber es wollte ihr nicht ganz gelingen.

Auch in den nächsten Tagen musste sie immer wieder lachen, wenn Willem unten auf dem Rad vorbeikam. Die Kollegin Heel, die ihnen mittlerweile wieder die Ehre gab, verstand beim besten Willen nicht, warum, und dachte vermutlich, es sei ihretwegen. Miep hätte sie beruhigen können, hatte aber keine Lust dazu.

Ein paar Tage später flatterte Fräulein Heels Kündigung auf Mieps Tisch. Sie habe gesundheitliche Probleme, hieß es. Miep atmete auf.

Wenn sie allerdings geglaubt hatte, damit seien die Nazis aus ihrem Leben verschwunden, dann hatte sie sich getäuscht.

# 17

»Rate, wohin ich dich ausführe, Miep! Ich gebe dir einen Hinweis: Es gibt dort diese kleinen, mit Zucker überzogenen Mandeln, die du so magst. Ich habe ein bisschen extra Geld und könnte eine Tüte kaufen.«

Warum sah Jan nur aus wie ein Schuljunge, der einen Lolli wollte! Miep musste lachen. »Du weißt ganz genau, wie du mich kriegst, oder?« Sie holte sich eine Jacke und frischte das Make-up ein wenig auf, dann gab sie ihren Eltern Bescheid, dass sie ausging. In den letzten vier Jahren hatte das Geld noch immer nicht für eine Heirat gereicht. Aber sie sahen sich täglich, und es war noch alles genauso schön wie ganz zu Anfang.

Unten auf der Straße blühten schon die Schneeglöckchen. Der Frühling nahte, und über ihnen kreischten die Möwen.

»Also gut, lass mich raten«, sagte Miep. »Wir gehen zum Sonntagsmarkt bei der Portugiesischen Synagoge?«

Das war ein beliebtes Ausflugsziel, und tatsächlich führte Jan sie dorthin. Der Bau stammte wie viele Gebäude in Amsterdam aus dem 17. Jahrhundert – der reichsten und mächtigsten Zeit der Niederlande. Schon von Weitem wirkte das Backsteingebäude größer als die anderen, und wenn man näherkam, fielen die hohen Rundbogenfenster, die goldfarbenen Simse und das Eingangsportal aus hellem Stein ins Auge. Verlockende Düfte von Kreuzkümmel, Zimt und Nelken zogen über den Markt. Hummus, Auberginenpüree und Falafel wurden ebenso angeboten wie Trockenfeigen, Aprikosen, Sirup und Marzipan. Es gab Stände mit Büchern, Schmuck, Haushaltsgegenständen und flatternden bunten Kleidern, und Miep fühlte sich für einen Moment in ein orientalisches Märchen versetzt, wo die Sonne heiß vom Himmel schien, wo sich an den Wänden der Paläste florale Muster rankten, wo Brunnen murmelten und das Spiel von Wasser und Stein, von Licht und Schatten machte, dass man nicht mehr unterscheiden konnte, was real war und was Schein. Diese Düfte flüsterten von Ländern, die Miep in ihrem Leben nie sehen würde.

»Ich werde mir ein Glas Rosenmarmelade kaufen«, sagte Miep zu Jan. »Bei dem Stand da hinten, dem neuen. Die Besitzerin kocht sie selbst.« Wie viel Opekta man wohl dafür nehmen müsste?, fragte sie sich. Ihr gefiel die Art, wie die Inhaberin ihren Stand dekoriert hatte: mit Rosenblüten und glänzenden Messinggerätschaften, die exotisch wirkten auf eine junge Frau, die außer Holland und Wien noch nichts von der Welt gesehen hatte.

Immer wieder radelten Familien an ihnen vorbei, die Eltern voran und der Nachwuchs wie die Orgelpfeifen hinterher. Meistens war es eine ganze Schar von Kindern. Ob sie auch einmal so viele Sprösslinge haben würden?

»Das ist ja Miep!« Ein entgegenkommendes Paar hatte sie bemerkt.

Miep erkannte den großen, schlanken Herrn sofort. »Herr Frank! Und Frau Frank – wie schön, Sie zu sehen!«

Sie wusste, dass die Franks gar nicht weit von ihnen entfernt wohnten, in einem Mehrfamilienhaus am Merwedeplein. Seit Hitler an der Macht war, siedelten immer mehr Deutsche hierher über, und Wohnraum war knapp und teuer geworden. Miep hatte Edith Frank auf den ersten Blick kaum wiedererkannt. Der modische Pagenkopf war einem schlichten Haarknoten gewichen. Sie hatte zugenommen, und während sie bei ihrer letzten Begegnung so elegant wirkte, hatte sie jetzt etwas beinahe Matronenhaftes.

Die Männer schüttelten sich die Hände, und Jan deutete einen ganz formellen Handkuss bei Frau Frank an.

»Sind Sie schon etwas heimisch geworden?«, erkundigte sich Miep bei Frau Frank, um etwas Konversation zu machen. Sie hatten sich nur selten gesehen, und so recht wusste sie nicht, was sie sagen sollte. Dass sie mit ihrer Tochter ein finsteres Geheimnis teilte, konnte sie ihr ja schlecht erzählen.

»Wie man es nimmt. Es ist nicht leicht, sich so einschränken zu müssen.«

Miep konnte sich das gut vorstellen. Nach allem, was der Büroklatsch hergab, stammte Frau Frank aus einer wohlhabenden Familie. Böse Zungen wie die von Fräulein Heel behaupteten, dass das auch der Grund für die Ehe gewesen sei. Sicher empfand Frau Frank ihren neuen Alltag als Abstieg. Und die holländische Sprache kam ihr auch noch nicht ganz selbstverständlich über die Lippen.

»Ich hoffe, Sie leben sich noch ein. Wie geht es Ihren Kindern?«, fragte Miep auf Deutsch. Kinder waren ein unverfängliches Thema. »Ich erinnere mich an Ihre Kleine – Anne, nicht wahr? Sie war so niedlich. Wie alt ist sie denn inzwischen?«

»Acht. Sie kommt gut zurecht. Margot auch, das ist unsere Große.« Tatsächlich entspannte sich Frau Frank ein wenig, als Miep ins Deutsche wechselte und nach den Kindern fragte.

»Was halten Sie von den aktuellen Entwicklungen?«, fragte Jan. »In Spanien sind die Faschisten nun auch auf dem Vormarsch, hört man. Wenn sie Erfolg haben, gibt es den dritten faschistischen Staat. Das ist beunruhigend.«

»Für uns alle«, erwiderte Herr Frank, der das Unbehagen seiner Frau nicht zu bemerken schien. »Es ist unheimlich, wenn Menschen nur noch als Mittel zum Zweck betrachtet werden. Als wären sie eine Art Rohstoff. Kapital. Vieh. In Deutschland wird blind geglaubt, was die Regierung und ihre bestochenen Wissenschaftler sagen. Großkonzerne verschmelzen mit der Regierung, selbst die Zeitungen gehören welchen. Menschen, die ein Leben lang Freunde waren, reden nicht mehr miteinander. Es fallen Worte wie: *Euch sollte man wegsperren* oder: *Euch sollte man verheizen.*«

Edith schien das Thema unangenehm zu sein.

»Hier lebt es sich jedenfalls gut, auch wenn man keine holländische Staatsbürgerschaft hat«, sprang Miep ihr zur Seite. »Ich hole mir jedes Jahr meine Aufenthaltsgenehmigung. Auf dem Polizeiamt kennen mich schon alle, es ist oft sogar noch Zeit für einen kleinen Schwatz. Sie werden sehen, das wird bei Ihnen auch so.«

»Na, wir müssen weiter«, meinte Herr Frank. »Miep, wenn Sie möchten, besuchen Sie uns doch einmal, gemeinsam mit Herrn Gies.« Er lüftete seinen Hut.

Als sie Arm in Arm weitergingen, hatte Miep das Gefühl, als ob die Sonne ein bisschen heller scheinen würde, der Wind einen Hauch lauer wäre und die Gesichter der Menschen ein bisschen freundlicher. Die Faschisten waren schließlich weit weg.

Als Miep im März den Oudezijds Achterburgwal entlanglief, um bei der Polizei ihre Aufenthaltsgenehmigung zu verlängern, erwartete sie, dass es genauso verlaufen würde, wie sie es den Franks geschildert hatte.

Doch im Polizeirevier erwartete sie eine Überraschung.

»Ich kann Ihnen die Aufenthaltsgenehmigung nicht mehr verlängern«, sagte Herr Smits, der Polizist, mit sichtlichem Bedauern. »Deutschland hat Österreich annektiert ... oder ... na ja ... die Österreicher haben den Anschluss an Deutschland gewählt. Sie haben das sicher im Radio gehört, oder? Es war ja ein pompöser Auftritt, als Hitler in Wien einzog.«

Miep verzog das Gesicht. »Wie hätte man das überhören sollen?« Im Büro von Herrn Frank hatten sie sich um das Radio geschart. Der Kommentator hatte von Blumen, Fahnen und jubelnden Massen gesprochen. Miep war schier im Boden versunken bei dem Gedanken, dass sie selbst gebürtige Österreicherin war. Danach hatten sie gehört, wie die Nazis die Juden enteigneten und dazu zwangen, die Straßen und Toiletten zu reinigen. Wer fähig war, Menschen so zu erniedrigen, der war auch zu weit Schlimmerem fähig, dachte Miep. Umso mehr, als offenbar viele Leute damit einverstanden waren und dachten, den Juden geschehe es nur recht.

»Das bedeutet, dass für Ihre Aufenthaltsgenehmigung jetzt das deutsche Konsulat zuständig ist.« Herr Smits klang betreten. Offenbar machte ihm der Gedanke auch kein Vergnügen.

Miep seufzte. Hier war sie schon fast Teil des Inventars. Die Leute hier kannten sie und waren freundlich. Sie hatte nicht die geringste Lust, zu den Nazis aufs deutsche Konsulat zu gehen, aber was blieb ihr übrig? Ohne Aufenthaltsgenehmigung konnte sie hier nicht leben und arbeiten. Besser, sie brachte es sofort hinter sich.

Im deutschen Konsulat befand sich das zuständige Büro

gleich bei der Eingangshalle, wo sie sich in eine Menschenschlange stellen musste. Beim Anblick all der Nazi-Armbinden um sie herum wurde ihr unbehaglich. Ihr kam es so vor, als würden alle sie ansehen, weil sie keinerlei Zeichen der Nazis trug. Vermutlich war genau das die Absicht.

Na, sollten sie nur, dachte Miep. Anders zu sein war nichts Neues für jemanden, der jedes Jahr auf der Ausländerbehörde seine Aufenthaltsgenehmigung erneuern musste.

»Hm.« Der Mann am Schalter betrachtete Mieps Pass und verschwand damit nach hinten. Ein paar Minuten später kam er zurück und reichte ihr einen neuen.

»Was ist das?« Der Pass, den der Beamte ihr reichte, war auf ihren Namen ausgestellt, aber neben ihrem Foto prangte ein schwarzes Hakenkreuz!

»Ihr neuer Pass. Österreich hat sich dem Deutschen Reich angeschlossen. Gratuliere, Sie sind nun offiziell Deutsche.«

Miep hätte ihm gern ein paar Worte dazu gesagt. Aber womöglich hätte sie dann am Ende ganz ohne Pass dagestanden. Womöglich hätte man sie nach Österreich zurückgeschickt. Also sparte sie sich die unschönen Kommentare, steckte das Dokument ein und ging.

Ausgestanden war die Sache damit allerdings nicht. Ein paar Tage später hatte Miep sich nach dem Abendessen auf dem Sessel ausgestreckt, als es an der Tür klopfte.

»Ich gehe schon«, sagte sie, als Mama öffnen wollte. Sie legte das Buch weg und lief durch den schmalen Flur zur Tür. Es wurde schon dunkel, sie musste die beiden Lampen über der Kommode anknipsen. Fröstelnd nahm sie sich ihre bequeme blaue Wollstrickjacke vom Haken, schlüpfte hinein und öffnete die Tür.

Im Treppenhaus stand eine Frau mittleren Alters. Über dem Kostüm trug sie einen Mantel, den sie im Haus geöffnet hatte, das Haar war nach der neuesten Mode frisiert. Die förmliche Kleidung stand in deutlichem Widerspruch zu ihrem groben Gesicht und der eher stämmigen Figur. Die Besucherin wirkte wie eine Bauersfrau, die sich verkleidet hatte und versuchte, elegant daherzukommen, um andere zu beeindrucken. Dazu hatte sie einen enorm wichtigen Gesichtsausdruck ohne ein einziges Lächeln, als wäre sie überzeugt, dass die ganze Welt sich nur um sie drehte. Miep kannte sie nicht, aber sie war ihr auf den ersten Blick unsympathisch.

»Fräulein Santrouschitz? Mein Name ist Sigrun Stadler«, stellte sie sich vor. »Ich bin Deutsche wie Sie, das Konsulat hat mir Ihren Namen und Ihre Adresse gegeben.«

Miep hob die Brauen. Sigrun Stadler – du liebe Zeit, das waren die Initialen SS. Sie konnte sich nicht erinnern, dem Konsulat die Genehmigung erteilt zu haben, ihre Adresse weiterzugeben. Blieb bei den Nazis eigentlich nichts privat?

Frau Stadler schien zu erwarten, dass man sie hereinbat, aber Miep hatte nicht die geringste Lust dazu. Die Stimme dieser Frau war mindestens so unsympathisch wie ihr Gesicht: aufdringlich und gepresst – als hielte sie es für unabdingbar, dass man ihr zuhörte, weil sich sonst die Welt nicht weiterdrehen würde.

»Aha«, sagte Miep nur.

»Ich möchte Sie einladen, dem hiesigen Ableger der NS-Frauenschaft beizutreten«, kam Frau Stadler zur Sache. Da sie nicht in die Wohnung gebeten wurde, fiel die »Einladung« allerdings schon ein ganzes Stück kühler aus, als sie es vermutlich geplant hatte.

»NS-Frauenschaft?«, echote Miep, weil ihr nichts Besseres einfiel.

»Sie wussten womöglich gar nicht, dass es uns gibt.« Das, was vermutlich ein süßes Flöten sein sollte, klang in Mieps Ohren eher wie ein Motor, der zu hoch aufgedreht wurde. »Unsere Ideale sind die des Führers. Wenn Sie beitreten, dürfen Sie mit uns nach Deutschland reisen.«

Und warum sollte ich das wollen?, dachte Miep und verdrehte die Augen. Laut sagte sie: »Aha. Nein, danke.«

»Und warum nicht?«, rief die Stadler empört. Sofort wirkte sie noch derber.

»Wieso sollte ich, bei dem, was man dort den Juden antut?«

Jetzt wurde Frau Stadlers Gesicht noch hässlicher, hart und verzerrt. Mit einem bohrenden Blick starrte sie Miep an, als hätte die soeben verkündet, den Reichstag stürmen zu wollen. »Na, hören Sie mal, sind Sie etwa eine von denen?«

»Gute Nacht.« Miep genoss es, der dummen Gans die Tür vor der Nase zuzuschlagen.

Miep behielt den Vorfall erst einmal für sich. Sie wollte die Franks nicht beunruhigen, dass nun auch hier Nazis auftauchten. Immerhin schützte die Regierung der Niederlande die Juden. Nur mit Jan sprach sie darüber – und natürlich mit ihrer Familie.

Bis zum Herbst allerdings spätestens wurde klar, dass der deutsche Leviathan seine gierigen Finger auch nach den Niederlanden ausstreckte.

»Sie nennen es ›Kristallnacht‹ – als wäre es etwas Kostbares!«, sagte Edith Frank so heftig, wie Miep es noch nie

184

bei ihr erlebt hatte. »Zu Tausenden haben sie Menschen zusammengeschlagen, vergewaltigt oder sonst irgendwie misshandelt. Sie haben Geschäfte und alles, was Juden gehört, demoliert und Tausende abgeführt wie Schwerverbrecher. Wo mein Bruder ist, weiß ich nicht einmal. Und jetzt verlangen sie von den Juden auch noch eine horrende Geldbuße – weil sie angeblich an alldem schuld seien!«

Miep und ihr Verlobter waren bei den Franks zum Kaffee eingeladen. Sie mochte die schönen alten Möbel, die das Ehepaar Frank noch aus Frankfurt mitgebracht hatte, aber ganz besonders gefiel ihr eine Kohlezeichnung von einer Katze mit ihren Jungen, die an der Wand hing. Bei den Kaffeeeinladungen kamen eigentlich immer dieselben Leute. Herr van Pels, ein großer Mittvierziger, der immer eine Zigarette im Mundwinkel hängen hatte, arbeitete in der neuen Partnerfirma Pectacon, die Gewürze für Wurst herstellte und von Herrn Kugler geleitet wurde. Er kannte Herrn Frank offenbar seit Langem. Seine Frau Auguste war ebenfalls Jüdin. Der Zahnarzt Dr. Fritz Pfeffer und seine fast zwanzig Jahre jüngere Verlobte Charlotte stießen häufig dazu, ebenso Herr Lewinsohn, ein befreundeter Chemiker. An diesem Samstag im November 1938 waren neben Miep und Jan das Ehepaar van Pels und Dr. Pfeffer mit seiner Verlobten gekommen. Und sie hatten nur ein Thema.

»Ich kann nicht glauben, dass das alles spontaner Volkszorn wegen der Ermordung des Gesandtschaftsrats von Rath war«, meinte Pfeffer, ein gut aussehender Mann mit dunklem Haar und vollen Lippen. »Die Nazis haben die Juden bis aufs Blut gedemütigt und mit ihren Rassengesetzen aus der Gesellschaft praktisch ausgeschlossen. Es war eine Frage der Zeit, bis einer rot sieht, und der Mörder von Rath war gerade mal siebzehn. Aber sie hätten alles zum Anlass genommen, um die Juden zur Bedrohung zu erklären und über sie herzufallen. Das war organisiert.«

»Vielleicht war das der Höhepunkt«, meinte Otto Frank. »Ein bisschen wie bei einem Fieberanfall. Vielleicht merken die Deutschen endlich, dass das zu weit geht. Und dann wird es abflauen. Die Niederlande sind neutral, das muss auch Hitler respektieren.«

»Hoffentlich. Die Kinder trauen sich auf der Straße kaum noch Deutsch zu sprechen«, meinte Edith Frank. So bitter hatte Miep sie noch nie erlebt. Es war offensichtlich, dass sie in Holland nicht glücklich war, aber heute wirkte sie geradezu aufgelöst.

»Ich würde gern nach Südamerika gehen«, meinte Pfeffer. »Dort soll man Pferde züchten können, und das Land ist nicht zu teuer.«

»Das kann ich mir gut vorstellen«, platzte es aus Miep heraus. »Auf einem Pferderücken als Herr einer Farm in Argentinien würden Sie sich gut machen. Ich gebe bei meinen Freundinnen an, dass mein neuer Zahnarzt aussieht wie Maurice Chevalier!«

Er lachte geschmeichelt, und Charlotte legte ihre Hand auf seinen Arm.

»Was ist mit Ihnen, Herr Frank?«, flötete Auguste van Pels und lächelte kokett. »Mit Ihrem smarten Auftreten könnten Sie doch sofort in Manhattan Karriere machen.«

Du liebe Zeit, dachte Miep amüsiert. Und ich dachte schon, *ich* hätte dick aufgetragen!

»Ich werde die Kinder zum Kuchenessen hereinrufen«, sagte Edith Frank und stand auf, um die Tür zu öffnen. »Können wir bitte so lange nicht über Deutschland reden?«

»Kommt schnell, ehe Miep euch den Kuchen wegfuttert!«, rief Jan, als Margot und Anne eintraten. Mieps Vorliebe für Süßes war ebenso berüchtigt wie die der Kinder. Ihre Mutter legte Wert auf hübsche Kleider, deshalb waren die beiden meistens genauso aus dem Ei gepellt wie Edith selbst. Die dunklen Haare waren stets gut frisiert und trotz ihres jugendlichen Alters am unteren Ende mithilfe von Wicklern gelockt. Besonders Margot war schon sehr hübsch, eines der wenigen Mädchen, denen eine Brille wirklich stand. Wie üblich sagte sie nicht viel, sondern setzte sich still und mit im Schoß gefalteten Händen. Ihre kleine Schwester Anne hingegen redete wie ein Wasserfall.

»Am Wochenende darf ich bei Miep übernachten«, sprudelte sie mit ihrer hellen, atemlosen Stimme hervor. »Nicht du, Miep, natürlich – die Miep aus meiner Klasse. Und ich war im Kino, in *Leoparden küsst man nicht*. Katherine Hepburn war so lustig! *Huch, der Hund hat den Dinosaurierknochen gefressen!*«, imitierte sie. »*Ich habe all Ihre Kleider in die Reinigung gebracht, jetzt müssen Sie bei mir bleiben! O jemine, mein Schuh ist kaputt, und mein Leopard ist weg!*«

Anne hatte tatsächlich etwas von der Hepburn. Miep musste lachen.

»Setz dich erst einmal, Anne!«, sagte Edith Frank. »Miep und Jan erzählen gerade, dass sie darüber nachdenken, zu heiraten.«

»Das tun sie doch schon seit einer Ewigkeit«, erwiderte Anne, ließ sich auf den Stuhl plumpsen und lud sich Kuchen auf den Teller. »Interessant wird es erst, wenn sie es eines Tages tatsächlich tun.«

Autsch, dachte Miep.

»Nun, das ist auch eine Geldfrage«, meinte Jan. »Zurzeit ist es sehr schwer, eine Wohnung zu finden.«

»Kein Wunder. Die Juden und alle, die mit den Nazis unzufrieden sind, verlassen in Scharen das Land«, meinte

Herr Frank. »Wer kann, versucht im Ausland Fuß zu fassen. Das treibt die Preise dort hoch. Die Nazis machen nicht nur ihrem eigenen Land Probleme, sondern auch den anderen. Niemand von uns hätte früher je gedacht, dass wir einmal fliehen und irgendwo anders ganz neu anfangen müssten. Ich hatte Glück, weil ich schon früher Verbindungen nach Holland hatte.«

Edith Frank warf ihm einen bösen Blick zu, als er schon wieder auf die Nazis zu sprechen kam. Er räusperte sich und meinte schnell: »Aber das sollte ein junges Paar eigentlich nicht vom Heiraten abhalten. Es wird sich schon etwas finden.«

»Können wir nicht unseren Untermieter rauswerfen und stattdessen Miep einziehen lassen?«, fragte Anne vorlaut.

Edith Frank warf einen Blick zur Wohnzimmertür. Es fehlte gerade noch, dass der arme Herr Goldschmidt das hörte! »Nein«, erwiderte sie kurz. »Das wäre nicht sehr nett von uns, oder?«

Anne riss die Augen auf, und Miep lachte verstohlen. Kinder sagten oft, was ihnen gerade in den Sinn kam, ohne groß darüber nachzudenken. Andere Leute hätten Anne als vorlaut und vielleicht sogar frech bezeichnet, aber irgendwie mochte sie gerade das an ihr.

Der Sommer 1939 war wunderschön. Miep hatte kein Geld für einen richtigen Urlaub, insbesondere jetzt nicht, da sie für die Hochzeit sparten und noch immer eine Wohnung suchten. Aber sie hörte gern zu, wenn andere von ihren Reisen erzählten. Die Franks waren am Meer gewesen, das in Holland ja nie weit war, und die Kinder zeigten stolz Fotografien vom Strand. Sie waren viel geradelt und geschwommen, erfuhr Miep, hatten sich die Sonne auf die

Bäuche scheinen lassen und sich zum Spaß in den Sand eingegraben. Anne konnte stundenlang erzählen, und es machte Spaß, ihr zuzuhören.

Darüber hätte man beinahe die Politik vergessen können, hätte Hitler nicht am 1. September 1939 Polen überfallen. Frankreich und Großbritannien forderten den Rückzug der deutschen Truppen, doch Hitler ließ das Ultimatum verstreichen. Zum ersten Mal seit 1918 herrschte wieder Krieg in Europa. Und das winzige Holland lag genau zwischen den verfeindeten Parteien.

# 18

## Amsterdam, April 1940

Jan hatte Miep nachträglich zu ihrem Geburtstag einen Ausflug versprochen, und so standen sie Anfang April am Bahnhof von Amsterdam Centraal. Das beeindruckende Gebäude aus rotem Backstein mit seinen beiden reich verzierten Uhrentürmen lag da wie ein großes Handelsschiff, als käme der Bahnhof selbst aus weiter Ferne. Überall funkelte das Wasser, es schlug mit einem leichten, auffordernden Plätschern an die Steinmauern und tanzte um die Boote und Piers. Nur die üppigen Skulpturen, die die Türme schmückten, verrieten, dass man vor einem Gebäude stand und nicht an Bord eines Dampfers.

Miep packte Jans Arm. »Kannst du dir vorstellen, dass ich noch nie zur Zeit der Tulpenblüte am Bollenstreek war? Ich bin so aufgeregt!«

Frühling und Krieg – das passte nicht zusammen. Die Tatsache, dass im Osten Europas die deutschen Kanonen auf Russland gerichtet waren, dass Menschen sinnlos starben, nur weil die Nazis »Lebensraum« für ihren herbeifantasierten Übermenschen erzwingen wollten. Sie faselten von der Natur, aber gleichzeitig versuchten sie, genau diese Natur durch Technologie und Züchtung von Menschen auf völlig irrsinnige Weise zu verbessern. Wie auch immer die Nazis es zu kaschieren versuchten, letztlich ging es nur um eines: Macht. Das alles passte nicht zur Schönheit der Tulpen am Wegesrand, zu den Rabatten in allen Farben des Regenbogens.

»Dann mal los.« Jan schulterte den Rucksack, in dem er etwas Proviant verstaut hatte, dann betraten sie das lang gestreckte Bahnhofsgebäude.

Miep erinnerte sich gut an ihre allererste Zugfahrt, damals, als sie von Wien nach Leiden gereist war. Dieses Mal stieg sie deutlich leichteren Herzens in den Wagen. Tonnenartig gewölbte Glasdächer wölbten sich über die Gleise, Dampf aus den zahllosen Lokomotiven qualmte und waberte um die Füße der Reisenden auf den Bahnsteigen.

»Warte – dieser hier muss es sein.« Jan verglich die Wagennummer mit den Angaben auf den Fahrkarten und nickte.

Miep kletterte die Metallstufen empor und suchte unter den Sitzen die Nummern 22 und 24. »Hier sind sie!«

Sie ließ sich auf den Sitz fallen und strahlte Jan an. »Es war so eine romantische Idee, mir einen Besuch in den Tulpenfeldern zu schenken! Da macht es auch nichts, dass ich zwei Monate auf mein Geburtstagsgeschenk warten musste.«

»Selbst schuld, wenn du im Februar Geburtstag hast!«

Als sie eine Stunde später in Noordwijkerhout ausstiegen, atmete Miep tief durch. Im Grunde war die Luft gar nicht so anders als in Amsterdam, aber sie kam ihr dennoch reiner und frischer vor. Das Städtchen lag mitten in den grasbewachsenen Dünen, an deren Ende das Watt begann. Landeinwärts bot der sandige Boden ideale Bedingungen für die berühmtesten Tulpen der Welt.

Zahllose Kanäle zogen sich auch hier durch die Landschaft. Je weiter sie stadtauswärts wanderten, desto breiter und gerader wurden die Wasserstraßen.

Sie hatten Glück, der Tag war sonnig und warm, zumindest für niederländische Verhältnisse. Miep und Jan ließen die letzten Häuser hinter sich und gingen über eine niedrige Brücke, unter der das Wasser vor lauter Seerosenblättern kaum zu erkennen war. Eine Entenmutter zog quakend eine silbrige Spur hindurch, gefolgt von sieben eifrig paddelnden Küken. Weidenzweige neigten sich tief übers Wasser und streichelten die samtweiche Oberfläche.

Dann lagen sie vor ihnen. Schier endlose Reihen von Tulpen in Mohnrot und Narzissengelb und Violett. Ein Rausch von Farben erstreckte sich bis zum Horizont – als wäre man mitten in einem impressionistischen Gemälde. Als hätte der Himmel beschlossen, sich einen Moment auszuruhen und sich hier niederzulassen. Früher, hatte Miep gehört, war eine einzige Tulpenzwiebel ein Vermögen wert gewesen, und auch heute noch gab es Sorten, die mit Geld kaum zu bezahlen waren. Die Niederlande waren mit den Tulpen und dem Meer groß geworden, über das ihre Handelsschiffe kreuzten.

Ein kleines Wäldchen lag halb hinter ihnen, und die salzige Luft, die immer wieder zu kleinen Böen auffrischte, verriet die nahe See.

Für das Picknick breitete Jan einfach die Decke aus dem Rucksack aus. Sie suchten sich eine schöne Stelle unter einem Baum, direkt am Kanal, mit Blick auf die Tulpen. Jan packte belegte Brote aus, eine Thermoskanne mit Kaffee, eine Flasche Wein und sogar einen kleinen Geburtstagskuchen!

»Es gibt einen Bäcker gegenüber von meinem Büro«, meinte er. »Er hatte so hübsche kleine Süßigkeiten, da konnte ich nicht widerstehen. Das ist eine Art Butterkuchen, sagte er, aber mit einem besonderen Belag. Geheimrezept.«

Vielleicht wird jetzt ja doch alles gut, dachte Miep, als Jan sie fest in die Arme nahm und küsste. Das Leben war wunderbar. Sie war jung und glücklich. Die Nazis mit ihrem Hass auf die Freiheit waren weit weg. Konnte nicht einfach alles so bleiben?

Einen Monat etwa hielt diese Stimmung an, und Miep schwebte wie auf Wolken. Wenn sie ins Büro radelte, hatte sie das Gefühl, ein Segel zu haben, das vom Wind getrieben ihre Fahrt beschleunigte. Sie lächelte alle an, die ihr entgegenkamen. Im Büro gab es keine unangenehmen Begegnungen mehr, alle schienen sich gut zu verstehen. Einmal wuschelte sie sogar Willem durch das zerzauste Haar, als er aus dem Lager kam, sodass er sein Pfeifen unterbrach und ihr verblüfft nachblickte. Ein Monat Hoffnung. Einen Monat lang der Gedanke, dass sich das Blatt nun endlich wenden müsse. Die Aussicht darauf, dass der Wunsch nach Freiheit stärker sei als die wirren Angstszenarien, die Hitler seinem Volk auftischte. Einen Monat lang das Gefühl, dass das durchdringende Dröhnen der Flugzeugmotoren, die immer wieder auf ihren Aufklärungsflügen über sie hinwegdonnerten, bald wieder aufhören würde.

Miep saß im Büro und hing ihren Tagträumen nach, als sich Schritte auf dem Flur näherten. Die Tür öffnete sich, und Herr Frank kam herein. Er war blass.

»Deutschland hat Dänemark besetzt«, sagte er. Langsam ließ er sich auf einen Stuhl sinken. »Erst Polen. Jetzt Dänemark. Nach Norwegen schicken sie auch schon Schiffe.«

Miep starrte ihn an. Das ist wie in der Oper von Verdi, die Mama und Papa immer gehört haben, dachte sie, während sie Wasser in den Filter goss. *Nabucco.* Das große Imperium, das ein kleines Königreich bedroht.

Unwillkürlich versuchte sie, ihren Chef zu beruhigen. »Machen wir uns nicht verrückt wegen Hitler«, meinte sie. »Es wird schon bald ein Ende haben.«

Das muss es, dachte sie. Es ist Frühling, und ich will meine Jugend genießen! Doch die Frage, die sie alle beschäftigte, fing nun auch in ihrem Inneren an zu bohren: Wenn Dänemark besetzt war und Hitler schon seine Finger nach Norwegen ausstreckte – wann würde Holland auf seiner Liste stehen?

Eine Weile richtete sich die Gier der Nazis gen Norden. Doch schon nach wenigen Wochen war jedem, der Augen hatte, klar, dass es dabei nicht bleiben würde.

Miep schreckte aus dem Schlaf hoch. Sie musste geträumt haben. Es gab kein Gewitter. Oder doch? Irgendwo war ein dumpfes Grollen in der Luft. Schlaftrunken richtete sie sich auf. Catherina saß aufrecht im Bett, und als sie merkte, dass auch Miep wach war, machte sie die Nachtlampe an.

»Was ist das?«, flüsterte sie. »Ist das ein Flugzeug? Mitten in der Nacht?«

Das Brummen kam näher, donnerte über sie hinweg.

»Das ist kein Flugzeug«, sagte Miep. »Das sind viele Flugzeuge. Hört sich an wie ein ganzes Geschwader.«

Catherina starrte sie an. »Die Deutschen?«

Miep schlug die Decke zurück und sprang auf. Sie rannten ins Wohnzimmer, nahmen sich kaum die Zeit, einen Morgenmantel überzuwerfen.

Mama und Papa waren ebenfalls aufgewacht und saßen schon um den Esstisch aus Nussbaumholz, wo das Radio stand. Immer wieder war die Stimme eines Nachrichtensprechers zu hören, die dann wieder von statischem Rauschen oder einem Donnerschlag übertönt wurde. Und sie hörten es nicht nur im Radio. Das leichte Zittern des Bodens war auch hier zu spüren.

»Das ist hier in der Stadt«, flüsterte Mama.

Papa war ans Fenster gelaufen und öffnete es. »Das kam vom Flughafen«, meinte er.

»Mach das Fenster zu!«, rief Mama ängstlich. »Wer weiß, was da draußen passiert ...«

Ein neuer Schlag ließ das ganze Haus zittern, etwas leuchtete draußen in der Dunkelheit auf. Ein Geruch nach Qualm lag in der Luft, stärker als der übliche Gestank der Kohleöfen. Draußen auf dem Flur waren Schritte zu hören. Miep lief zur Tür, und als sie öffnete, sah sie Herrn Sanders von unten an ihr vorbei auf die Treppe zum Dach zusteuern.

»Man hört nirgends, was los ist!«, rief er. Sein Gesicht unter dem dunkelblonden Haarschopf war rot, und das waren sicher nicht nur die Treppenstufen, die für seine geschätzten hundert Kilo eine Spur zu steil waren. »Ich bekomme keinen störungsfreien Sender. Werde mal aufs Dach steigen, vielleicht sehe ich da mehr.«

Miep ließ die Wohnungstür offen stehen und lief ihm nach. Behände, wie sie ihn noch nie gesehen hatte, kletterte er die schmale Stiege zum Dach hoch und klappte die Luke auf, die nach draußen führte. Kühle Luft schlug Miep entgegen. Wieder fiel ihr der starke Qualmgeruch auf. »Sehen Sie was?«, rief sie.

»Irgendwo da hinten scheint etwas zu brennen. Richtung Flughafen.« Herr Sanders duckte sich, und im selben Moment hörte Miep eine Detonation.

Unwillkürlich zog sie den Kopf ein, starrte in die Dunkelheit. Ein weiterer feuriger Ball, der aus der Luft nach unten schwebte. Es krachte, und der Boden erzitterte. Ein rotgoldenes Glühen breitete sich aus, griff um sich und saugte sich immer höher. Es war so unwirklich, dass Miep sich einen Moment lang dabei ertappte, wie sie das Lichtspektakel bewunderte.

»Ich habe vorhin noch gehört, dass sie in holländischen Uniformen oder in Zivil mit Fallschirmen abspringen«, rief Sanders von dem Absatz aus, wo normalerweise der Kaminkehrer die Schlote reinigte. »Sie werfen alles aus dem Flugzeug, was sie für eine Invasion brauchen: Soldaten, Waffen, Munition, selbst Fahrräder. Einfach alles. Das ist neu.«

Und das bedeutete, dass die holländischen Streitkräfte darauf nicht vorbereitet sein würden. So oder so, es wären ohnehin viel zu wenige, um einem deutschen Angriff standzuhalten.

Die Nacht war so schön. Mild für die Jahreszeit, es wehte nur eine leichte Brise vom Meer her. Vermutlich hatten die Nazis es auch deshalb heute versucht.

Miep strich sich das offene Haar aus dem Gesicht, das ihr die Brise in die Stirn geweht hatte. Sie war noch immer im Schlafrock, aber wenn es eine Nacht gab, in der das niemanden interessierte, dann diese. Das ist unheimlich, dachte sie. Beängstigend. Der auffrischende Wind ließ sie frösteln.

Niemand schlief in dieser Nacht. Als Miep zum Frühstück kam, lief das Radio, und ihre Eltern saßen schon daneben. Königin Wilhelmina verkündete, dass Holland in der Nacht angegriffen worden sei.

In der Firma kam ihr ein bestürzter Willem entgegen. »Wir wurden angegriffen!«, rief er, noch ehe sie das Büro betreten hatte. Normalerweise war Miep die Erste, aber heute schien es niemanden mehr im Haus gehalten zu haben. Auch Bep war schon da.

»Sie sollen überall abgesprungen sein«, erzählte Miep. »Unser Nachbar sagt, dass sie alles mit Fallschirmen abgeworfen haben. Es wird Kämpfe geben.«

Herr Frank öffnete die Tür und kam herein – bleich und so verängstigt, wie Miep ihn noch nie erlebt hatte. »Haben Sie es gehört? Natürlich haben Sie. Es war nicht zu überhören. Angeblich kämpfen sie weiter drüben bei Amersfoort.«

Und es war klar, wie es ausgehen würde. Die Armee der Niederlande war viel zu klein, um den Truppen dieses riesigen Imperiums etwas entgegensetzen zu können.

»Es gibt Gerüchte, dass die Juden nach England ausgeschifft werden sollen«, flüsterte Herr Frank. »Aber das wird nicht so leicht sein. In Polen sollen sie die Juden zusammengetrieben und verhaftet haben, gleich nach dem Einmarsch. So viele haben gesagt, wenn die Deutschen kommen, bringen sie sich um.« Er ließ sich auf einen Stuhl sinken. »Meine Cousine hat noch vor Kurzem gefragt, ob ich die Kinder nicht zu ihr nach England schicken will.«

Wie musste es sich anfühlen, mit der Familie hierher geflohen zu sein, sich mühevoll ein neues Leben aufgebaut zu haben und nun mit ansehen zu müssen, dass es umsonst gewesen war? Miep fühlte sich so hilflos und wütend.

»Es gibt ein Ausgangsverbot ab heute Abend um acht«, sagte Bep. »Und sie empfehlen, abends zu verdunkeln und die Fenster abzukleben.«

Auf der Treppe hasteten eilige Schritte nach oben, dann flog die Tür auf. Es war Jan.

»Ist alles in Ordnung mit dir, Miep?« Er lief auf sie zu

und umarmte sie, als wäre niemand außer ihnen im Zimmer. »Es heißt, Königin Wilhelmina und ihre ganze Familie sind mitsamt der Schatzkammer nach England geflohen. Ich weiß nicht, ob das stimmt. Aber es wäre beschämend. Die königliche Familie lässt das Land im Stich!«

»Wenn das stimmt, wenn die königliche Familie keine Chance sieht, das Land zu verteidigen ...« Otto Franks Stimme versagte.

Alle fuhren zusammen, als ein durchdringender Ton draußen zu hören war.

»Fliegeralarm!«, sagte Jan. Er blickte Miep an. »Kann ich ...«

»Alle in mein Büro!«, rief Frank. »Das ist das Sicherste, was wir hier gerade zu bieten haben.«

Während alle hinüberhasteten, griff Miep nach Jans Hand.

»Das ist alles so absurd«, flüsterte sie. »Ich weiß nicht mal, wo hier in der Stadt überhaupt ein Luftschutzkeller ist!«

»Das liegt daran, dass es so gut wie keine gibt«, erwiderte Jan trocken. »Wir können nur hoffen, dass sie die Stadt nicht bombardieren. Vielleicht fliegen sie ja nur darüber.«

Herr Frank stieß die Tür zu seinem Büro auf, und alle drängten sich hinein. Willem hockte sich auf den Boden, die Frauen bekamen die Stühle, und Herr Frank lehnte sich an den Tisch. Jan legte den Arm um Miep. Es tat gut, ihn zu spüren, auch wenn sie wusste, dass er genauso machtlos war wie sie.

»Kugler kommt meistens später«, meinte Herr Frank. »Vielleicht wartet er zu Hause, bis es vorbei ...«

Er verstummte abrupt, als sich das Brummen wieder näherte. Ein dumpfes Donnern, aggressiv wie ein Hornissenschwarm, und unverwechselbar. Diese Geräusche würde Miep niemals wieder vergessen.

»Werden Sie noch versuchen, nach England zu gehen?«, fragte sie ihren Chef.

Herr Frank zuckte die Achseln. »Wenn sie uns alle dorthin evakuieren, vielleicht. Wenn nicht ... Ich habe eine Familie, die ich ernähren muss. Ich kann nicht so einfach weg. Und was würde aus der Firma? Ich habe mir das hier alles in den letzten Jahren aufgebaut. Und jetzt schon wieder von vorn anfangen? Wieder eine neue Sprache lernen? So oder so ist es vermutlich ohnehin zu spät.«

Königin Wilhelmina hatte das Land tatsächlich verlassen. Als Miep an diesem Abend nach Hause kam, empfing ihre Mutter sie mit der Nachricht.

»Eine Schande ist das!«, rief Mama empört. »Sie tut sich leicht, zu fliehen, aber was ist mit uns? Wie wohlwollend sich die Reichen auch geben, am Ende geht es ihnen doch immer nur um ihre eigene Haut!«

In den nächsten Tagen bestimmten die Radionachrichten das Leben – und die immer wieder aufheulenden Sirenen des Fliegeralarms. Die erste Nacht hinter verdunkelten Fenstern kam Miep so seltsam vor, dass sie immer wieder aufwachte und sich überzeugen musste, dass sie wirklich zu Hause war. Es war so unnatürlich, den Mond nicht zu sehen.

»In der Nähe von Amersfoort wird nach wie vor heftig gekämpft. Unsere Truppen leisten den deutschen Aggressoren heldenhaft Widerstand. Überall ist das Brüllen der Kühe zu hören, die auf den Weiden gelassen werden mussten und nicht gemolken werden können. Ihre Schmerzensschreie erfüllen die Luft ebenso wie das allgegenwärtige Donnern der Motoren ...«

Immer wieder dieselben Nachrichten. Stunde für Stunde. Tag für Tag.

»... und jetzt General Winkelmann.«

Es war der Abend des 14. Mai, als Miep mit ihrer Familie und Jan vor dem Radio saß.

Deutschland habe mit seinen Truppen ganze Teile des Landes überflutet, sagte der General mit brüchiger Stimme. Sie planten, Utrecht und Amsterdam zu bombardieren. Das würde unzählige Leben kosten und niemandem helfen.

»Wir haben kapituliert«, sagte Miep leise. »Sie sind hier.«

# 19

## *Amsterdam, Mai 1940*

Als Miep aufwachte, war es dunkel. Die Luft war stickig, und im anderen Bett wälzte sich Catherina schlaflos hin und her.

Miep angelte nach dem Wecker. Durch schmale Schlitze am Dachfenster fiel Tageslicht herein. Jetzt erinnerte sie sich. Sie hatte die Scheiben abgeklebt, um zu verdunkeln.

Im Nachthemd lugte sie hinaus. Der Himmel war strahlend hell, Wolken zogen über die hellblaue Unendlichkeit. Die Bäume wiegten sich im Wind. Und dennoch. Etwas war anders.

Es war der erste Tag in Unfreiheit.

Für die Natur war es ein Tag wie jeder andere. Für die Vögel, die Tiere auf den Feldern und im Wald. Nichts änderte sich. Aber die Menschen waren in Freiheit eingeschlafen und in einem Gefängnis aufgewacht.

Hinter ihr raschelte es. Catherina war aufgestanden und trat neben sie. Ihr dunkles Haar war noch offen, sie raffte es im Nacken zu einem lockeren Knoten zusammen.

»Sie werden ihre Siegesparade abhalten«, sagte Miep tonlos. »Vermutlich irgendwo im Zentrum.«

»Wir werden vielleicht gar keinen so großen Unterschied spüren«, meinte Catherina hoffnungsvoll.

Miep hob die Schultern. Das konnte man nicht wissen.

Aber ihre jüdischen Freunde würden auf jeden Fall einen Unterschied spüren.

»Du hast doch nicht zu offen gesagt, was du von den Nazis hältst, oder?«, fragte Catherina. »Ich meine, kann dich jemand bei ihnen denunzieren?«

Miep zuckte die Achseln. Sie hatte aus ihren Ansichten kein großes Geheimnis gemacht, andererseits gehörte sie auch nicht zu den Leuten, die jedem, gefragt oder ungefragt, ihre Meinung aufdrückten. Selbst hier, in ihrem kleinen Dachzimmer, ihrem Refugium seit Kindertagen, spürte sie auf einmal diese sonderbare Atmosphäre. Die Sorge, von jemandem verraten zu werden. Etwas gesagt zu haben, was man nicht sagen durfte. Dieses Gefühl des Misstrauens, weil man nie wusste, wer einen denunzieren könnte. Sorgen, die es in einem freien Land nicht gab.

Der Weg zur Arbeit war unheimlich. Überall deutsche Uniformen, marschierende Soldaten, Automobile mit noch mehr Uniformierten. Eigentlich hatte sie keine Lust gehabt, die Siegesparade zu sehen. Es reichte schon, dass die Nazis hier waren und ihre holländischen Unterstützer triumphierten. Aber natürlich geriet sie prompt mit ihrem Fahrrad mitten hinein. Plötzlich war die Straße abgesperrt, und an den Rändern scharten sich die Menschen. Die meisten Gesichter waren ernst, versteinert. Nur die holländischen Nazis schwenkten begeistert Hüte und Kopftücher.

Die Fanfaren gellten Miep in den Ohren. Das erbarmungslose Rattern der Trommeln, wie der Wirbel bei einer Hinrichtung. Die scharfen Stimmen, die abgehackte Worte brüllten. Worte, die sie verstand. Und nicht verstehen wollte. Die blechernen Klänge der Musik hallten in ihrem Kopf wider, wanden sich in jeden Winkel ihres Bewusstseins. Wie eine Schlange, die einem ins Gehirn kroch, alles zu erkunden versuchte. Fahnen wehten, die hier nicht hingehörten. Worte wurden gebrüllt, die hier nichts verloren hatten. Es fühlte sich alles so falsch an.

»Sie da! Aus dem Weg! Hier dürfen Sie nicht stehen!«

Miep zuckte zusammen und schob ihr Fahrrad ein Stück weiter. Früher hatte sie niemanden um Erlaubnis fragen müssen, was sie durfte oder nicht durfte. Wo sie stehen konnte und wo nicht.

Das war wohl der Unterschied zwischen Freiheit und Unfreiheit.

Es war sonderbar, dass der Alltag trotzdem irgendwie weiterging. Manche schienen kaum zu bemerken, dass nun an jeder Straßenecke Polizei stand. Dass man misstrauisch beäugt wurde, egal, wohin man ging.

Für Miep wurde der morgendliche Arbeitsweg zu einer Herausforderung. Ein Slalom, um den »Grünen« aus dem Weg zu gehen, wie die deutsche Polizei genannt wurde. Obwohl sie sie meistens in Ruhe ließen, genügte doch schon ihr Anblick, um Mieps Puls hochzujagen.

»Ich sehe die schon gar nicht mehr«, meinte die Nachbarin, als Miep wieder einmal im Treppenhaus schimpfte. »Ich habe mich schon an sie gewöhnt.«

An die werde ich mich nie gewöhnen, dachte Miep.

»Suchen Sie eigentlich immer noch eine Wohnung?«, fragte Herr Frank ein paar Wochen nach dem Einmarsch der Deutschen. Er wirkte ruhiger, das Schlimmste schien erst einmal ausgeblieben zu sein. Anders als in Polen hatten die Nazis die Juden bisher in Ruhe gelassen. Miep glaubte zwar nicht, dass es auf Dauer dabei bleiben würde, aber vielleicht waren sie etwas zur Vernunft gekommen.

Hoffentlich würden sie sie nicht so schlimm drangsalieren wie im Osten.

Miep zog den Bogen aus der Schreibmaschine, las den Brief durch, ob sich auch nirgends ein Tippfehler eingeschlichen hatte, und reichte ihn ihrem Chef. »Ja, schon. Aber es ist aussichtslos.«

Frank überflog den Brief und nickte. »Schicken Sie ihn raus«, sagte er. »Nun, es ist so, dass ich von etwas gehört habe. Es ist keine Wohnung, nur ein oder zwei Zimmer zur Untermiete. Aber es wäre mal ein Anfang.«

Miep riss die Augen auf. »Wo denn?«

»Die Dame heißt Stoppelman. Sie wohnte dort ursprünglich mit ihrem Mann. Die Tochter ist längst verheiratet und hat Kinder, sie lebt in Hilversum. Nach dem Einmarsch der Deutschen wollte sie mit ihrer Familie nach England fliehen. Die Kinder sind noch klein, sie hatte Angst. Hatte ich es erwähnt? Sie sind Juden.«

Miep atmete tief durch. »Und was ist passiert?«

»Sie bekamen keinen Platz mehr auf dem Schiff und mussten umkehren. Das Dumme war nur, dass Frau Stoppelmans Ehemann ihnen nachgefahren ist. Für einen war noch Platz – und so ist er allein nach England gesegelt und hat erst zu spät gemerkt, dass seine Tochter gar nicht an Bord war. Nun ist Frau Stoppelman allein in der Wohnung und sucht junge, zuverlässige Untermieter, um sich sicherer zu fühlen.«

»Die Arme! Hat sie nicht versucht, auch nach England zu kommen?«

Er zuckte die Schultern. »Sie hing wohl an ihren Sachen. Nicht jedem fällt es leicht, nur mit einem Reisekoffer ins Ausland zu fliehen und alles hinter sich zu lassen. Vielleicht will sie auch nur einen geordneten Umzug und lässt ihren Mann schon einmal alles vorbereiten.«

Miep konnte sich gut vorstellen, wie sich das anfühlte. Sie war selbst sehr arm gewesen und auch heute alles andere als reich, doch die Vorstellung, ihren ganzen Besitz, so klein er auch sein mochte, zurückzulassen und wieder nur mit einem Köfferchen in ein fremdes Land zu gehen, war auch für sie beängstigend.

»Aber es gibt ein Problem«, meinte sie. »Jan und ich sind nicht verheiratet.«

Herr Frank grinste und zuckte die Achseln. »Ich glaube nicht, dass Frau Stoppelman eine Heiratsurkunde sehen will.«

Und damit überließ er sie wieder ihrer Schreibmaschine.

Miep wälzte den Gedanken hin und her. Es war so verführerisch. Hier gab es ein Zimmer, wo sie mit Jan zusammenleben konnte. Die Chancen, dass sie es bekam und zu einem bezahlbaren Preis, standen gut, weil Herr Frank die Vermieterin kannte. Und die Zeiten waren ungewöhnlich, da konnte man schon mal über Formalitäten hinwegsehen. Oder? Schließlich würden Jan und sie ohnehin heiraten, es war nur eine Frage der Zeit.

Sie erzählte Jan in der Mittagspause davon, während sie gemeinsam die Gracht entlangschlenderten. Miep lehnte sich an das Eisengeländer der Brücke und blickte hinunter in das schimmernde Wasser. Der leichte Algengeruch hing auch heute in der Luft. Die Kastanien blühten, überall wehte der Seewind ihre zarten weißen und rosa Blüten über die Kanäle.

»Das klingt doch ziemlich gut«, meinte Jan. »Wie nett von Herrn Frank, dass er an uns gedacht hat.«

»Du meinst, wir sollten es versuchen? Du würdest mit mir zusammenleben, ohne Trauschein?«

»Den Trauschein holen wir uns auch noch. Aber jetzt

bietet uns jemand eine Wohnung an, da wären wir doch schön dumm, Nein zu sagen.«

Manchmal war er umwerfend logisch.

Also rief Miep Frau Stoppelman an, sobald sie zurück im Büro war. Die Stimme am anderen Ende klang etwas hektisch und nervös, aber das war auch kein Wunder in dieser Situation. Sie machten einen Termin gleich nach der Arbeit aus.

Miep holte Jan ab, und gemeinsam steuerten sie die Wohnung an. Sie lag ebenfalls im Flussviertel, gar nicht weit vom Merwedeplein, wo die Franks wohnten. Die Hunzestraat war eine breite, baumbestandene Straße mit gepflegten Mietshäusern. Die Wohnungen waren vermutlich großzügiger als die in den Genossenschaftsbauten, wo Miep derzeit hauste.

»Sehen wir seriös aus?«, fragte Miep, als sie unten an der Haustür standen. »Wie ein verheiratetes Paar?«

Jan grinste. »Mach dir nicht ins Spitzenhöschen. Das ist eine alleinstehende jüdische Dame und nicht die Gestapo.«

»Wer hat sich nur diesen Wahn ausgedacht, alles zertifizieren zu müssen!«, seufzte Miep. »Ehe. Staatsbürgerschaft. Anstellung. Für alles braucht man eine Urkunde, und man gilt nichts, solange es nicht von einer Autorität bestätigt ist. Ist ja ein Wunder, dass man nicht auch noch zertifizieren muss, keine Erkältung zu haben.«

Jan lachte. Diese Vorstellung war ganz schön absurd.

Das Treppenhaus war von einer schön gearbeiteten Holztreppe dominiert. Im ersten Stock öffnete sich eine Wohnungstür, und eine dunkelhaarige, elegante Dame empfing Miep und Jan. Sie trug ein Kostüm in gedeckten Farben und einen modischen Pagenkopf.

»Herr und Frau Gies? Sehr erfreut. Ich bin Frau Stoppelman. Treten Sie doch näher.«

*Herr und Frau Gies!* Das klang schön. Miep blickte sich um. Schwere dunkle Holzmöbel, eine geräumige Diele, von der mehrere Türen abgingen.

»Ganz meinerseits.« Jan packte seine guten Manieren aus und küsste der Dame sogar ganz formvollendet die Hand. »Herr Frank hat uns ausdrücklich ans Herz gelegt, herzukommen.«

»Es wären zwei Zimmer, möbliert. Küche und Bad können Sie mitbenutzen.« Frau Stoppelman öffnete die erste Tür auf der linken Seite.

Die Fenster waren schmal, aber sie ließen genug Licht herein. Der Raum war als kleines Wohnzimmer möbliert, mit einem Sofa, das auch als Schlafgelegenheit genutzt werden konnte. Auch hier waren die Möbel aus dunklem Holz, die Vorhänge gestreift und seitlich gerafft. Die Sessel waren modern und mit einem dezent gemusterten Stoff bezogen. Ein Regal bot Platz für Bücher, auch wenn ein Teil des Platzes schon besetzt war. Aber das schadete nichts – Miep und Jan besaßen sowieso fast nichts, was man als Hausstand hätte bezeichnen können. Miep blickte Jan an. Sie bekam wirklich Lust, hier einzuziehen.

»Das andere Zimmer ist das hier.« Frau Stoppelman ging zurück in die Diele und öffnete die Tür zum Nebenzimmer. Hier erwartete sie ein Schlafraum mit einem breiten Doppelbett und einem großen Kleiderschrank: In der Mitte befand sich eine Schubladenkommode mit Spiegel, rechts und links davon zwei Schranktüren. Alles war funktional und elegant zugleich. Von der Decke hing ein Lüster, der etwa zehn Jahre alt sein mochte, mit Glasperlen, und die Fenster waren von einem dicken Samtvorhang gerahmt. Auf einem Tisch konnte man eine Waschschüssel aufstellen, aber wenn sie Frau Stoppelman richtig verstanden hatte, gab es auch ein Badezimmer.

Jan griff nach Mieps Hand und drückte sie. Miep dachte: Das wird unsere erste Wohnung! Hier werden wir endlich zusammenleben!

Das Bad war relativ neu und blitzsauber und verfügte über ein Wasserklosett, einen Boiler und eine Badewanne. Offenbar hatte in diesem Haus jede Wohnung ihre eigene Wanne statt einer Gemeinschaftswanne im Erdgeschoss, wie in so vielen anderen Mietshäusern. Auch die moderne Reformküche war einladend mit ihrem riesigen Büfettschrank, in dem Töpfe, Pfannen und Geschirr griffbereit verstaut waren. Es gab einen kleinen Esstisch und Blumen auf der Fensterbank. Hier kann ich zum ersten Mal richtige Mahlzeiten kochen!, dachte Miep. Wie eine richtige Ehefrau! Fast hätte sie gekichert.

»Meine Frau und ich werden uns besprechen«, sagte Jan zum Abschied. »Aber ich denke, wir sind uns eigentlich schon einig. Oder?«

*Meine Frau* hatte er gesagt!

Miep versuchte, gelassen zu bleiben, und bejahte. Das fehlte noch, dass sie alles verpatzte, indem sie zugab, noch gar nicht verheiratet zu sein!

Als sie zwei Wochen später ihren Koffer im Schlafzimmer abstellte, atmete Miep tief durch.

Jan umarmte sie und meinte: »Hiermit wohnen wir offiziell zusammen, geschätzte Frau Gies!«

Miep lachte leise. »Ich hoffe nur, ich verrate mich nicht! Ich könnte jedes Mal kichern, wenn du mich so nennst!«

# 20

*Amsterdam, November 1940*

»Schon wieder keine Karotten?«, fragte Miep und deutete auf das leere Regal in dem kleinen Gemüseladen. Seit sie einen eigenen Hausstand hatte, kaufte sie hier öfter nach der Arbeit ein. Der Laden lag nahe an ihrer Arbeitsstelle, und der Besitzer Herr van Hoeve, ein gut genährter Mann mittleren Alters mit eindrucksvollem Schnauzer und freundlichen Augen, schien sie zu mögen. Miep ging meistens nicht nur mit ihrer Bestellung wieder hinaus, sondern auch mit einem neuen Rezept oder einem Kochtipp.

»Tut mir leid.« Er legte den Lappen weg, mit dem er seine Theke abgewischt hatte, und trocknete sich die Hände an der großen braunen Schürze. »Es ist schon November. Und die Bauern sagen, dass die besten Lebensmittel direkt nach Deutschland abtransportiert werden.«

Miep seufzte. In den letzten Jahren hatte sie sich daran gewöhnt, dass es immer genug zu essen gab. Jetzt kam die alte Angst vor dem Hunger wieder hoch. Außerdem war es ärgerlich. Nun, da sie endlich mit Jan zusammenlebte, wollte sie ihn ein bisschen verwöhnen. Und dieser verfluchte Hitler machte ihr einen Strich durch die Rechnung! Musste der sich auch noch hier einmischen? Allmählich hatte sie wirklich das Gefühl, dass man nicht einmal mehr auf die Toilette gehen konnte, ohne dass Herr Hitler dazu etwas beizutragen hatte.

»Ich habe Grünkohl da. Machen Sie doch einfach Stamppot mit Grünkohl statt Hutspot. Die anderen Zutaten können Sie beibehalten: Kartoffeln, Zwiebeln, Butter und Milch. Am besten nehmen Sie dazu dann kein Rindfleisch, sondern eine deftige Wurst, eine Rookworst zum Beispiel. Oder Speck wie beim Hutspot.«

Da hatte er recht. Er konnte die Karotten schließlich nicht herbeizaubern. »Gut, dann geben Sie mir bitte Grünkohl, am besten gleich zwei Köpfe. Dann kann ich auch mal ein paar Tage überbrücken, wenn es nichts gibt.« Miep horchte auf das Radio, das leise im Hintergrund lief. »Ist das Radio Oranje?«

Herr van Hoeve grinste verstohlen. Miep musste lachen. Radio Oranje sendete aus England, es war der Sender des Widerstands. Offiziell war es verboten, ihn zu hören, aber natürlich hörte ihn trotzdem jeder. Offenbar rechnete auch der Ladenbesitzer fest damit, dass die Besatzer ohnehin nichts verstanden. Dabei wurden am Anfang jeder Sendung sogar die codierten Nachrichten für die Widerstandskämpfer vorgelesen!

Der Gemüsemann packte Kohl und Zwiebeln in ihre Tasche und betätigte die schwarze Kasse. Es klingelte, als er die Preise eintippte, dann ratterte die Maschine und spuckte den Zettel mit der Rechnung aus.

»Was halten Sie eigentlich vom neuen Reichskommissar für die Niederlande?«, erkundigte er sich. »Ist der nicht auch Österreicher, genau wie Sie?«

Miep nahm die Tasche entgegen. »Arthur Seyß-Inquart? Hören Sie bloß auf! Unter keiner anderen Regierung hätte der Karriere gemacht. Es hat fast den An-

schein, als wollten die Nazis nur Dummköpfe in einflussreichen Positionen.«

Mit der runden Brille hatte der ehemalige österreichi-
sche Bundeskanzler etwas Streberhaftes an sich, fand
Miep. Wie ein dummer Junge, der seinem Vater gefallen
wollte. Nur leider unterstand dem dummen Jungen dieses
Land, und Hitler war kein Vater, sondern ein Verbrecher.

Schon wieder donnerte ein Flugzeug über ihre Köpfe
hinweg, als fände der Krieg genau hier statt. Herr van
Hoeve blickte nur kurz nach oben. Im Radio war nichts
von einem Angriff zu hören gewesen.

»König Leopold von Belgien ist von den Nazis verhaftet
worden«, sagte er. »Vielleicht war es doch ganz gut, dass
Königin Wilhelmina geflohen ist.«

Miep suchte das Geld heraus und zahlte. »Man weiß bei
diesem ganzen Irrsinn gar nicht mehr, was vernünftig ist
und was nicht. Die einzige Hoffnung, die uns bleibt, ist
England. Was halten Sie vom neuen Premierminister?
Churchill, so heißt er, oder?«

»Man wird sehen. Aber ganz gleich, was er ausrichten
kann – es wird nicht reichen. Wie soll ein Land im Allein-
gang Europa retten? Nein, ich fürchte, wir werden erst
einmal eine Nazikolonie bleiben.« Herr van Hoeve seufzte. »Was bedeutet, dass es auch kein Kino mehr gibt, in
das man gehen kann. Überall laufen nur noch Nazifilme.«

Auch Jan und Miep waren früher gern ins Kino gegangen, aber in letzter Zeit machte es überhaupt keinen Spaß
mehr. Wenigstens ließen die Nazis bisher die Juden einigermaßen in Ruhe. Herr Frank hatte erzählt, dass es neue
Schulbücher gab, aber ansonsten hatte sich nicht viel ge-
ändert.

Miep packte ihre Tasche hinten aufs Rad und steuerte
durch die dunklen Straßen heim in Richtung Flussviertel.

Als sie nach Hause kam und ihre Einkäufe in die Küche räumte, war Frau Stoppelman noch unterwegs. Miep mochte ihre Vermieterin, aber sie war dennoch froh, dass sie nicht da war. Es fiel ihr immer schwerer, zu lügen, und sie hatte ständig Angst, doch einmal gefragt zu werden, warum kein Hochzeitsfoto in ihrem Schlafzimmer stand. Aber was sollten sie tun? Es waren besondere Zeiten.

Miep begann, Kartoffeln zu kochen und Salat zu waschen, und ihre Sorge wegen der Begegnung vorhin schwand ein wenig. Sie hatte die Empfehlung des Gemüsemanns befolgt und noch eine deftige Wurst gekauft, die sie nun mit Kartoffeln, Zwiebeln und Kohl in den Stamppot gab. Eintöpfe brauchten Zeit, das hatte sie schon gelernt. Am besten gerieten sie, wenn man sie langsam auf kleiner Flamme vor sich hinköcheln ließ – so wie das Gulasch, das man in Wien servierte. Dort gab es ein ähnliches Gericht wie das hier, aus Ungarn, auch mit Kartoffeln und fetter Wurst. Letscho nannte es ihre Mutter.

Es begann wunderbar zu duften. Die Wurst war gut gewürzt, und allein ihr Geruch, gemeinsam mit dem von Kartoffeln und Kohl, hatte einen sättigenden Effekt. Miep hatte früher nie selbst gekocht, aber sie hatte Freude daran gefunden, dem Essen beim Garen zuzusehen, die Düfte einzuatmen und sich auszumalen, wie herrlich es gleich schmecken würde.

Sie blickte zum Fenster, das längst mit Pappe abgeklebt war. Inzwischen donnerten die Flugzeuge so oft nachts über die Stadt, dass sie nicht wagte, die Verkleidung abzunehmen.

Sie hörte, wie die Tür unten im Haus geöffnet wurde, dann näherten sich Schritte. Aber wenn sie erwartet hatte, so wie üblich umarmt und geküsst zu werden, war diese Hoffnung heute vergeblich.

»Schau dir das an! Das ist doch das Letzte!«

Jan platzte in die Küche, so wütend, wie ihn Miep noch nie erlebt hatte.

Er zog ein Schreiben aus seinem Aktenkoffer und warf es auf den Küchentisch – direkt auf die schön hergerichteten Teller, in die Miep eigentlich den Stamppot hatte füllen wollen. Sie stellte den Topf zurück auf den Herd und griff nach dem Papier.

»Du sollst eine Ariererklärung unterschreiben?«, fragte sie ungläubig.

»Sie entlassen alle Juden aus dem Staatsdienst. Das bedeutet das.« Er schäumte förmlich. »Richter. Professoren. Lehrer. Alle. Ohne diesen Drecksariernachweis bist du von heute auf morgen raus aus der Gesellschaft.«

Miep legte das Papier wieder in seine Tasche und stellte sie auf den Boden – in sicherer Entfernung von ihrem Essen. »Das können sie doch nicht machen. Wo wollen sie denn auf einmal so viele Leute herbekommen, die die Arbeit machen?«

Jan stieß ein wütendes Schnauben aus. »Schau dir doch an, wer hier für die Niederlande zuständig ist. Nach seinen intellektuellen Qualitäten haben sie den jedenfalls nicht ausgewählt.«

Das Schlimme war, dass man sich all das von Tag zu Tag mehr vorstellen konnte. In Deutschland hatten sie nach den Nürnberger Gesetzen alle Juden entlassen. Sie durften dort weder als Ärzte noch als Anwälte arbeiten. Miep hatte auf einmal ein drückendes Gefühl in ihrer Brust.

Schon bald erfuhr sie, was diese neuen Regelungen bedeuteten. Vor ihrer Tür stand ein unbekannter Mann in Postbotenuniform.

»Sind Sie neu?«, erkundigte sie sich. »Bisher war jemand anders für diesen Bezirk zuständig.«

»Ja, ich bin neu. De Jong ist mein Name. Mein Vorgänger ... wurde entlassen.«

Nun ließen sie die Juden also nicht einmal mehr die Briefe austragen.

Es war eine verrückte Sache mit dem menschlichen Geist. Man arrangierte sich selbst mit den dunkelsten Wolken, die sich über einem zusammenbrauten, und hoffte, dass es einen nicht treffen würde. Auch Miep und Jan arrangierten sich – mit ihrer Wohnungssituation ebenso wie mit der Bedrohung des Krieges. Sie hofften, Hitler würde irgendwann merken, dass er den Bogen überspannt hatte. Er hatte nun England und Frankreich gegen sich. So konnte es nicht weitergehen, und wenn er nicht selbst zur Vernunft kam, würden doch die Deutschen das nicht ewig mitmachen.

Als wolle sie dem Krieg trotzen, florierte die Firma – zum ersten Mal in all den Jahren. Die Zusammenarbeit mit Pectacon lohnte sich, und sie brauchten nun, mit zwei Firmen, mehr Platz. Otto Frank und seine Geschäftspartner entschieden sich, ein weiteres Mal umzuziehen.

»Hier ist es!«, rief Miep, als sie das neue Bürogebäude endlich gefunden hatte. Sie schob ihr Rad auf den Gehsteig, wo Herr Frank ihr entgegengekommen war. Vermutlich hatte er sie orientierungslos herumkurven sehen. »Ich war gegenüber, auf der anderen Seite der Prinsengracht!«

Er lachte. »Hauptsache, Sie haben es gefunden.«

»Tut mir leid. Was für eine hübsche Adresse.« Miep blickte sich um. Das Giebelhaus in der Prinsengracht 263 war aus rotem Backstein. Von hier aus blickte man direkt auf den Kanal. Die Prinsengracht war eine der größten und schönsten Wasserstraßen der Stadt, Teil des Grachtengürtels, der die Altstadt einfasste wie ein Goldring einen Diamanten. Hausboote und Kähne schaukelten sanft in der Spätherbstsonne, träge wie Blütenblätter. Ein leichter Geruch nach Algen hing in der Luft, und Bäume standen am Wasser, vermutlich Kastanien. Hier waren sie an der Grenze zum Arbeiterviertel Jordaan – etwas abseits der elegantesten Gegend, aber dennoch war es wunderschön.

»Das Haus stammt aus dem 17. Jahrhundert«, erklärte Herr Frank. »Ziemlich verschachtelt, das werden Sie gleich sehen.«

Drei dunkelgrün lackierte Türen öffneten sich zum Kanal hin und nahmen den gesamten unteren Teil des Hauses ein. Die hohen Sprossenfenster ließen viel Licht herein.

»In dieser Gegend gibt es vor allem Werkstätten und Lagerhäuser – Kleinbetriebe, so wie unseren. Die erste Tür führt direkt hinauf zum Speicher, aber den brauchen wir zurzeit nicht. Durch die dritte gelangt man zu den Lagerräumen. Ihre Tür ist die mittlere. Hier geht es zu den Büros.«

Sichtlich stolz auf die neuen Räumlichkeiten hielt er Miep die Tür auf. Jahrelang hatte er sich in dem fremden Land nur mit Mühe über Wasser gehalten. Es musste ein großartiges Gefühl sein, es endlich geschafft zu haben.

Miep trat ein.

Der Duft von Gewürzen hing in der Luft, irgendwo hörte sie das Rattern der Gewürzmühle. Es ging ein paar Stufen hinauf, dann folgte ein Absatz, wo zwei Milchglastüren abgingen. Auf der rechten stand *Kontor*.

»Das ist Ihr Reich. Sie sind zu dritt: eine Stenotypistin, ein Angestellter und die Bürochefin. Das sind Sie.«

Bürochefin! Miep fühlte sich, als hätte er sie gerade zur Königin von Holland ernannt. Wer hätte das je ahnen können, als sie damals halb verhungert aus Wien hierhergekommen war?

Im Büro stand schon ihr Schreibtisch mit der Schreibmaschine. Der Boden roch frisch gebohnert, und auch hier war noch ein leichter Hauch von Fenchel und Kümmel zu riechen: beides brauchte man für die Gewürzmischungen, die Pectacon produzierte. Ein Mann mittleren Alters saß am anderen Schreibtisch und erhob sich bei ihrem Eintreten.

»Das ist Johannes Kleiman. Er macht die Buchhaltung für Opekta, während Herr Kugler sich mit meinem Freund van Pels auf die Gewürze bei Pectacon konzentriert.«

Kleiman trug eine Brille, eine ziemlich dicke sogar. Miep mochte es, wenn Männer eine Brille trugen, es ließ sie so klug aussehen. Auch an Jan hatte ihr das gleich gefallen. Kleiman hatte feine Züge und wirkte kultiviert.

Auf der Treppe näherten sich Schritte. Hochhackige Pumps, dachte Miep. Die Stenotypistin. Hoffentlich war sie nicht wieder so ein Fehlgriff wie das Fräulein Heel!

Die Tür öffnete sich, eine junge Frau mit hellbraunem Haar kam herein und stellte ihre Tasche auf dem Schreibtisch ab. »Guten Morgen.«

»Das ist Fräulein Bep Voskuijl«, sagte Herr Frank. »Fräulein Miep Santrouschitz.«

Auch Bep Voskuijl trug eine Brille. Sie war etwas größer als Miep. Mit einem zurückhaltenden Lächeln reichte sie ihr die Hand. Immerhin schon mal keine solche Diva wie die Heel! Mit den beiden werde ich zurechtkommen, dachte Miep. Die Atmosphäre wird viel angenehmer sein als früher.

»Na, kommen Sie, ich zeige Ihnen auch noch die ande-

218

ren Büros.« Herr Frank war sichtlich in Stimmung, Miep das komplette neue Königreich zu präsentieren. Sie verließen das Kontor durch die Milchglastür und gingen durch die gegenüberliegende Tür, die auf einen schmalen, lang gestreckten Flur führte. Hier lagen rechter Hand zwei weitere Büros, in die Herr Kugler einziehen würde, wie Miep erfuhr. Am Ende, dort, wo es noch einmal ein paar Stufen zu einem Treppenabsatz hinaufging, lag das Büro von Herrn Frank mit der Küche. Kurz vor den Stufen gab es noch eine enge, schmale Treppe in den ersten Stock.

»Wo geht es da hin?«

»Zu den oberen Lagerräumen.«

Während sie hochkletterten, fühlte sich Miep an eine Hühnerleiter erinnert. Die Stiege endete oben auf einem Absatz, von dem auf beiden Seiten wieder Türen abgingen.

Herr Frank zeigte auf die eine Seite. »Das sind die Lagerräume. Darunter befindet sich Ihr Büro.«

»Und was ist hinter der Tür da drüben?«

»Da geht es zum Hinterhaus. Es ist im Mietvertrag inbegriffen, aber wir brauchen derzeit nur die Lagerräume.«

Irgendwo war ein Geräusch zu hören. War das eine Katze? Tatsächlich – aus dem Lagerraum kam etwas Schwarzweißes und strich um ihre Beine.

»Der Kater streunt hier immer herum. Er stört mich nicht«, meinte Herr Frank.

Miep musste lächeln. Dass die Franks Katzen liebten, wusste sie. Die Kohlezeichnung im Wohnzimmer der Familie, die ihr so gut gefiel, sprach Bände. Der Kater sah nicht aus, als hätte man ihn bisher allzu liebevoll behandelt. Er war groß, und sein Gesicht wirkte ramponiert, als hätte er einmal einen Unfall gehabt.

»Ist vielleicht ganz gut, wenn er hier wohnt«, meinte Miep. »Dann bekommen wir hier keine Ratten.«

Aufatmend blickte sie sich um. Das war doch ein vielversprechender Neuanfang. Ein schönes Büro ganz ohne Nazikollegin. Jetzt mussten die Nazis nur noch aus Holland verschwinden.

Später bereitete Miep in der Küche ein Tablett für die erste gemeinsame Kaffeepause im neuen Büro vor. Sie holte Kekse aus dem Schrank, stellte das Milchkännchen, den Zucker und die Kaffeekanne bereit und ging nach nebenan, um die anderen zum Kaffee zu rufen. So kam es, dass das Tablett für einen Moment unbeobachtet war.

Das war ein Fehler.

Als Miep zurückkam, saß der Kater auf dem Küchentisch und schleckte genüsslich die Milch aus dem Kännchen.

»Runter da!« Miep scheuchte ihn mit lautem Klatschen vom Tisch. Beleidigt verzog sich der Kater unter den hintersten Stuhl, wo er schleunigst begann, sich zu putzen. Bep und Herr Frank, die Miep gefolgt waren, mussten lachen.

»Der ist ja schon fast so fett wie die Moffen!«, meinte Herr Frank. »Das war sicher nicht das erste Mal.«

»Moffen« hießen die beliebten Kekse in Form eines fetten Schweins, die Miep gern zum Kaffee servierte. So wurden aber auch die Deutschen genannt, zumindest von denjenigen, denen die Besatzer verhasst waren.

»Vielleicht sollten wir den Kater in Zukunft so rufen«, schlug Miep lachend vor. »Komm her, Moffie! Moffie, Moffie, Moffie!«

Doch der Kater putzte nur weiter beleidigt sein Fell.

Im Februar wurde Miep klar, dass es bei der Entlassung der Juden aus dem Staatsdienst nicht bleiben würde.

Als sie an einem der ersten Tage des Monats durch Schneematsch und Pfützen nach Hause radelte, entdeckte sie vor einem der Ämter eine lange Menschenschlange. Viele waren gut gekleidet, andere nicht – ganz unterschiedliche Leute, als hätte jemand willkürlich in eine Menschenmenge gegriffen und sie herausgeholt. Verunsichert fragte sich Miep, ob sie wohl irgendeine der zahllosen neuen Regeln vergessen hatte.

»Miep?« Eine Dame hatte sich umgedreht. Jetzt erkannte Miep die Familie ihres Chefs.

»Frau Frank! Was ist denn hier los?«

»Eine neue Regel«, erklärte Frau Frank. »Wir müssen uns beim Amt für Bevölkerungsstatistik melden.« Sie wirkte beunruhigt, aber sie hätte das vor ihren Töchtern nie zugegeben.

»Ach, du liebe Zeit, das muss irgendwie an mir vorbeigegangen sein«, meinte Miep. »Braucht man einen Termin?«

»Aber du musst dich doch gar nicht melden!«, rief Anne vorlaut. »Oder bist du seit Neuestem auch Jüdin?«

Miep blieb die Luft weg. Sie blickte zu Edith, dann zu Otto Frank. »Sie wollen, dass sich alle Juden registrieren lassen?«

»Es wird schon nicht so schlimm werden«, meinte Herr Frank achselzuckend. »Wir sollen uns doch nur registrieren.«

»Aber das bedeutet, dass Sie den Deutschen Ihre Namen und Ihre Adresse geben.«

Er hob die Hände. »Solange es nur das ist. In anderen Ländern hat es die Juden viel schlimmer getroffen. Wir geben ihnen, was sie wollen, dann werden sie uns schon in Frieden lassen.«

Miep war skeptisch. Mit einer Liste über Namen und Adressen aller Juden in den Niederlanden konnte man eine ganze Menge anstellen.

»Jetzt schauen Sie nicht so, Miep!«, versuchte er sie aufzumuntern. »Die Registrierung kostet einen Gulden pro Nase. Darum geht es ihnen. Sie brauchen Geld für ihren Krieg, und das holen sie sich von uns.«

Miep lächelte, doch das ungute Gefühl blieb.

# 21

Früher war Miep gerne an den Cafés in der Innenstadt entlanggebummelt, um den Menschen zuzusehen, wie sie ihren Kaffee tranken und sich Geschichten erzählten. Jetzt ging sie schnell vorbei, aus Angst, in eine Handgreiflichkeit zu geraten. Nicht jeder nahm die Ausgrenzung der Juden so ruhig hin wie Herr Frank. Es war wohl nur eine Frage der Zeit, bis die beiden Fronten aneinandergeraten würden: diejenigen, die alle Juden von der Gesellschaft ausschließen wollten, und die Ausgeschlossenen selbst.

Schließlich eskalierte, was schon so lange geschwelt hatte. Offenbar hatte es im Judenviertel eine Polizeirazzia gegeben, angeblich wegen gewalttätiger Juden. Aber wie leicht man bei dieser Regierung als gewalttätig dastehen konnte, erfuhr Miep wenige Tage später am eigenen Leib.

An einem Mittwoch im Februar schob sie ihr Rad an der Eisdiele Koco vorbei. Die Besitzer, die Herren Cahn und Kohn, waren aus Deutschland geflohen, und der Salon war ein beliebter jüdischer Treffpunkt. Hier konnten sie noch ungestört über Politik reden und bekamen einen Kaffee, ohne schief angesehen zu werden. Nicht jedem gefiel das. Bereits vor einigen Tagen war das große Panoramafenster eingeschlagen worden, und es ging das Gerücht, dass die Gäste eine Selbstverteidigungstruppe gegen eventuelle Naziangriffe gebildet hatten.

Heute ging es in der Eisdiele tatsächlich ungewöhnlich

laut zu. Miep sah zwei uniformierte Polizisten im Lokal stehen, die lauthals mit den Gästen sprachen. Auf einmal krachte irgendetwas, dann schrie jemand einen Befehl. Miep hatte eigentlich schnell weitergehen wollen, doch die Neugierde siegte, und sie hielt an.

Von einer Sekunde auf die andere war drinnen die Hölle los. Auf einmal knallten Schüsse.

Einen Moment lang war Miep wie gelähmt. Sie starrte durch die Glasscheibe ins Lokal, das plötzlich in dichten Nebel gehüllt war. Gedämpft hörte sie Schreie, Poltern, als würden Menschen die Stühle umwerfen, beim Versuch, unter den Tischen Schutz zu suchen. Weitere Passanten waren stehen geblieben und betrachteten fassungslos das unwirkliche Szenario.

Ein Polizeiwagen kam angefahren und hielt quer auf der Straße. Noch mehr Grüne sprangen heraus und rannten in das Café. Wieder hörte sie Schüsse, Poltern, Schreie.

Irgendwann flog die Tür auf, und Miep sah Herrn Cahn mit erhobenen Händen herauskommen. Auch die Gäste wurden mit vorgehaltener Waffe abgeführt. Alle mussten in das Polizeiauto steigen.

»Das ist doch kein Angriff!«, hörte sie Cahn noch sagen. »Die Leute haben den Ammoniak versprüht, weil sie sich bedroht fühlten!«

Mach etwas!, sagte eine Stimme in Mieps Kopf. Du kannst das doch nicht zulassen! Aber da war die andere Stimme, die sagte: Das hat keinen Sinn, es ist zu gefährlich. Es fühlte sich schrecklich an.

Einige der anderen Passanten, die stehen geblieben waren, fingen an, auf die Polizisten einzureden. Und dann ging alles ganz schnell.

Auf einmal war überall Polizei. Miep schaffte es gerade noch, sich an die nächste Hauswand zurückzuziehen, aber sie kam nicht am Polizeiwagen vorbei, der noch immer quer auf der Straße stand. Die Bewaffneten brüllten und trieben die Leute zusammen, umzingelten sie mit einem Kreis aus grünen Uniformen, der immer enger wurde, ließen keinen weg. Unversehens stand Miep selbst in dem Kessel.

»Lassen Sie mich gehen! Ich muss nach Hause!«, rief sie.

Einer der Polizisten packte sie an den Armen und drückte sie an die nächste Hauswand.

Miep schnappte nach Luft. Der Schmerz verschlug ihr einen Moment den Atem, trieb ihr Tränen in die Augen. Sie hörte ihr Fahrrad klappernd umfallen, während der Polizist sie so fest an die kalte Mauer drückte, dass sie das Gefühl hatte, kaum noch atmen zu können.

»Lassen Sie mich los!«, rief jemand hinter ihr. Aus dem Augenwinkel sah sie, wie ein älterer Mann zu Boden gezwungen wurde. Ein Polizist saß auf ihm und schlug ihm mehrmals hintereinander mit der Faust in die Seite.

Sie sah blutende Frauen, denen die Grünen einfach ihre Schlagstöcke übers Gesicht gezogen hatten. Auf manche prügelten sie regelrecht ein, selbst als sie längst aufgegeben hatten. Die bringen sie ja um!, dachte Miep schockiert. Noch nie hatte sie so viel Gewalt erlebt, aus so nichtigem Anlass.

Zwei Stunden hielt die Polizei sie fest, dann nahm sie ihre Personalien auf und ließ sie endlich gehen.

»Wir riegeln großflächig ab!«, hörte Miep einen Uniformierten sagen. »Die nächsten Tage kommt hier keiner rein ins Viertel. Wer rauswill, braucht eine Sondergenehmigung – oder einen wirklich guten Grund.«

Ein Mann kam gleichzeitig mit ihr frei, über sein Gesicht lief Blut, und auf Augen, Wangenknochen und Händen bildeten sich dunkle Blutergüsse. »Die verfluchten

Grünen!«, flüsterte er ihr zu. »Sollen sie doch in die Hölle zurückgehen, aus der sie kommen!«

Die nächsten Tage war das Viertel rund um die Eisdiele abgeriegelt, und Miep musste mit dem Rad einen anderen Weg zur Arbeit nehmen. Die Gewalt hatte sie erschreckt, deshalb war sie fast dankbar, den Ort des Geschehens meiden zu können. In der Zeitung stand, Juden hätten einen Anschlag auf einen deutschen Polizisten verübt.

Vierzehn Tage später wurde Herr Cahn hingerichtet.

Die Auseinandersetzung im Eiscafé blieb nicht die letzte. Der Gang ins Büro wurde zu einem allmorgendlichen Glücksspiel. Hatte es wieder irgendwo auf Mieps Arbeitsweg eine Schlägerei mit Nazis gegeben, wurde alles abgeriegelt, und sie musste sehen, wie sie ins Büro kam. Hatte sie Glück, blieb es ruhig.

»Manchmal habe ich den Eindruck, es gefällt den Nazis, wenn sie auf Widerstand stoßen«, ächzte Miep, als sie eines Abends erschöpft nach Hause kam, nachdem sie einen enormen Umweg hatte fahren müssen. Sie streckte die Beine unter dem Küchentisch mit der rot und blau karierten Decke aus und überließ es Jan, den Wasserkrug zu füllen. Zum Glück musste sie nicht auch noch kochen, denn sie hatte gestern Rinderhaschee gemacht, und heute gab es die Reste mit Brot. Sie hatte auf dem Heimweg ganz frisches bekommen, das nach Fenchel und Kümmel duftete und sogar noch ein bisschen warm war.

»Ja, sie nutzen den Widerstand für ihre Zwecke – um noch mehr Propaganda zu verbreiten und noch mehr Bereiche abzuriegeln«, stimmte Jan ihr zu. »Ständig heißt es, man solle den Juden nicht trauen, weil sie gefährlich seien. Es kommt mir zu den Ohren heraus!«

»Wie stellen sie sich das vor, sollen wir alle nur noch in unseren Vierteln bleiben? Das ist doch verrückt.«

Jan schenkte ihnen Wasser ein und setzte sich zu ihr. »Im alten Judenviertel haben sie vierhundert Menschen verschleppt, heißt es. Sie sollen sie auf die Knie gezwungen und dann auf Lastwagen geladen haben. Ziel war Mauthausen, sagt mein Kollege.«

»Herr Frank meint, dass morgen ein Generalstreik beginnt. Sie wollen die Nazis damit unter Druck setzen. Ich soll zu Hause bleiben.« Miep stützte den Kopf in die Hände. »Diese ganzen Lager, wo die Leute hingebracht werden ... Das kommt mir so sonderbar vor. Was machen die da mit ihnen?«

»Angeblich gar nichts. Es sind doch Arbeitslager, und auf den Bildern, die gezeigt werden, sieht es sogar ganz nett aus. Mit Blumenrabatten und so.«

Miep schnaubte. »Ich habe von Leuten gehört, die da gestorben sind. Vom Blumenschneiden stirbt man doch nicht einfach so.«

Jan runzelte die Stirn. »Das ist ganz schön starker Tobak, was du da andeutest.«

Miep schnitt das Brot in schmale Scheiben. »Na ja, wenn man die Propaganda so hört ... Das klingt schon so, als wären die Nazis froh über jeden toten Juden.«

Jan legte seine Hand auf ihre, sodass sie das Messer sinken lassen musste. »Jetzt hör aber auf. Die Nazis sind ein übles Pack, und bestimmt fassen sie die Juden in den Arbeitslagern nicht mit Samthandschuhen an. Aber Mord? Wer würde sich denn so etwas Krankes ausdenken?«

»Ich mache mir Sorgen um die Franks«, erwiderte Miep und fuhr fort, das Brot zu schneiden, doch jetzt waren ihre Bewegungen heftig und verbissen. »Sie sind meine Freunde. Frau Frank hat inzwischen zwei Brüder drüben in

Amerika. Sie leben von der Hand in den Mund, aber sie sind in Sicherheit. Vielleicht waren wir alle zu vertrauensselig. Wir denken alle noch immer, dass die Regierung so etwas nicht machen würde. Warum nicht? Etwa weil es die Regierung ist?«

»Miep, du liest zu viele Kriminalromane. Hör zu, sag so etwas bitte niemals in der Öffentlichkeit. Versprichst du mir das?«

»Dass ich mir Sorgen um meine Freunde mache? Was ist daran falsch? Ganz abgesehen davon, dass es einfach Irrsinn ist, Menschen in solche Lager zu bringen, egal, wie hübsch sie aufgemacht sind.«

»Ist gut, Miep, ich bitte dich ja nur, das nicht öffentlich zu sagen. Man muss sich nicht gleich ein Schild auf die Stirn kleben, auf dem steht: *Ich bin eine Regierungsgegnerin!*«

Die letzte Zeit hatte an Mieps Nerven gezerrt. Noch nie in ihrem Leben hatte sie sich so alleingelassen gefühlt, umgeben von lauter Feinden. »Du denkst also, es wäre besser, den Nazis das alles durchgehen zu lassen?«, fuhr sie Jan an. »Weil nicht sein kann, was nicht sein darf?«

»Natürlich nicht, und das weißt du auch!«

Miep spürte, wie sehr ihn der Vorwurf verletzt hatte. Sie zögerte. Dann legte sie die Hand auf seinen Arm und sagte: »Das war ungerecht von mir. Entschuldige.«

Jan nahm sie in die Arme. »Lass nicht zu, dass sie auch zwischen uns noch einen Keil treiben, ja? Bitte nicht, Miep!«


In den nächsten Tagen blieben sie zu Hause. Der Generalstreik hatte am 25. Februar begonnen und legte vor allem den Verkehr lahm. Die Hafenarbeiter blieben weg, Straßenbahnen und Züge fuhren nicht mehr, und auch die Fir-

mengebäude lagen leer und verlassen in der Vorfrühlings-
sonne. Die Stille war unheimlich.

Nach ihrem Streit bemühten sich Jan und Miep, den anderen ihre Anspannung nicht mehr spüren zu lassen. Aber
es war wirklich nicht so leicht. Und dann war da auch
noch Frau Stoppelman.

Nachdem sie Miep zum fünften Mal gebeten hatte, ihr
Geschirr zu spülen, fauchte die sie an: »Vielleicht möchten Sie es ja spülen!«

Frau Stoppelman riss die Augen auf, und Miep bekam
ein schlechtes Gewissen. »Tut mir leid. Ich bin so nervös.«

Die Vermieterin zuckte die Schultern. »Ich vermutlich
auch. Haben Sie gehört, dass die Deutschen den Streik mit
Gewalt beenden wollen?«

Mit Gewalt – sollte das heißen, dass alles Bisherige für
die Deutschen nicht einmal als Gewalt zählte? Die Erinnerung, wie Miep selbst in einen Polizeieinsatz geraten war,
war noch ziemlich frisch. Wenn das ein normaler, gewalt-
freier Polizeieinsatz gewesen war, was musste dann erst
passieren, damit sie selbst von Gewalt sprachen?

»Ja«, meinte sie nur. »Die Nerven liegen wohl bei uns
allen blank.«

Am dritten Tag hörten sie eine ungewohnte Bewegung
in der Stadt. Überall waren Militärfahrzeuge auf den Straßen, sogar Panzer. Männer in Uniform und bis an die Zähne bewaffnet standen an jeder Straßenecke. Und von Weitem, vom Hafen her, hörte man das Donnern von Kanonen.

Alle drei fanden sich morgens in der kleinen Küche ein,
und Frau Stoppelman stellte ihr Radio auf den Küchentisch. Die Nazisender ignorierte sie und wählte gleich die
Frequenz von Radio Oranje.

»Heftige Kämpfe rund um den Hafen ... Die Streikenden
haben sich hinter Heuballen, Automobilen und Maschinen

verschanzt und zünden Strohbarrikaden an ... Schüsse auf die unbewaffneten Hafenarbeiter ... erste Tote ...«

Miep atmete tief durch. Sie verstand das Kalkül der Nazis. Furcht war die beste Mauer, um ein aufständisches Volk einzuhegen. Sie würden keine Gnade walten lassen, damit nach den Hafenarbeitern niemand mehr auf den Gedanken kam, sich zu wehren.

»Ein Siebzehnjähriger wurde von einer Kugel getroffen ... Die Barrikaden der Streikenden brechen ... Panzer rücken unaufhaltsam vor und schließen die Aufständischen ein ...«

Miep und Jan hielten sich an der Hand, und sie drückte seine Finger so fest, dass es wehtat.

»Eine Gewehrsalve ... zahlreiche Tote ... die Hafenarbeiter haben sich ergeben ...«

»Gnade uns Gott«, sagte Frau Stoppelman leise.

Es klingelte an der Tür, und alle fuhren zusammen. Hatte jemand sie gehört? Hastig stellte Frau Stoppelman das Radio aus und trug es in ihr Schlafzimmer. Miep und Jan sahen sich an. Dann ging Miep zur Tür und öffnete.

Es war der Postbote – der neue.

»Ich habe hier Post für Miep Santrouschitz. Ein Einschreiben.«

Einschreiben? Miep blickte auf den Absender. Vom deutschen Konsulat?

Der Briefträger wartete, bis sie unterschrieben hatte, dann reichte er ihr den Umschlag, grüßte und lief die Treppe wieder hinab.

Jan trat hinter sie. »Was ist denn?«

Langsam öffnete Miep das Kuvert und las. Und jetzt hatte sie auf einmal wirklich Angst.

»Es ist eine Vorladung«, sagte sie leise. »Ich soll zum deutschen Konsulat kommen.«

# 22

*Amsterdam, Frühjahr 1941*

Miep verwendete viel Zeit und Sorgfalt auf ihr Äußeres.
Sie fühlte sich unsicher, und der Gedanke, wenigstens gut
auszusehen, gab ihr etwas Selbstvertrauen. Sie schlüpfte
in ihr elegantes Kostüm mit dem wadenlangen, schmal geschnittenen Rock und der engen, geknöpften Jacke. Die
Haare hatte sie schon über Nacht sorgfältig gelegt, jetzt
wurden sie nur mit einer Spange auf der linken Seite gehalten. Darüber kam das kecke schwarze Hütchen. Wenigstens würde Jan sie begleiten.

Je mehr sie sich dem Konsulat näherten, desto unwohler
fühlte sie sich.

»Wird schon nicht so schlimm werden«, meinte Jan.
Aber Miep war sich da nicht so sicher.

Mehrere Polizeiautomobile parkten vor der Tür und ga-
ben einem das Gefühl, einen Hochsicherheitstrakt zu betreten. Miep und Jan mussten an zahllosen Beamten in
grünen Uniformen vorbei, die sie ins Auge fassten, als wären sie eines Verbrechens verdächtig. Blicke folgten ihnen
wie aufdringliche kleine Spinnen, die überall hineinkro-
chen und keinen Raum mehr ließen für Privates.

Im Inneren des Gebäudes waren mit Bändern die Zugänge abgeteilt. Vergeblich versuchte Miep sich zu orientieren. Früher war sie einfach durch die Eingangshalle

hindurchgelaufen, doch jetzt befand sich hier ein einziges Meer von Bändern, ein Labyrinth, in dem man unmöglich den richtigen Weg finden konnte. Unsicher ging sie auf die erste Bahn zu.

»Sie da! Halt!«

Miep zuckte zusammen. Sie drückte Jans Hand und drehte sich langsam zu dem Sprecher um. Es war ein Portier, der Uniform nach. Und die Armbinde mit dem Hakenkreuz brauchte keine weitere Erklärung. »Ja?«

»Wohin wollen Sie?«

Nervös kramte Miep in ihrer Handtasche. Ihre Finger waren fahrig, und es dauerte länger als sonst, bis sie das Schreiben fand. Während der ganzen endlos langen Sekunden hielt der Pförtner den Blick auf sie gerichtet, als wäre es ein Verbrechen, keine Ordnung in seinem Handtäschchen zu haben. Endlich fand sie die Vorladung und reichte sie ihm.

Stirnrunzelnd überflog er sie, dann nickte er zackig. »Können Sie sich ausweisen?«

Miep kramte auch das Dokument heraus.

Er klappte es auf, studierte es ausgiebig, dann reichte er es ihr wieder.

»Hier lang! Erster Stock, Zimmer 103.« Er öffnete eines der Bänder, die die Zugänge absperrten, dann hielt er Jan zurück. »Moment! Und Sie? Wo wollen Sie hin?«

Es fiel Jan sichtlich schwer, ruhig zu bleiben. Aber dann sagte er: »Ich begleite die Dame. Sie ist meine Verlobte.«

Miep lächelte verstohlen. Offiziell verlobt waren sie zwar nicht, aber da voreheliche Beziehungen nicht erlaubt waren – was war eigentlich hier erlaubt? –, war das die geläufige Umschreibung für das, was sie war.

»Sie bleiben hier. Eintritt nur mit Vorladung oder sonstiger Erlaubnis.«

Jan und Miep wechselten einen Blick. Sie hätte das ironische Zucken seiner Brauen nicht sehen müssen, um zu wissen, was er dachte: Jawohl! In dieser Uniform schien der Pförtner sich zu fühlen, als wäre er immerhin der Führer der Eingangspforte.

Miep stieg also allein die Marmortreppe hinauf. Kaum hatte sie den kahlen, nur mit Hakenkreuzfahnen geschmückten Flur betreten, kamen ihr zwei Uniformierte entgegen, die erneut ihren Ausweis sehen wollten. Nachdem auch sie ihn studiert und offenbar für gut befunden hatten, deuteten sie ungefragt den Flur entlang und ließen sie weitergehen.

Das Gefühl allgegenwärtiger Überwachung wurde stärker, wurde zu einem unangenehmen Stechen, als würden sich tausend ungebetene Blicke in ihren Nacken brennen, unerbittlich in ihrer Indiskretion. Blicke von Menschen, die selbst keine Eigenschaften hatten, vampirische Existenzen, die sich vom Leben anderer nährten, weil sie selbst keines hatten.

Sie fand das Zimmer, klopfte höflich an und öffnete die Tür. »Entschuldigung?«

»Draußen warten!«, schnauzte der Mann am Schreibtisch sie an. Auch er trug Uniform und die Nazi-Armbinde.

Gibt es im ganzen Haus auch nur einen Menschen in Zivil?, fragte sie sich, während sie sich langsam auf einem der drei Stühle vor dem Raum niederließ. Der grau melierte Linoleumboden roch leicht nach Öl, und die beige gestrichene Wand blätterte schon leicht ab.

Miep streckte die Beine aus und betrachtete ihre Schuhe. Sie hatte sich seinerzeit viel Mühe bei der Auswahl gegeben. Damit sie zu allem passten, hatte sie sich für Schwarz entschieden. Da sie kein Geld für eine endlose

Batterie von verschiedenen Schuhen besaß, hatte sie einen ausgefallenen Schnitt gesucht. Spangen, die ein klein wenig ungewöhnlich waren und glänzten. Eine schiere Ewigkeit hatte sie damit verbracht, bis sie endlich ein bezahlbares Paar gefunden hatte. Schließlich sollten die Schuhe zu ihr passen und ihre Persönlichkeit ausdrücken. So wie es das Gesicht tat – die unverkennbare Linie eines Mundes, die Nase, bei manchen kess nach oben gewölbt, bei anderen wagemutig und scharf. Die Menschen hier in diesem Gebäude schienen kein Interesse an Individualität zu haben. Es war erschreckend, wie die einheitliche Kleidung den einzelnen verschwinden ließ. Als stünde man einer Armee gesichtsloser Maschinen gegenüber.

Sie ließ ihren Blick den Flur entlangschweifen. Er war kahl, abgesehen von den Hakenkreuzfahnen, die in regelmäßigen Abständen an den Wänden hingen. Als wäre dies das Einzige, was man diesen Räumen an Schmuck zugestand. Dieser armselige Abglanz jeder Ästhetik war alles, was dieses Regime den Menschen gönnte. Selbst wenn sie das Gebäude schmückten, musste es ein Bekenntnis zu ihrem Herrscher sein.

Die Tür ging auf und riss sie aus ihren Gedanken. »Fräulein Santrouschitz? Kommen Sie herein!«

Es klang nicht wie eine Einladung, sondern wie ein Befehl. Als wäre man auf einem Kasernenhof, dachte Miep. Sie erhob sich und trat ein. Am Schreibtisch saß ein uniformierter Mann, ein anderer stand neben ihm. »Ausweis!«

Lieber Himmel, er hatte sie doch gerade mit ihrem Namen angesprochen! Wozu sollte sie sich denn noch ausweisen?

»Bitte sehr. Zum dritten Mal, aber bitte sehr.«

Sie reichte ihm das Dokument.

Er legte es vor sich auf den Tisch, schlug es auf der zweiten Seite auf. Dann griff er nach einem der Stempel auf seinem Schreibtisch, und ehe Miep noch Luft holen konnte, knallte er ihn mit voller Wucht in das Dokument.

Miep starrte auf den Schriftzug, der sich quer über ihre Identität zog.

*Ungültig.*

»Was ...?«

»Sie waren sich ja zu fein dafür, der Partei beizutreten. Dann brauchen Sie auch keinen Ausweis, der von ihr ausgestellt wird.« Der Mann am Schreibtisch grinste sie höhnisch an. »Sie haben drei Monate, das Land zu verlassen und nach Wien zurückzukehren.«

Miep starrte ihn an.

Er klappte den Ausweis zu, hielt ihn in ihre Richtung und wedelte ungeduldig damit.

»Aber ...«

»Wir sind fertig. Raus!«


Miep brauchte eine gute Stunde, bis sie wieder klar denken konnte. Jan brachte sie an den nächsten Kanal, sie suchten sich eine Bank, um durchzuatmen und wieder zur Ruhe zu kommen. Gemeinsam überlegten sie, was sie tun konnten.

»Ich muss zur Ausländerabteilung«, sagte Miep. »Die kennen mich doch. Es wird ihnen schon etwas einfallen.«

Aber das war ein frommer Wunsch.

»Da können wir nichts machen«, meinte der Polizist und kratzte sich unter der Mütze. »Ohne gültigen Pass können Sie nicht bleiben.« Immerhin schien er Mitleid mit ihr zu haben. »Hören Sie, wollen Sie nicht noch einmal zurück zum Konsulat gehen?«, meinte er. »Wenn Sie ein bisschen weinen und sagen, dass es Ihnen leidtut und dass

Sie der Partei doch beitreten wollen, stellen die Ihnen vielleicht einen neuen Pass aus.«

»Nie im Leben!« Es war klar, dass die Nazis ihr den Pass wegnahmen, um sie zu bestrafen: dafür, dass sie ihr Spiel nicht mitspielte. Ganz sicher würde sie nicht zu Kreuze kriechen vor diesen Tyrannen! Sie zerstörten ihr Leben, nur weil sie nicht gehorchte. Doch sie hatten keinen Anspruch auf Gehorsam, weder sie noch sonst irgendjemand! Sie war eine erwachsene Frau, die niemandem Gehorsam schuldete!

Aufgeregt begann Miep, auf und ab zu laufen, so unruhig, dass der Polizist vom bloßen Zusehen nervös zu werden schien. Er begann seine Mütze hin und her zu schieben und räusperte sich immer wieder.

»Gibt es denn gar keine andere Möglichkeit?«, fragte sie schließlich. »Auf dem Papier bin ich Deutsche, aber mein ganzes Leben ist doch hier.«

»Theoretisch schon. Sie könnten einen Niederländer heiraten.«

Miep blieb stehen. Sie konnte gar nichts gegen das Lächeln machen, das sich mit einem Mal auf ihr Gesicht stahl. Vermutlich war es ein derart breites Grinsen, dass es schon komisch aussah, aber es war ihr gleich. »Das würde gehen?«

»Sicher. Aber es ist keine echte Möglichkeit. Sie bräuchten dazu Ihre Geburtsurkunde. Bis die aus Österreich kommt, würde vermutlich schon ohne Krieg ein Jahr vergehen. Jetzt, mitten im Krieg, ist es aussichtslos.«

Miep Santrouschitz war nicht die Frau, die sich von so etwas aufhalten ließ.

Sie schrieb ihrem Onkel Anton in Wien und bat ihn, die Urkunde für sie zu besorgen. Wenn sie jemanden vor Ort hatte, würde es vielleicht schneller gehen.

Dann begann das Warten.

»Warum soll er die Urkunde nicht bekommen?«, meinte Jan. »Wirst schon sehen. Es wird alles gut ausgehen. Du weißt doch, ich bin ein Glückskind.«

Das liebte sie an ihm, diesen Optimismus, diese Wärme. Es war so anders als diese bedrückende Atmosphäre, die sich in diesen Tagen hier ausbreitete, mit diesen Augen, die man immer und überall im Nacken spürte. Jans Augen hinter seiner großen Hornbrille waren wach und lebendig, aber auch diskret. Vielleicht war das der Unterschied. Nur tote Augen drängten sich in jeden noch so privaten Bereich.

»Dann gib mir was ab von deinem Glück!«, meinte sie und prostete ihm mit der Kaffeetasse zu.

Onkel Anton antwortete prompt. Allerdings fühlte Miep schon an dem Umschlag, dass es nicht die Urkunde war. Nervös riss sie ihn auf und las die kurze Nachricht.

Seufzend sank sie auf ihren Sessel.

»Was schreibt er denn?« Jan kam herüber.

»Er braucht meinen Pass, um die Urkunde ausstellen zu lassen. Aber den haben die verdammten Nazis ungültig gemacht!« Sie legte den Brief zusammen und steckte ihn in ihre Tasche. »Ich muss los zur Arbeit. Vielleicht fällt uns ja noch etwas ein.«

Aber viel Hoffnung hatte sie nicht.

Während sie in ihrem gewohnt atemberaubenden Tempo durch die Stadt radelte, blickte sie sich um. Amsterdam erschien ihr jetzt im Frühling schöner denn je. Die blühenden Bäume, die Grachten, die Straßencafés und die malerischen Häuser. Vielleicht würde sie sich schon bald von diesem Ort, den sie so liebte, verabschieden müssen, um nach Wien zu ziehen, in eine Stadt, die ihr nicht nur durch die lange Abwesenheit fremd geworden war, sondern ganz besonders durch die Hakenkreuzfahnen der Nazis.

Als sie ins Büro kam, wäre sie fast in Herrn Frank gelaufen, der gerade die Treppe herunterkam.

»Sie sind schon da?«

Er kam sonst nie so früh. Mehr noch, er wirkte müde wie selten. Seine Kleider waren ganz gegen seine Gewohnheit formlos. Er trug nicht einmal ein Jackett und eine Krawatte, und seine Hände waren schmutzig.

»Ist etwas passiert?«, fragte sie erschrocken. Es kam immer öfter vor, dass Juden auf der Straße angegriffen wurden.

Hastig schüttelte er den Kopf. »Nein, nein ... alles in Ordnung. Ich konnte nicht mehr schlafen, und da habe ich im Lager nach dem Rechten gesehen. Es ist nichts.«

Er war ein miserabler Lügner, einer der vielen, die das Lügen aus Not erst gelernt hatten und mit dieser neuen Fähigkeit noch nicht umzugehen verstanden. Aber es war auch offensichtlich, dass er nicht darüber reden wollte.

»Sie sehen aber auch nicht gut aus, Miep. Ist bei Ihnen alles in Ordnung?«

Miep seufzte. Gemeinsam gingen sie die paar Schritte zum Büro, wo sie ihre Handtasche auf den Schreibtisch stellte, gleich neben die glänzende schwarze Schreibmaschine. Sie wollte ihn nicht belasten, aber dann erzählte sie ihm doch alles. Dass die Nazis ihren Pass ungültig gemacht hatten, dass sie ohne ihn aber auch nicht die Geburtsurkunde in Wien beantragen konnte, die sie brauchte, um Jan zu heiraten und Niederländerin zu werden. Dass sie deswegen seit Tagen keinen Schlaf fand und sich krank und elend fühlte. Und dass es sie wütend machte, weil genau das vermutlich die Absicht war: Die Nazis wollten ihre Gegner zermürben.

»Schauen Sie nur!«, sagte sie und reichte ihm das Dokument. »So kann ich den Pass doch nirgends einreichen.«

»Hm.« Frank blätterte darin. »Die erste Seite ist unversehrt. Was, wenn Sie die einfach abfotografieren lassen und nur die Fotografie nach Wien schicken? Ihr Name und alles Wichtige steht doch hier. Vielleicht müssen sie dort gar nicht erfahren, dass der Pass ungültig ist.«

Miep starrte ihn an. Auf diese Idee war sie gar nicht gekommen! »Das ist ... brillant!«

Er lachte, aber es klang sarkastisch. »Unsereins lernt gerade, wie man die Behörden an der Nase herumführt.«

Miep hatte zwar ein entsetzliches Gefühl, als sie zum Fotografen ging, um einen ungültigen Pass ablichten zu lassen. Aber was blieb ihr übrig? Dieses Regime machte einen zwangsläufig zur Lügnerin. Niemand konnte so leben, dass er immer und in allem korrekt war, so wie es den Nazis vorschwebte. Und am allerwenigsten ihre Feinde. Vermutlich erkannte man Gewaltregimes genau daran: dass sie ihre Feinde zu Lügnern machten. Und irgendwann vermutlich auch alle anderen.

Als sie die Fotografie in den vorbereiteten Umschlag steckte und zur Post brachte, hatte Miep auf einmal ein richtig gutes Gefühl. Es war Widerstand, so winzig klein, dass niemand es bemerken würde. Aber zum ersten Mal seit Wochen fühlte sie sich nicht mehr ausgeliefert. Sollten die verfluchten Nazis nur versuchen, sie zu zermürben, es würde ihnen nicht gelingen!

Bald darauf bekam sie Post von Onkel Anton. Offenbar hatte er einen waschechten Wiener Behördengang hinter sich. Mit militärischer Präzision, als ginge es um eine Aufnahme ins K&K-Infanterieregiment, hatte man ihm eine Sachbearbeiterin zugewiesen, die er pünktlich aufgesucht hatte. Allerdings hatte er im vorbezeichneten Büro niemanden mit diesem Namen aufgefunden. Ein Heer von Beamten hatte Onkel Anton in Windeseile umringt. Ausgesprochen freundliche Herrschaften, die alle sehr um ihn bemüht gewesen waren, sich aber offenbar auch nicht besser auskannten. Einer hatte ihn auf Zimmer 302 geschickt, der nächste auf 203, der dritte auf 410. So war er mit dem Paternoster von einem Stockwerk ins nächste gefahren, vom zweiten in den dritten, dann in den vierten und wieder zurück in den zweiten Stock. Am Ende hatte er tatsächlich einen Beamten ausfindig gemacht, der für Geburtsurkunden zuständig war, wenn auch nicht die angegebene Sachbearbeiterin. Der Kollege hatte ihm erklärt, so sei da nichts zu machen, denn er benötige das Original des Dokuments. Onkel Anton schwor, notfalls den Bürgermeister persönlich aufzusuchen. Aber das brachte Miep nicht weiter. Auch der würde den Pass im Original sehen wollen, und dann würde sie erst recht auffliegen.

»Und jetzt?« Miep hatte ein schlechtes Gewissen, als sie Herrn Frank von Onkel Antons missglücktem Versuch erzählte. Juden hatten derzeit wirklich nicht viel zu lachen, und eigentlich hatte sie sich vorgenommen, ihn nicht auch noch mit ihren eher kleinen Problemen zu belästigen. Aber er hatte gefragt, wie es gelaufen war.

»Ich kann Ihnen nicht versprechen, dass alles gut wird.« Es klang, als habe er diesen Satz schon oft sagen müssen in letzter Zeit. »Aber was immer passiert, wir werden gemeinsam damit zurechtkommen.« Er lachte leise. »Am Ende müssen Sie noch vor uns untertauchen, das hätte doch was!«

Miep fand die Aussicht nicht gerade berauschend, aber irgendwie musste sie doch lachen. Es half.

Die nächsten Wochen schlief Miep kaum mehr als eine

oder zwei Stunden pro Nacht. Ihr Kopf fühlte sich dumpf an, und ihre Glieder waren schwer, sie hatte auf fast nichts mehr Lust. Die Traurigkeit, die sie manchmal überfiel, war so lähmend, dass sie am liebsten ganze Tage im Bett verbracht hätte. Schwer und dunkel legte sie sich auf ihre Seele, hielt sie in einem eisernen Gefängnis ohne Ketten und ohne Mauern.

Der Juni kam, und Miep dachte nur noch daran, wo sie untertauchen konnte. Vielleicht konnte Herr Frank ihr helfen, oder sie zogen bei Jans Familie ein. Irgendwo, wo man sie nicht vermutete. Mal wurde ihr heiß, dann wieder kalt, wenn sie daran dachte.

»Da ist ein Brief von deinem Onkel«, begrüßte Jan sie, als sie eines Abends von der Arbeit kam. Er wirkte aufgeregt, wie sie ihn selten erlebte. »Der Umschlag ist großformatig und ziemlich dick.«

Mieps Herz machte einen Satz. Sie riss ihm das Kuvert fast aus der Hand. Ihre Finger zitterten so, dass es ihr kaum gelang, den Brief zu öffnen.

Ein Dokument mit einem Stempel fiel heraus. Miep war so nervös, dass es ihr aus der Hand rutschte. Sie hob es auf.

Die Urkunde!

Immer wieder, schrieb Onkel Anton, habe er versucht, das Dokument aufzutreiben. Eines Tages sei er bei einer netten älteren Sachbearbeiterin gelandet. Er habe ihr von seiner Nichte in Amsterdam erzählt, und wie dringend sie auf die Urkunde warte.

Amsterdam?, habe die Sachbearbeiterin gefragt. Dann habe sie einen verträumten Gesichtsausdruck bekommen. Sie sei einmal dort gewesen, hatte er erfahren. Und dann hatte sie die Urkunde ausgestellt.

Einfach so.

Miep presste das Dokument an sich, als wollte sie es nie wieder loslassen. Nun musste sie vielleicht doch nicht untertauchen!

Es war nach fünf Uhr, das Rathaus hatte schon zu. Aber in dieser Nacht schlief Miep zum ersten Mal seit Wochen wieder durch.

Am nächsten Morgen gestanden sie Frau Stoppelman, dass sie noch nicht verheiratet waren. Sie reagierte überraschend gelassen. Vermutlich hatte auch sie längst andere Probleme. Zum Ausgleich luden sie sie zur Hochzeit ein. Und noch am selben Tag nutzten sie die Mittagspause und bestellten das Aufgebot.

Die Sekretärin blätterte in ihrem Kalender. »Den 16. Juli könnte ich Ihnen noch anbieten. Möchten Sie den?«

Miep griff nach Jans Hand. »Je schneller, desto besser.«

»Dann der 16. Juli. Auf welchen Namen?«

»Gies«, erwiderte Jan. »Jan Gies. Und Hermine Santrouschitz.«

Wie üblich musste Miep ihren Namen buchstabieren. Die Sekretärin notierte sich alles und trug sie ein. »Gut. Seien Sie pünktlich und bringen Sie alle Dokumente mit. Sie benötigen jeweils Ihre Geburtsurkunde und Ihren Ausweis.«

Mieps Lächeln gefror. »Den Ausweis?«

»Und die Geburtsurkunde.«

Miep zerrte Jan am Ärmel hinaus. »Ausweis! Wieder der verdammte Ausweis!«, zischte sie, kaum hatte sie die Tür hinter ihnen geschlossen. Die hohen, kahlen Backsteinflure waren fast leer, dennoch sprach sie gedämpft, während sie wie ein gefangener Tiger auf und ab lief. »Das ist zu gefährlich. Ohne Ausweis kann ich nicht bleiben und nicht heiraten. Ich werde doch untertauchen müssen!«

»Ach, die werden den Pass gar nicht so genau anschauen. Komm, lass es uns versuchen.«

»Aber was, wenn ...«

Jan nahm sie in die Arme, und unwillkürlich entspannte sich Miep. Er streichelte ihr Haar und sah ihr in die Augen. »Ich bin ein Glückskind. Es wird klappen.«

Miep schüttelte den Kopf und presste die Lippen aufeinander.

»Na, komm schon«, fuhr er fort. »Untertauchen kannst du immer noch, wenn es schiefgeht. Aber wenn wir es jetzt nicht versuchen, hast du schon verloren.«

Miep atmete durch. »Gut. Lass es uns tun.«

Die Sekretärin verkniff sich ein verstohlenes Grinsen, als sie wieder vor ihr aufkreuzten.

»Sie sind nicht die Erste, die hier kalte Füße bekommt«, meinte sie mütterlich. »Aber glauben Sie mir, der Stand der Ehe tut nicht weh.«

Miep bemühte sich um ein Lächeln, aber ihr gelang nur ein schiefes Grinsen.

# 23

*Amsterdam, Juli 1941*

Der 16. Juli war ein strahlend sonniger Tag. Als Miep die Gardinen in ihrem Schlafzimmer öffnete, glänzte die Stadt, als hätte sie sich extra für sie schön gemacht.

Sie nahm sich Zeit für ihre Morgentoilette. Dann stieg sie in ihr elegantes Kostüm mit dem wadenlangen schmalen Rock. Ans Revers kam eine weiße Blüte, und auf das Haar, das sie über Nacht in Wellen gelegt hatte, das Hütchen. Nachdenklich blickte sie ihr Spiegelbild an. So hatte sie sich ihre Hochzeit nicht vorgestellt.

All die Jahre hatte sie sich so oft ausgemalt, wie es wäre, Jan endlich zu heiraten. Sie hatte von einer romantischen, märchenhaften Hochzeit geträumt, von einem weißen Prinzessinnenkleid, von einem zarten, duftigen Schleier und Blumen. Kleinmädchenträume. Dummes Zeug. Aber dennoch war es ihr wichtig gewesen. Und nun, da es endlich so weit war, dachte sie nur daran, dass diese Heirat sie zur Niederländerin machen würde.

»Aufgeregt?« Jan war schon angezogen, er trat hinter sie und blickte in den Spiegel. »Du siehst großartig aus. Du hast einfach Klasse, dieses Kostüm ist unglaublich elegant.«

Miep küsste ihn leicht, dann seufzte sie.

»Was? Doch kalte Füße?«, scherzte er.

Miep ließ sich in den Sessel fallen und starrte auf den Spiegel, in dem jetzt nur noch ihr Haaransatz zu sehen war. »Nein, natürlich nicht. Ich frage mich nur, ob wir aus den richtigen Motiven heiraten. Wir leben schon so lange zusammen und haben es nie getan. Immer haben wir uns gesagt, wir haben kein Geld dafür. Und jetzt tun wir es, damit ich bleiben kann.«

»Na ja, wenn sie dich ausweisen, ist es auch mit dem Zusammenleben vorbei. Ich finde, das ist ein guter Grund.«

Miep zupfte am Blümchen, das an ihrem Revers steckte.

Auf einmal packte Jan ihren Sessel an den Armlehnen und drehte sie mit einem Ruck zu sich herum. »Jetzt hör mir mal zu, Miep. Wir beide gehören zusammen. Da spielt der äußere Anlass keine Rolle, also erzähl mir nichts von den falschen Motiven. Vergiss die Motive. Hauptsache, es passiert.«

Sie sahen beide gut aus, dachte Miep, als sie mit Jan in der Tram saß. Zur Feier des Tages leisteten sie sich die Fahrt. Sonst hätte Miep es genossen, ausnahmsweise einmal kutschiert zu werden und in eleganten Kleidern in einem Waggon zu sitzen. Wenn nur die Angst nicht gewesen wäre. Immer wieder griff sie nach Jans Hand und drückte sie. Frau Stoppelman, die auf dem Sitz hinter ihnen saß, dachte vermutlich, es sei nichts als Zuneigung.

»Ich will hier nicht weg«, sagte Miep immer wieder halblaut. Und jedes Mal erwiderte Jan: »Musst du auch nicht.«

Das Rathaus lag am OZ Voorburgwal, ein großes Gebäude aus graubraunem Backstein, das erst vor gut fünfzehn Jahren erweitert worden war. Die Fassade war verziert, was den offiziellen Eindruck verstärkte. Es schüchterte Miep ein und verstärkte ihre Angst.

Vor dem Eingang warteten ihre Familien und ein paar Freunde. Aus dem Büro waren Bep und das Ehepaar van Pels gekommen und natürlich die Franks. Ihr Chef war da, mit Margot und einer ungeduldig tänzelnden Anne, die sich sichtlich bemühte, ihr Temperament zu unterdrücken und damenhaft zu wirken. Sie trug ein helles Kleidchen, und ihre Augen waren riesig groß, als Miep und Jan auf sie zusteuerten.

»Meine Frau lässt herzlich grüßen und wünscht Ihnen alles nur erdenklich Gute«, sagte Otto. »Leider ist meine Schwiegermutter krank geworden. Sie wissen ja, dass sie seit einiger Zeit bei uns lebt. Edith muss sich um sie kümmern.«

Miep nickte nervös. Sie war so aufgeregt, dass sie kaum noch etwas von ihrer Umgebung mitbekam. Es schien ihr, als wäre um sie herum eine dicke Schicht Watte, die alles abdämpfte, was auf sie einstürmte. Das kann ja lustig werden, dachte Miep, wenn mich der Standesbeamte nach meinem Namen fragt und ich ihn vergesse! Dann wirke ich erst recht wie eine Ausländerin, die nicht mal die Sprache richtig kann und aus den falschen Motiven heiraten will. Er wird sofort wissen, warum wir hier sind, ich werde auffliegen ...

»Bereit?«, fragte Jan.

Sie atmete durch und nickte. Nervös kramte sie die Geburtsurkunde heraus und umklammerte sie. Wenn ich untertauchen muss, wird Herr Frank mir helfen, dachte sie, während sie das Gebäude betraten und durch die hohen Flure liefen. Ein Labyrinth, so unabsehbar wie ihre Zukunft. Nervös sah sie sich immer wieder über die Schulter nach ihrer kleinen Hochzeitsgesellschaft um. Irgendwo in diesem Land kann ich mich bestimmt verstecken, überlegte sie fieberhaft, vielleicht sogar bei Herrn Frank im Kontor!

»Miep?«

Jan blickte sie an. Sie hatte gar nicht bemerkt, dass sie schon vor dem Schreibtisch standen. Ein älterer Beamter saß dahinter, ein hagerer, glatt rasierter Mann mit deutlichen Anzeichen einer Glatze und klaren, hellen Augen.

Miep reichte ihm ihre Geburtsurkunde und Jan seinen Pass. Der Mann notierte sich alles, dann bat er um den Pass der Braut.

Miep erstarrte. Mit zitternden Händen reichte sie ihm das zerstörte Dokument. Er griff danach und öffnete es, aber in dem Moment sagte Jan: »Viel Arbeit heute?«

Der Mann blickte auf und zuckte die Achseln. »Geht so. Im Sommer ist immer viel los.«

»Kann ich mir vorstellen. Wir warten nämlich schon so lange auf unsere Hochzeit.«

Der Beamte nickte. Dann klappte er den Pass zu, gab ihn Miep zurück und sagte: »Vielen Dank. Nebenan geht es weiter.«

Miep wagte kaum zu atmen. Ihre Knie waren so weich, dass sie fast weggeknickt wären. Irgendwie schaffte sie es, sich in den nächsten Raum schieben oder auch ziehen zu lassen.

Sie hatten das billigste Aufgebot gewählt, weil ihr Geld nicht einmal für zwei Eheringe reichte. Also gab es nur einen Ring für Miep, und die Trauung fand im selben Raum mit zwei anderen Paaren statt. In einigen Vasen standen weiße Blumen, aber davon abgesehen, hätte es auch das Einwohnermeldeamt sein können – ein schlichter, weiß getünchter Raum mit drei Schreibtischen, an denen die Standesbeamten die Heiratswilligen abfertigten.

Miep bekam kaum etwas von dem mit, was der Beamte sagte. Immer wieder dachte sie nur: Gleich bin ich Holländerin! Holländerin! Dann muss ich hier nicht mehr weg, und die verfluchten Nazis können sich ihren deutschen Pass dorthin stecken, wo die Sonne niemals scheint. Nie wieder würde sie sich schämen müssen, wenn sie ihren Ausweis zeigte. Nie wieder Angst haben müssen, nach Wien zurückgeschickt zu werden.

Auf einmal stieß Jan sie leicht an. »Miep?«

Orientierungslos blickte sie sich um. Der Standesbeamte lächelte, rückte seine Brille gerade und wiederholte, was er gesagt hatte: »... dann antworten Sie jetzt mit *Ja*.«

»Ach du liebe Zeit! Ja, natürlich, ja!«

Anne gackerte frech drauflos, und Herr Frank machte: »Schschsch!«

Und dann war sie Frau Gies.

# 24

*Amsterdam, Januar 1943*

Der Besuch des neuen Hausbesitzers hatte sie alle alarmiert und ihnen klargemacht, dass jederzeit jemand kommen und das Hinterhaus durchsuchen konnte. Die nächsten Wochen tauchte niemand auf, aber allmählich forderte der ständige Nervenkrieg seinen Tribut, auch bei Miep und Jan.

Jetzt, in den dunkelsten Monaten, wurde es in Amsterdam erst gegen neun Uhr morgens hell, und wegen des Krieges war auch die Beleuchtung der Straßen verboten. Die Fahrradfahrt durch die finsteren, oft regennassen Straßen zwischen den hohen Mietshäusern war oft unheimlich. Besonders, wenn wie heute Morgen ein pudriger Hauch Schnee auf den Straßen lag, dessen Unberührtheit verriet, dass noch nicht viele Menschen auf den Beinen waren. Die Fenster der Wohnungen waren mit Pappe verklebt – wie blinde Augen. Männer, die um diese Uhrzeit auf der Straße unterwegs waren, beäugte Miep immer besonders genau. Es war ein lange eingeübter Überlebensmechanismus, den jede Frau kannte. Doch als sie den Mann erkannte, der an diesem Morgen neben ihr an der Ampel stand, verflogen ihre Sorgen.

»Herr Brouwer?«

Ihr ehemaliger Postbote erkannte sie ebenfalls sofort.

251

»Guten Morgen, Frau Gies. Wie ist das Befinden?« Aber er klang fahrig.

»Danke, den Umständen entsprechend recht gut. Ich habe nämlich ...« Eigentlich wollte sie erzählen, dass sie geheiratet hatte, aber sie hielt inne. Herr Brouwer hatte genauso wenig wie alle anderen gewusst, wie lange Jan und sie in wilder Ehe gelebt hatten. Wenn Briefe für Miep Santrouschitz gekommen waren, hatte sie immer nur gelacht und gemeint, manchen fiele es eben schwer, sich an den neuen Namen zu gewöhnen. »Die Amerikaner sind in den Krieg eingetreten«, sagte sie stattdessen. »Vielleicht ist Hitler bald besiegt, dann können Sie wieder in Ihren alten Beruf zurück.«

Die Lippen des Mannes begannen zu beben. Auf einmal schien er zu frieren, die Schultern in dem abgewetzten Mantel hoben sich.

Es wurde Grün, aber Miep dachte nicht daran, loszufahren. Sie hob ihr Rad seitlich auf den Gehsteig. »Was ist denn los?«

Herr Brouwer blickte sie an, und ihr fiel trotz des spärlichen Lichts auf, wie bleich er war. Die Bartstoppeln brachen aus der hellen Haut und verrieten, dass er nirgendwohin musste, wo man sich rasierte. »Ich habe eine Aufforderung bekommen, mich in einem Arbeitslager im Osten zu melden«, sagte er mit brüchiger Stimme.

»Sie werden doch nicht gehen, oder?« Ein Automobil hupte, und Miep rückte mit ihrem Rad etwas näher, um Platz für das Fahrzeug zu machen.

Er zuckte die Schultern. »Wenn man sich weigert, wird man schwer bestraft. Dann geht es nach Mauthausen.«

Mauthausen lag in Österreich. In Mieps Erinnerung war das ein Land mit Barockstädten und Kirchtürmen an der Donau. Dass es dort die berüchtigten Lager der Nazis gab, war so schwer zu begreifen. Man wusste nicht viel über Mauthausen, aber bisher war noch niemand von dort zurückgekommen. Gerüchte kursierten, die für wahr zu halten der Verstand sich weigerte.

»Sie wissen nicht zufällig, was besonders wirksam ist, um als arbeitsunfähig zu gelten?«, fragte Herr Brouwer. Er dämpfte die Stimme, als eine Frau in einem warmen Mantel und Hut vorbeiradelte. »Ich habe herumgefragt. Die Leute machen die verrücktesten Dinge. Manche sagen, dass es hilft, Unmengen Kaffee zu trinken, damit der Blutdruck steigt, aber ich weiß gar nicht, wo ich so viel Kaffee herbekommen sollte. Es gibt ja kaum noch welchen zu kaufen. Meine Nachbarin meint, man soll zu heiß baden, bevor man zur Untersuchung geht, damit einem Fieber diagnostiziert wird. Und mein Schwager sagte, man soll sich Eiweiß auf die Finger schmieren und dann darauf urinieren, wenn man eine Urinprobe abgibt. Wenn sie den Urin dann untersuchen, denken sie vielleicht, dass man nierenkrank ist.«

Wie verzweifelt mussten die Menschen sein, wenn sie solche Dinge versuchten? Zuerst verbot man ihnen, in ihren Berufen zu arbeiten, und wenn sie dann arbeitslos waren, schickte man sie in ein Arbeitslager! Miep spürte, wie der Hass wieder in ihr hochstieg. Aber sie wollte ihm das Herz nicht noch schwerer machen.

»Tut mir leid«, sagte sie. »Da fällt mir auch nichts ein. Ich wünschte, ich wüsste etwas, womit ich Ihnen weiterhelfen kann.«

»Vielleicht ist es ja auch ganz erträglich in diesen Lagern«, meinte er tonlos. Auf den Schultern seines Mantels gefror der Morgentau zu matt glänzenden Kristallen. »Es heißt, dass sie nicht viel zahlen und die Arbeit hart ist. Aber angeblich wird man anständig behandelt.«

Die Nazis waren die Letzten, denen Miep irgendetwas geglaubt hätte. Und dass sie ihre Gegner anständig behandelten, diejenigen, denen sie vorwarfen, für alle Übel verantwortlich zu sein, das glaubte sie nie im Leben. Aber sie hätte sich lieber die Zunge abgebissen, als das laut zu sagen.

Dieser Tag hatte es in sich. Nach der Begegnung morgens hatte es im Hinterhaus Ärger gegeben, weil Anne versehentlich Küchenabfälle in den Müll geworfen hatte. Franks verfeuerten alles, was brannte, einerseits, um Kohlen zu sparen, vor allem aber, damit die Menge an Müll nicht Aufmerksamkeit erregte. Frau van Pels bestand darauf, dass sie alles wieder aus dem Müll holte und in den Ofen warf, doch Anne hatte sich geweigert. Dann hatte im Büro ein Lieferant seinen Termin nicht eingehalten, Herr van Hoeve hatte keine Gurken mehr gehabt, und der Botenjunge Willem war krank, sodass Miep und Bep einspringen mussten. Als sie nach Hause kam, freute sie sich auf ein Stück Brot.

»Jan, wo ist die Margarine?«, fragte Miep, als sie sie im Kühlschrank nicht fand.

»Margarine?« Jan blickte auf. Er saß im Küchenstuhl und las – keine Zeitung, darin wurde ohnehin nur gelogen und Nazipropaganda verbreitet.

»Ich hatte dich doch gebeten, neue zu kaufen.« Miep schloss den Kühlschrank. »Hast du das vergessen?«

Jan ließ sein Buch sinken. »Du hast nichts gesagt.«

»O doch, das hatte ich! Muss ich hier eigentlich immer an alles allein denken? Es ist genauso dein Haushalt wie meiner, ich arbeite genau wie du!«

»Ja, aber leben tun wir von dem, was ich verdiene!«

»Ich kann nichts dafür, dass Frauen so schlecht bezahlt

werden!« Miep unterbrach sich und atmete durch. Wenn sie so weitermachten, würde es auch noch einen handfesten Ehekrach geben, und darauf hatte sie nicht die geringste Lust. Sie zögerte, dann fragte sie: »Auch einen schlechten Tag gehabt?«

Jan grinste, sichtlich erleichtert. »Höllisch.« Er küsste sie. »Ich besorge sie morgen, in Ordnung? Lass uns bei Elli und Maarten fragen, ob wir uns welche borgen können. Du sollst dein Margarinebrot haben.«

Miep überlegte. Dann suchte sie die Dose ganz hinten heraus, in der sie den kostbarsten Schatz der Küche versteckte. Ein fast leeres Päckchen.

»Es gibt noch Kaffee?«, fragte Jan überrascht.

»Mein letzter.« Bedauernd betrachtete Miep den kleinen Rest Kaffeepulver.

»Dann lass ihn uns gebührend feiern und mit Elli und Maarten trinken.«

Am Morgen danach war es zwar immer noch windig und mit einem nasskalten Schneeregen alles andere als gemütlich. Aber trotzdem war Miep guter Dinge, als sie ins Büro radelte. Sie meinte noch immer den Geschmack des Kaffees auf ihrer Zunge spüren, diese unverwechselbare Mischung von bitter und aromatisch.

Im Büro stellte sie ihre Handtasche ab und lief noch schnell hinauf zum Versteck, um zu fragen, ob jemand etwas brauchte. Rasch blickte sie sich um und ging zum Regal, um es beiseitezuschieben. Dahinter stand Otto Frank. Blass und sichtlich unter Druck.

»Ich habe Sie kommen gehört, Miep. Gut, dass Sie da sind. Ich glaube, es hat heute Nacht einen Einbruch gegeben.«

Miep sackte das Herz in die Schuhe. »Wo? Hat man Sie entdeckt?«

Er blickte die Stufen hinauf, ganz offensichtlich wollte er seine Familie nicht beunruhigen. »Ich weiß es nicht. Wir haben Geräusche gehört. Könnten Sie sich unauffällig umsehen, ob es im Lager oder sonst irgendwo Hinweise auf einen Einbruch gibt? Und noch etwas, Miep ... wir haben uns nicht hinausgewagt, aber im Kontor stehen die Stühle noch vor dem Radio, und es ist noch immer auf BBC eingestellt ... Ich hatte vergessen, die Spuren zu beseitigen.«

»Ich kümmere mich darum. Gehen Sie zurück, und warten Sie, bis ich alles geklärt habe.«

Was, wenn der Dieb zur Polizei ging? Die würde sich bestimmt nicht für einen Lagereinbruch interessieren, wenn es dafür ein Judenversteck auszuheben gab. Die Grünen waren bekannt dafür, Gesinnungsverbrechen härter zu bestrafen als reale. Es wäre ihnen zuzutrauen, dass sie einen Dieb laufen ließen, um ein paar Juden und ihre Helfer zu verhaften. Miep wollte sich gar nicht ausmalen, was passieren konnte.

Sie atmete tief durch und strich ihren Rock glatt. Dann ging sie hinüber ins Kontor. Sie musste als Erstes dort alle Spuren beseitigen. Aber immer hämmerte die kleine Stimme in ihrem Kopf: Was, wenn es irgendwann so weit war und sie entdeckt wurden? Was, wenn es heute wäre?

Im Kontor sah alles aus wie immer. Miep änderte die Einstellung am Radio, damit niemand sehen konnte, welcher Sender hier gehört worden war. Dann stellte sie die Stühle zurück und vergewisserte sich, dass nichts fehlte. Nicht einmal die Portokasse in der Schublade war herausgenommen worden. Hier sah alles gut aus. Sie atmete ein wenig auf.

Auch im Lager gab es nichts, was auf einen Einbruch hingewiesen hätte. Miep schloss die Augen und setzte sich auf einen Gewürzsack. Sie musste erst einmal ihr wild schlagendes Herz beruhigen. Wir sind ihnen durch die Finger geschlüpft, sagte sie sich. Wieder einmal. Es ist alles gut gegangen. Wer weiß, wann es wieder passiert, aber für den Moment sind wir aus dem Schneider. Ein paar Atemzüge gönnte sie sich, bis sich ihr Puls wieder etwas verlangsamt hatte. Dann ging sie zurück ins Büro.

Als sie in der Frühstückspause ins Hinterhaus ging, um die Einkaufsliste zu holen, konnte sie die Erleichterung förmlich spüren. Die Erwachsenen hatten offenbar versucht, die Kinder nicht zu beunruhigen, aber ganz hatten sie ihre Angst nicht verbergen können. Miep war froh, dass sie ihnen wenigstens diese gute Nachricht bringen konnte. Die anderen Neuigkeiten waren weniger gut. Juden mussten sich jetzt entscheiden, ob sie sich sterilisieren ließen oder deportiert werden wollten. Wer sich sterilisieren ließ, bekam anstelle des schwarzen ein rotes J in den Ausweis gestempelt und musste den verhassten Stern nicht mehr tragen.

»Das ist doch Irrsinn«, flüsterte Herr Frank, als sie es ihm erzählte. »Wollen sie uns Juden ausrotten? Und geht es ihnen dabei nur um uns – oder machen sie bald mit anderen Teilen der Bevölkerung weiter?«

Als Miep an diesem Abend reichlich gerädert nach Hause kam, wäre sie fast in Maarten gerannt, der ihr in einiger Eile entgegenkam.

»Oh, Miep, guten Abend ... Entschuldige, aber ich muss gleich los ins Krankenhaus.«

Im ersten Moment dachte Miep an das Schlimmste. »Krankenhaus?«, echote sie tonlos.

»Elli ... Du hast gestern Abend Kaffee für uns alle gemacht. Und kaum wart ihr aus dem Haus, setzten die Wehen ein!«

»Was?« Miep begann vor Erleichterung zu kichern. »Mein Kaffee hat geholfen, dass euer Kind auf die Welt gekommen ist?«

Maarten nickte. »Der hatte es in sich. Und jetzt entschuldige, aber ich muss los. Sie haben vorhin angerufen, dass ich kommen kann.«

Miep blickte ihm nach, wie er durch den gekachelten Flur zum Ausgang lief und durch die schwere Holztür auf die verschneite Straße. Ganz schön hoffnungsvoll, dachte sie, mitten im Krieg ein Kind zu bekommen. Wer weiß schon, was noch kommt. Aber vielleicht war es nicht das Schlechteste, gerade hier und jetzt ein Zeichen des Lebens zu setzen.

Gegen Ende des Winters versuchten es die Nazis nach Monaten der Peitsche noch einmal mit Zuckerbrot. Sie versprachen untergetauchten Juden Straffreiheit, wenn sie sich stellten.

Natürlich glaubte ihnen niemand.

»Hast du Gemüse bekommen?«, fragte Bep, als Miep ihren nachmittäglichen Einkauf ins Büro stellte. »Bei mir gab es gestern Abend schon wieder nur Kartoffeln.«

»Fast nichts, und die Qualität ist auch miserabel. Frau van Pels wird wieder einen Migräneanfall bekommen.« Es war immer schwieriger, noch an gute Lebensmittel zu kommen. Essen war längst kein erfreuliches gesellschaftliches Ereignis mehr, sondern zur reinen Überlebensmaßnahme geworden.

»Ich habe auch Kopfschmerzen. Aber dass das der Grund sein könnte, die Idee ist mir noch gar nicht gekommen.« Bep hustete.

»Geh besser nicht ins Hinterhaus, wenn du erkältet bist. Es ist ja nichts Schlimmes, aber sie können es so gar nicht brauchen, sich zu erkälten. Stell dir bloß vor, wenn sie husten müssen und niemand sie hören darf.«

»Ach, das ist nichts, nur ein Schnupfen. Mein Vater musste letzte Woche ins Krankenhaus, und Kleiman ist noch immer wegen seiner Magenblutungen krankgeschrieben. Kein Wunder, dass wir alle auf dem Zahnfleisch kriechen.«

Das Wetter war unbeständig. Mal kam die so lang ersehnte Sonne heraus und verführte zu leichter Kleidung, dachte Miep, dann kam doch noch ein Schneeschauer und erinnerte einen daran, dass es noch lange nicht Sommer war. Da war es kein Wunder, wenn man sich einen Schnupfen holte.

»Es soll schon wieder Razzien gegeben haben«, riss Bep sie aus ihren Gedanken. »Dieses Mal haben sie nicht einmal die Alten- und Blindenheime verschont. Man fragt sich ja, was deren Bewohner in den Arbeitslagern sollen.«

Miep hatte allmählich Zweifel, ob die Juden tatsächlich deportiert wurden, um zu arbeiten. Seit der Nachricht von der geplanten Zwangssterilisation befielen sie manchmal schlimme Gedanken, die sie gar nicht zu Ende denken wollte. Wo soll das alles nur hinführen?, fragte sie sich immer wieder.

»Schade, dass Johannes noch krank ist. Die Kinder mögen seine Witze und freuen sich über die Süßigkeiten, die er immer wieder auftreibt. Organisiert Kugler uns eigentlich eine Aushilfe?«

Es blieb ihm gar nichts anderes übrig. Beps Schnupfen entpuppte sich nämlich als handfeste Grippe und fesselte sie die nächsten Tage ans Bett. Auch mehrere Arbeiter waren ausgefallen, also stellte ihr Kugler bald danach den neuen Lagerverwalter vor: Willem van Maaren. Ein kräftiger Mann mit einem etwas zu rosigen Gesicht. Miep hatte nicht viel mit ihm zu tun, und das war ihr auch ganz lieb. Irgendwie war er ihr unheimlich. Er tat ihr nichts Böses, ganz im Gegenteil, er war ihr gegenüber sogar sehr freundlich. Aber vielleicht war es genau das. In den vergangenen Jahren waren ihr immer wieder Nazis begegnet, die genauso waren: zuckersüß und überfreundlich – doch sobald man nicht nach ihrer Pfeife tanzte, verkehrte sich ihr Verhalten ins Gegenteil.

»Haben Sie schon gehört, werteste Frau Gies?«, begrüßte er sie auch heute, Ende März, prompt wieder. »Es hat einen Brand gegeben.«

»Ach, ein Brand im Krieg, wo einem die Bomben jeden Tag um die Ohren fliegen? Was Sie nicht sagen. Hier ist Ihr Lieferschein. Abzugeben beim Empfänger.«

Van Maaren nahm den Schein entgegen und hielt ihn in der Hand, ohne das Zimmer zu verlassen. »Es heißt, der Brand wurde gelegt. Es war im Einwohnermeldeamt«, meinte er dann. Zögernd. Oder lauernd?

»Im Einwohnermeldeamt?« Miep blickte auf.

Er schien auf eine Reaktion zu warten. Mieps Gedanken jagten sich. Im Einwohnermeldeamt war auch dokumentiert, wer Jude war und wer nicht. Wenn die Unterlagen verbrannten …

Warum erzählte er ihr das? War er doch ein Nazi, der sie aufs Glatteis locken wollte? Eine unbedachte Reaktion konnte alles verraten. Alles aufs Spiel setzen.

»Herr van Maaren, brauchen Sie noch etwas? Ich muss diesen Brief hier fertig tippen.«

Sie blickte ihm nach, als er eine Entschuldigung murmelte und verschwand. Vielleicht tat sie ihm unrecht. Aber irgendwie war ihr der Bursche nicht geheuer.

260

Sie beschloss, die Nachricht erst einmal für sich zu behalten, ehe sie den Franks womöglich vergeblich Hoffnung machte.

Am 12. Juni 1943 wurde Anne vierzehn. Fast ein Jahr im Versteck, dachte Miep, als sie hinüberging. Eigentlich hatten Franks gehofft, um diese Zeit schon längst wieder in Freiheit leben zu können. Die Seife wurde knapp, und auch die Kisten mit getrockneten Hülsenfrüchten waren fast leer. Aber auf die Neuigkeiten wartete Anne noch immer am sehnlichsten.

»... und Kuno ist bei uns eingezogen, der Sohn der Frau, die unsere Vermieterin Frau Stoppelman versteckt«, berichtete Miep. »Die Nazis lassen alle Studenten eine Loyalitätserklärung unterschreiben. Kuno hat sie verweigert, und jetzt macht sich seine Mutter große Sorgen deswegen. Da haben wir ihn bei uns einziehen lassen. Beps Vater ist doch an Krebs erkrankt, und sie sagen, dass man ihn nicht operieren kann. Es gibt nur noch wenig zu kaufen, aber das merkt ihr ja. Wir haben alle schon Blähungen von den vielen Kartoffeln.«

Anne verzog das Gesicht. »So genau wollte ich es jetzt auch wieder nicht wissen.« Aber dann kicherte sie. »Du auch?«

Miep verpasste ihr einen kleinen Klaps. »Was ist mit dir?«, fragte sie.

Anne zuckte die Schultern. »Ich habe oft Kopfschmerzen. Papa meint, dass ich eine Brille brauche.«

Miep tat sie leid. Lesen war die einzige Abwechslung, die sie hier hatte – ein temperamentvolles Mädchen im Wachstum. Das eigentlich Luft und Licht gebraucht hätte und danach schrie, ihr Leben endlich in vollen Zügen zu leben. Miep erinnerte sich an die Zeit, als sie selbst vierzehn gewesen war. Damals waren sie fast den ganzen Tag draußen gewesen. Mit Pfiffen hatten sie sich verständigt, sich aus den Wohnungen auf die Straße gerufen. Manchmal hatten sie am Ufer der Amstel stundenlang den Lastkähnen zugesehen, wie sie auf ihrem Weg zum Hafen durch die Stadt glitten.

Beim Nachmittagseinkauf blickte sich Miep verstohlen um. Es fiel gar nicht mehr auf, wenn man suchend von einem Laden zum anderen ging – da es fast nichts mehr zu kaufen gab, machten das alle so. Und niemand konnte wissen, dass sie keine Lebensmittel suchte. Mieps Blick wanderte die Straße hinunter. Als ein Militärfahrzeug der Nazis vorbeikam, kramte sie schnell in ihrer Tasche, als suchte sie einen Einkaufszettel. Der Wagen fuhr vorbei, und sie blickte auf. Irgendwie hatte sie dunkel in Erinnerung, dass es in der Nähe einen Optiker gab. Aber der Laden, den sie meinte, schien zugemacht zu haben.

Sie sah hinüber auf die andere Straßenseite. Da war er! Vielleicht war er nur umgezogen. Mit ihren Einkäufen schlich sie daran vorbei, um einen Blick durch die Glastür zu erhaschen. Der Optiker stand an seinem Verkaufstresen und schraubte an einer Brillenfassung.

Miep überlegte. Dann schleppte sie ihre Einkäufe ins Büro und dann gleich die Treppe hinauf zum Hinterhaus.

»Jetzt gleich?«, fragte Anne überrumpelt. »Hinaus ins Freie?« Ihre ganze Selbstironie, der Humor, die Sicherheit, die sie sonst an den Tag legte, waren mit einem Schlag verschwunden. Sie wirkte viel jünger, als sie eigentlich war, mit ihren zu kurzen Kleidern und ihrem zu langen Haar.

»Das ist schon ein bisschen gewagt, Miep«, meinte auch Otto Frank.

Miep hatte sich die ganze Sache auf dem Weg hierher

gut überlegt. »Sie muss doch wenigstens lesen können. Ich gehe mit ihr hin und lasse die Brille anpassen. Danach bringe ich sie sofort zurück. Es ist ja nicht weit. Wir wären nur ein paar Minuten auf der Straße. Und wenn die Brille fertig ist, hole ich sie ab. Ich denke mir irgendeinen Vorwand aus, warum Anne nicht mitkommen konnte.«

Nervös biss sich Anne auf die Lippen und sah von einem zum anderen.

»Ich weiß nicht«, meinte auch Frau Frank unsicher. »Anne war früher hin und wieder im Büro. Was, wenn jemand sie erkennt?«

Am liebsten hätte Miep Anne einfach am Kragen gepackt und mit hinausgenommen. Sie wünschte ihr so sehr, dass sie ohne Kopfschmerzen lesen konnte. Sie wollte, dass Anne endlich wieder einmal den Sommerwind auf dem Gesicht spüren konnte.

»Sehen Sie Anne an«, sagte Otto Frank leise. »Nichts passt ihr mehr, alles ist zu klein. Sie sieht auf zehn Meter aus wie ein Mädchen, das sich seit Monaten versteckt. Nein, Miep. Es ist zu gefährlich.«

Miep wäre gern am nächsten Tag noch einmal auf das Thema zurückgekommen, doch als sie morgens das Gebäude betrat, erwartete sie eine böse Überraschung.

Das Schloss war beschädigt. Lose schwang die Tür in den Angeln.

Miep erstarrte. Dann rannte sie die Treppe hinauf ins Kontor. Auch hier standen die Türen offen. Mit einem schnellen Blick sah sie nach dem Radio. BBC war noch eingestellt! Hastig änderte sie die Frequenz, dann riss sie die Schublade auf, in der normalerweise die Portokasse lag. Sie fehlte. Genauso wie die Zuckermarken in der Küche, die sie für die Marmeladenherstellung noch immer bekamen.

Miep ließ sich auf den Küchenstuhl sinken und starrte durch die weit geöffnete Milchglastür. Nun konnte sie nur hoffen, dass es nur ein hungriger Familienvater gewesen war, der sich nicht dafür interessierte, ob hier jemand versteckt war. Dass der Dieb vielleicht zu unerfahren und zu nervös gewesen war, um aus den Hinweisen die logischen Schlüsse zu ziehen. Dass ihre Schützlinge sich leise verhalten hatten. Wenn der Einbrecher die Tür hinter dem Regal gefunden hatte, konnte er einfach zur Polizei gehen. Er würde nicht bestraft werden, sondern sogar noch eine Kopfprämie für die versteckten Juden bekommen.

Auch sie selbst wäre dann in Gefahr. Sonderbar, dass sie das kaum noch interessierte. Sie dachte nur noch daran, dass sie ihre Freunde beschützen wollte. Schon bald konnte der Tag kommen, an dem es ihr nicht mehr gelang. Und dieses Gefühl der Machtlosigkeit machte sie verrückt.

## 25

In den nächsten Wochen hatte Miep jeden Tag Angst, dass die Grünen vor der Tür stehen und sie verhaften würden. Sie wusste nicht genau, was sie erwartete, wenn sie erwischt würde. Aber ihr war klar, dass die Nazis sie nicht gut behandeln würden. Jeder Tag, der ohne Polizei verging, ließ sie aufatmen. Gleichzeitig befürchtete sie, zu optimistisch zu sein – als könnte sie allein dadurch die Grünen auf den Plan rufen.

Ein paar Tage später wurden ihre Nerven auf eine neue Zerreißprobe gestellt, als sie gegen Mittag einkaufen ging. Für Salat hatte sie fünf Läden abklappern müssen, für Seife bislang drei, ohne Erfolg. Sie war gerade auf dem Weg zum vierten, als der Fliegeralarm losging, die bekannten kurzen Sirenentöne.

Miep blickte sich um. Überall gingen Haustüren auf, wurden die Kinder hineingerufen. Sie war gerade erst bei der Brücke über die Prinsengracht angekommen, unter ihr erstreckte sich der Kanal. Vielleicht schaffte sie es noch zurück ins Büro ...

Ein Mann packte sie am Arm und rief: »Schnell, junge Frau, kommen Sie!«

Einen richtigen Keller hatten die Häuser hier nicht. Miep folgte dem Mann über ein paar Stufen hinunter in ein Souterrain. Auch von hier aus war das verhasste Heulen der Flugzeugmotoren deutlich zu hören. Immer mehr

Menschen kamen von der Straße herein und hofften, hier halbwegs sicher zu sein.

Den Gedanken, dass Holland je Luftschutzkeller bekommen würde, hatten sie längst aufgegeben. Vermutlich hatten die Nazis in ihren eigenen Stützpunkten vorgesorgt und betrachteten alles andere als unnötig.

Es war unheimlich. Sie saßen alle auf dem nackten Boden in einem Lager, zwischen Stapeln von Papier und alten Möbeln, ein dreibeiniger Tisch und ein paar ausrangierte Stühle. In der Ecke lag eine Matratze, es roch nach alten Büchern und leichtem Schimmel. Durch die halb blinden Fensterscheiben oben konnten sie nur schemenhaft die Welt da draußen erkennen, getaucht in einen gelblich grauen Schleier. Immer wieder klirrten die Scheiben, wenn das Geschwader tiefer flog. Das Donnern der Motoren brachte den Boden unter ihnen zum Zittern.

Mit einem Mal krachte es, alles im Raum bebte. Irgendwo in der Nähe musste es eingeschlagen haben. Wieder klirrte es, in einer Scheibe zeigte sich ein kleiner Sprung.

Die Leute zogen unwillkürlich die Köpfe ein, und Miep machte es genauso. Ihr war klar, wie albern es war, aber sie konnte nicht anders. Ein sonderbares Sausen war von draußen zu hören, wie ein Sturm, dabei war es ausgerechnet heute fast windstill.

Was, wenn es das Hinterhaus getroffen hat?, fuhr es Miep durch den Kopf. Was, wenn es dort brennt und alle hinausmüssen? Wo sollen sie denn hin, wenn ihre letzte Zuflucht zerstört wird?

»Das hört jetzt bald auf«, meinte eine Frau, die nicht weit von ihr auf dem Boden saß. »Mit Mussolini ist es schon vorbei, der Hitler wird es auch nicht mehr ewig machen.«

»Was ist mit Mussolini?«

»Haben Sie es noch nicht gehört? Sie haben ihn gestürzt. Der König soll Marschall Badoglio als Regierungsoberhaupt eingesetzt haben. Die Alliierten sind in Süditalien, sie werden bald in Rom sein.«

Vielleicht gab es jetzt endlich Hoffnung, dachte Miep. Vielleicht dauerte es wirklich nicht mehr lang. Die armen Kinder waren seit über einem Jahr dort eingesperrt, hatten keine freie Luft mehr geatmet und nicht mehr den Wind in ihren Haaren gespürt. Sie alle hatten gehofft, dass es schneller gehen würde, aber wenn es jetzt bald zu Ende war, dann hatte es sich gelohnt.

Doch die Unruhe, die Miep ergriffen hatte, flaute nicht ab. Sie schien sich noch zu steigern, mit jeder Welle, die über sie hinwegdonnerte. Was, wenn das Hinterhaus gerade jetzt getroffen wurde, kurz vor dem Ende? Es dauerte eine schiere Ewigkeit, bis endlich die Entwarnung kam.

Gemeinsam mit den anderen stolperte Miep wieder hinaus ans Tageslicht. Erst jetzt bemerkte sie, dass sie ihre Tasche mit den Einkäufen die ganze Zeit krampfhaft festgehalten und an die Brust gepresst hatte. Das helle Tageslicht blendete sie, und sie musste mehrmals blinzeln.

Die Sonne war verborgen hinter einem gelblichen Rauchschleier. Ganze Straßenzüge mussten dem Erdboden gleichgemacht worden sein. Schwarze Schwaden stiegen auf, Kinder schrien nach ihren Eltern. Das Haus neben ihrer Zuflucht war getroffen – es qualmte in einem fort, und die Mauer bröckelte. Aus dem Dachstuhl ragte das Heck eines Flugzeugs – offenbar war ein alliierter Flieger abgeschossen worden und in das Haus gestürzt. Gerade, als sie genauer hinsehen wollte, gab es eine neue Detonation. Flammen schossen hoch, und eine dicke schwarze Rauchsäule stieg aus dem Wrack. Der Dachstuhl begann sofort lichterloh zu brennen, und die gierigen Flammen schienen die Luft um sich herum förmlich anzusaugen.

Miep lief auf die Straße, um sehen zu können, welche Häuser getroffen waren. Überall waren Pfützen und Schlieren und Wrackteile. Mittlerweile schlugen die Flammen meterhoch aus dem Gebäude, das saugende Geräusch steigerte sich zu einem hohlen Heulen, und das Knacken des brennenden Gebälks war jetzt so laut, dass sie kaum noch hörte, was die Leute hinter ihr sagten. Aber von hier aus konnte sie bis zum Büro sehen.

Das Gebäude samt Hinterhaus schien unversehrt zu sein.

Miep beschloss, die Seife auf morgen zu verschieben, sie wollte nur noch zurück. Sich vergewissern, dass es allen gut ging. Den Kindern sagen, dass die Gefahr vorbei war. Als sie die Tüten gerade aufs Fahrrad geladen hatte, brummte hinter ihr ein Motorrad heran. Auf der gegen-überliegenden Seite hielt die Straßenbahn mit einem kurzen Klingeln. Miep blickte über die Schulter und fuhr etwas weiter rechts, um Platz zu machen.

Das Motorrad wurde von einem Uniformierten gesteuert, ein zweiter hockte in dem Beiwagen. Die Armbinden mit dem Hakenkreuz waren weithin zu sehen.

Obwohl Miep eigens Platz gemacht hatte, spürte sie auf einmal einen Stoß gegen ihren Hinterreifen, der sie fast hingeworfen hätte. Krampfhaft umklammerte sie die Lenkstange, um das schlingernde Rad gerade zu halten. Mit einem Ruck kam sie zum Stehen.

»Verdammte Schweine!«, brüllte sie ihnen nach. »Ich hoffe, ihr sterbt in eurem verfluchten Krieg! Ihr seid Abschaum! Ich hasse euch! Hört ihr? Ich hasse euch!«

Es überlief sie siedend heiß, als ihr klar wurde, dass sie

sich vielleicht gerade selbst ihr Urteil gesprochen hatte. Schwer atmend starrte sie dem Motorrad nach.

Es fuhr weiter. Der eine Uniformierte drehte sich sogar lachend zu ihr um.

Sie hatten kein Wort verstanden.

Du liebe Zeit!, dachte Miep. Das hätte ganz schön schiefgehen können!

Unwillkürlich blickte sie sich nach der Seite um, wo die Straßenbahn noch stand. Der Fahrer machte eine anerkennende Geste. Er lächelte und bedeutete ihr, vorzufahren. Anders als die Nazis hatte er jedes Wort verstanden.

## 26

Am nächsten Tag setzte Miep ihre Seifentour fort. Als Erstes begab sie sich in die Rozengracht, die längst keine Wasserstraße mehr war. Man hatte sie schon vor Mieps Geburt zugeschüttet, und sie war mittlerweile eine breite Einkaufs- und Verkehrsstraße, durch die auch die Tram fuhr. Irgendwo in einem der vielen großen und kleinen Läden würde sie schon fündig werden.

Der gestrige Angriff hatte überall seine Spuren hinterlassen. Ganze Straßen lagen in Trümmern, die Ruinen schwelten noch, und der Qualm hing wie eine dichte Glocke über der Stadt. Auf dem Weg hierher hatte Miep Kinder gesehen, die ziellos durch die Trümmer liefen oder neben den halb verkohlten Leichen ihrer Eltern wimmerten. Es fiel ihr schwer, diese Bilder aus ihrem Kopf zu bekommen, aber um die Kinder würden sich andere kümmern. Ihre Aufgabe war es, zwei versteckte Familien zu versorgen. Darauf musste sie sich konzentrieren.

Der Angriff hatte offenbar den Fokker-Werken gegolten, wo die legendären Kampfflugzeuge hergestellt wurden. Fokker-Maschinen waren berühmt für ihre technische Perfektion, für ihre Schnelligkeit und Wendigkeit und die großen Höhen, die sie erreichen konnten. Auch die Rozengracht hatte es getroffen. Miep passierte einen rauchenden Trümmerhaufen, wo bis gestern ein Gemischtwarenladen gewesen war – eine Adresse weniger,

271

wo es Seife geben könnte. Dabei taugte die Rozengracht ganz gewiss nicht zur Landebahn für Kampfflugzeuge.

Beim Laden schräg gegenüber hatte die Druckwelle des Einschlags offenbar das Glas splittern lassen. Der Besitzer kehrte die Scherben gerade erst weg. Als er Miep auf seinen Laden zusteuern sah, stellte er den Besen ab und öffnete ihr eilfertig die Tür.

»Seife, zwei Pfund?«, wiederholte er überrascht, als sie ihm ihre Liste präsentierte. »Sie sind aber reinlich.«

Unwillkürlich blickte Miep über die Schulter. Tatsächlich wirkte die Frau hinter ihr interessiert. Oder bildete sie sich das nur ein? Ihr wurde heiß.

»Mein Mann ist Arbeiter und hilft außerdem noch bei der Feuerwehr aus. Sie glauben gar nicht, wie viel Schmutzwäsche er hat«, rettete sie sich. »Mein Waschbrett ist im Dauereinsatz, sage ich Ihnen, ein Stück Kernseife ist da schnell weg. Und man weiß ja nie, wann man wieder etwas bekommt. Da habe ich immer gern noch eins in Reserve.«

Er warf ihr über die Liste hinweg einen scharfen Blick zu. »Ja, das verstehe ich. Allerdings habe ich nicht mehr so viel da. Ein Pfund kann ich Ihnen geben.«

Damit hatte Miep schon gerechnet. Wäre ja auch zu schön gewesen. Sie reichte ihm ihre Tasche über den Tresen. »Dann nehme ich das.«

Diesmal musste sie in insgesamt fünf Läden gehen, bis sie alles hatte. Im fünften traf sie zu allem Überfluss auch noch die Frau wieder, die ganz am Anfang hinter ihr gestanden hatte. Eine rothaarige ältere Frau mit einem strengen Haarknoten.

»Zwei Pfund Seife sind wirklich ziemlich viel«, meinte sie, und jetzt klang es doch ein bisschen lauernd. »Kaufen Sie das alles nur für sich?«

NSB, schoss es Miep durch den Kopf. Eine Nazikollaborateurin. Hatte sie Lunte gerochen?

Das Überleben der acht Menschen im Hinterhaus hing von ihr ab. Oder besser gesagt von dem, was sie jetzt sagte. Sie brauchte eine gute Antwort.

Jetzt.

»Hm ... also ...« Reiß dich zusammen, Miep! Was würde jemand mit dem Selbstbewusstsein und der Frechheit von Anne darauf erwidern?

»Also, ich will jedenfalls nicht mit einem schmutzigen Kerl im Bett liegen, dessen Socken schlecht riechen und der sich die Haare nicht wäscht«, erwiderte sie spitz. *Vergib mir, Jan!*, dachte sie. *Aber es ist Gefahr im Verzug!* »Männer nutzen doch jede Ausrede, um ihre Unterwäsche nicht wechseln zu müssen. Es ist zwar Krieg, aber deswegen muss man noch lange nicht herumlaufen wie ein Höhlenmensch. Finden Sie nicht auch?«

Die Frau schien sich zu fragen, ob sie ihr die putzsüchtige Hausfrau abnehmen sollte. Miep dankte ihrem Schöpfer, dass er sie mit einer gesunden Portion Eitelkeit ausgestattet hatte. Sie war adrett genug, um als kleiner Putzteufel durchzugehen.

»Hm, ja, da haben Sie schon recht. Erziehen Sie ihn gleich. Wenn Sie mal länger verheiratet sind, wird das nichts mehr.«

Miep brauchte erst einmal ein paar Minuten, um ihren jagenden Puls zu beruhigen. Jetzt, da alles vorbei war, brach ihr der Schweiß aus, und sie hätte sich am liebsten irgendwo hingesetzt. Sie packte ihre Tasche und hastete zurück in die Prinsengracht.

Als sie das Regal zum Hinterhaus beiseiteschob, beschloss sie, den Vorfall für sich zu behalten. Ihre Schützlinge brauchten nicht noch mehr Sorgen.

Anne war gerade damit beschäftigt, ihre Kleidungsstücke durchzuprobieren, um herauszufinden, was ihr davon noch passte, als Miep mit ihrer Tasche nach oben kam.

»Schau dir das an, Miep!«, meinte sie lachend und trat in den Flur hinaus. Aber das Lachen war auch ein wenig beschämt. Die Art von Gelächter, mit dem man eine tief sitzende, heimliche Traurigkeit überspielt. Der blaue Pullover, den Miep ihr letztes Jahr gebracht hatte, war inzwischen an den Armen viel zu kurz. Ihre Füße steckten in alten Socken, und auch der Rock saß einige Zentimeter zu hoch über den Knien. Nur das Haar war wie immer perfekt gepflegt: mit Wicklern gelockt und lange gebürstet, bis es glänzte.

Anne warf einen Blick auf Miep und seufzte. »Du und Jan, ihr seid ein so schönes Paar. Und ich sehe aus, als wollte ich bei den Bremer Stadtmusikanten anheuern. Ich laufe inzwischen freiwillig auf Socken, weil mir nicht mal mehr die Skischuhe passen. Und die Strohsandalen, die ihr mir besorgt habt, sind schon wieder kaputt.«

Armes Ding, dachte Miep. Anne war in dem Alter, in dem junge Mädchen an ihrem Aussehen zweifelten. Hübsche Kleidung konnte durchaus helfen, das Selbstbild zu verbessern, aber das war in der momentanen Situation schwierig.

»Wie sieht es aus nach dem Angriff von gestern? Es hat ganz in der Nähe eingeschlagen, nicht wahr?«, meinte Herr Frank besorgt. Die Tür zum Elternschlafzimmer war angelehnt gewesen, und er kam jetzt ebenfalls in den Flur. Leise, auf Socken.

»Einige Häuser weiter. Ein Flugzeug wurde abgeschossen und ist in einen Dachstuhl gestürzt.«

Herr Frank schwieg. Bestimmt dachte er dasselbe, was

Miep gestern gedacht hatte: Wenn das Hinterhaus getroffen worden wäre, wo hätten sie sich verstecken sollen?

»Mussolini ist abgesetzt worden«, sagte Miep schnell. »Die Alliierten rücken im Süden vor. Vielleicht ist es bald vorbei.«

Anne, die die Ärmel ihres Pullis einfach ein Stück hochgekrempelt hatte, kam schnell herüber. »Das ist ja wunderbar!« Sie sah ihren Vater an. »Jetzt wird es bald besser. Ganz bestimmt!«

»Ich denke, wir haben wirklich etwas Anlass zur Hoffnung«, meinte Herr Frank. »Miep, ob Sie Jan bitten könnten, uns bei Gelegenheit das kleine Radio vom Dachboden wieder zusammenzubauen? Das im Büro muss abgegeben werden, sagte Herr Kugler. Und vielen Dank für die Seife. Sie wird allmählich knapp.«

Vielleicht hatte Anne ja recht, und etwas vorsichtiger Optimismus war doch angebracht. Irgendwie wurde Miep das Bild nicht los, wie sie ihren viel zu kleinen Pulli präsentiert hatte. Die Verlegenheit, der verstohlene kleine Seufzer. Der schnelle Blick auf Miep, bewundernd und ein kleines bisschen neidisch. Sie überlegte, was sie Anne mitbringen konnte, worin sich das Mädchen hübsch fühlen würde. Vielleicht konnte sie Fräulein Kaletta fragen, wo man in diesen Zeiten günstig etwas Schönes bekam.

Nach wie vor trafen sie sich in regelmäßigen Abständen vor dem Modegeschäft. In diesen Zeiten, da alle immer abgerissener herumliefen, war es nichts Auffälliges, wenn sich zwei junge Frauen die Nase an den Schaufensterscheiben platt drückten und Kleider bewunderten, die für sie viel zu teuer waren.

Miep winkte kurz der Verkäuferin im Laden zu. Sie kannte sie, weil sie über ihr wohnte. Sie trug keinen Stern, obwohl Miep sich zu erinnern meinte, dass sie Jüdin war. Vielleicht hatte sie Glück, und es betraf nur einen Teil ihrer Familie. Mit drei nichtjüdischen Elternteilen galt man noch als »arisch«.

Charlotte Kalettas Spiegelbild erschien neben ihr in der Scheibe, und Miep öffnete ihre Handtasche einen Spalt.

»Sie sind immer noch so adrett gekleidet«, meinte sie und lächelte ihr Spiegelbild an. »Wie machen Sie das nur? Wo bekommt man heute denn noch etwas?«

»Bitte sorgen Sie dafür, dass er das bekommt, ja?«, sagte Fräulein Kaletta und ließ ein schmales Paket in Mieps Tasche gleiten. »Das meiste nähe ich selbst. Aber manchmal findet man gebrauchte Sachen, die erschwinglich sind. Versuchen Sie es mal bei einem der kleinen Märkte.«

Früher hatte es einen solchen Markt an der Synagoge gegeben, dachte Miep, aber das war natürlich längst vorbei. Für einen Moment meinte sie wieder den Duft der fremdartigen orientalischen Köstlichkeiten zu spüren.


»Was ist es?«, rief Anne gedämpft, aber sichtlich aufgeregt, als Dr. Pfeffer das Paket seiner Verlobten entgegennahm und auspackte. Miep erinnerte sich, dass die beiden erst kürzlich aneinandergeraten waren, weil er die Süßigkeiten, die Charlotte ihm geschickt hatte, nicht mit den anderen geteilt, sondern allein verspeist hatte. Vielleicht wollte Anne sichergehen, dass nicht schon wieder etwas Süßes im Päckchen war.

»Ein Buch? Darf ich es auch lesen?« Sie beugte sich darüber und las den Titel. Schlagartig wurde sie blass.

»Das ... ist gefährlich«, stieß sie hervor. »Wissen Sie, was Miep hätte zustoßen können, wenn man sie damit erwischt hätte? Uns allen?« Sie nahm ihm das Buch aus der Hand und hob es hoch, damit auch Miep sehen konnte, was es war. »Das hier hat er dich durch die ganze Stadt tragen lassen! An tausend Naziposten vorbei!«

Miep las, und jetzt wurde ihr schlecht. Sie sank auf den nächsten Stuhl. »Eine Schmähschrift gegen die Nazis?«

Wenn man sie damit erwischt hätte, wäre nicht nur sie im Lager gelandet, man hätte auch wissen wollen, für wen das Paket war. Und die Wahrscheinlichkeit, dass die Nazis es aus ihr herausbekommen hätten, war groß. Sie bekamen immer alles heraus, wenn sie einen erst einmal in ihrer Gewalt hatten.

»Sind Sie wahnsinnig? Sie hätten uns alle umbringen können!«, fuhr Anne Dr. Pfeffer an. »Was, wenn die Nazis Miep erschossen hätten?«

»Achte auf deinen Ton«, erwiderte er. Offenbar begriff er erst jetzt, dass sie recht hatte. Obwohl sie noch so jung war, hatte sie viel weiter gedacht als er, ein erwachsener Mann von über fünfzig. Vielleicht war auch das Teil des Konflikts, den die beiden miteinander austrugen. Nach all den Monaten hätten allerdings bei jedem die Nerven blank gelegen.

»Anne hat recht. Tun Sie das nie wieder!«, sagte Miep zu Pfeffer. »Hören Sie? Sonst bin ich die längste Zeit Ihre Botin gewesen.«

Natürlich fiel es Pfeffer schwer, seinen gefährlichen Fehler offen zuzugeben. Aber er benahm sich die nächsten Tage sanft wie ein Lamm.

Anne hatte jetzt erst recht etwas gut bei Miep, und so befolgte diese Charlotte Kalettas Rat und suchte einen der kleinen Märkte auf, die kaum diesen Namen verdienten. Oft bauten Leute vor ihrer Haustür einfach nur ein paar Dinge auf, um sich wieder Brot kaufen zu können. Hin und wieder konnte man schöne Sachen dort finden.

Bei ihrer Einkaufsrunde entdeckte Miep einen solchen Stand an einer Straßenecke. Ein Mann verkaufte getragene Kleider und Damenschuhe. Vielleicht war seine Frau umgekommen, oder sie brauchten einfach dringend Geld für Lebensmittel. Er hatte einen Klapptisch aufgestellt und die Sachen darauf aufgebaut. Die Kleider waren elegant, dachte Miep, aber zu groß für die zarte Anne. Sie würde darin schwimmen. Doch dann fiel ihr Blick auf ein rotes Paar Absatzschuhe zum Schnüren mit seitlichen Cutouts und Ziernähten. Sie hatten leichte Gebrauchsspuren, aber nichts, was eine Wildlederbürste nicht hätte richten können. Ein Hauch von Eleganz durch den schmalen Schnitt und die modernen Trichterabsätze. Es waren Schuhe, in denen man aufrecht und stolz wie eine Königin ging. Schuhe, die man zu Kleidern aus feinstem Crêpe de Chine und zu eleganten schwarzen Hüten trug und die in einen Tanzsaal mit goldenen Spiegeln gepasst hätten. Die Schuhe einer erwachsenen Frau.

»Was sollen die denn kosten?«

Der Preis war akzeptabel. Nicht billig, aber das Mädchen hatte gerade erst Geburtstag gehabt und fast nur Salat und Gurken bekommen. Miep bezahlte.

Als sie ihre Errungenschaft einsteckte, fühlte sie sich, als hätte sie ein königliches Geschenk erstanden. Die Schuhe würden Anne das Gefühl geben, eine Dame zu sein. Erwachsen. Schön.

Sie verpackte sie im Büro noch in etwas Papier. Nach der Arbeit, als das Lager verlassen war, ging sie mit ihren Einkäufen hoch.

»Ein verspätetes Geburtstagsgeschenk«, sagte sie und drückte Anne das Paket in die Hände.

Das Mädchen bekam diesen rührenden Zug um den Mund herum, als sie es entgegennahm. Eine Mischung aus

Freude und Verlegenheit, weil sie auf keinen Fall zu laut sein durfte. Dieses leichte Kräuseln der Lippen, das so schutzlos war, dass man sie am liebsten in die Arme genommen hätte.

»Mach es schon auf«, ermunterte Miep sie.

Anne begann, das Paket zu öffnen. Als sie die Schuhe in Händen hielt, starrte sie Miep sprachlos an. »Für mich?«, brachte sie endlich hervor.

Miep nickte. »Probier mal, ob sie passen.«

Das Strahlen auf Annes Gesicht würde sie nie vergessen, dachte Miep. Die grün gesprenkelten Augen glänzten, und einen Moment lang schien es ihr die Sprache verschlagen zu haben. Beinahe ehrfürchtig zog sie die dicken Socken aus und stieg in die Schuhe.

»O weia! Ich falle um!«, rief sie und lachte.

»Das muss man üben. Aber du wirst sehen, in ein paar Tagen läufst du damit, als hättest du nie etwas anderes getragen.«

»Du bist ganz schön optimistisch!« Anne versuchte ein paar Schritte. Ungeschickt stöckelte sie durch das Zimmer.

Miep beobachtete sie lächelnd.

Auf einmal kam Anne direkt auf sie zugewackelt. Sie lachte. Und dann umarmte sie Miep plötzlich. Einfach so.

Miep hielt sie fest. Damals, in ihrem weißen Pelzmäntelchen, war Anne ihr vorgekommen wie eine Dame im Miniaturformat, und jetzt freute sie sich so über ein paar geschenkte Schuhe aus zweiter Hand. Um überhaupt etwas an den Füßen zu haben.

# 27

*Amsterdam, Juli 1941*

Mit dem Siegeszug der Nazis kamen die Verordnungen, die die Rechte der Juden einschränkten, mit immer höherer Schlagzahl. Miep fühlte sich der Welt, in der sie lebte, immer stärker entfremdet. Die Juden wurden mehr und mehr vom öffentlichen Leben ausschlossen.

»Schon wieder das *Joodsche Weekblad*?« Miep starrte auf die Zeitschrift, die der Postbote ins Büro brachte. Quer über die Briefe gelegt, Aufmerksamkeit heischend. »Das haben wir nicht bestellt, das wissen Sie doch.«

»Die Firma ist jüdisch, nicht wahr? Ich habe nachgefragt, wie Sie es wollten. Ich muss das ausliefern.« Der Postbote klang, als habe er das schon oft erklären müssen. »Es ist wichtig, heißt es. Darin stehen die neuesten Gesetze, die die Juden betreffen.«

Ein Zwangsabonnement, um immer auf dem Laufenden zu sein, welche Teufelei sich die Regierung nun wieder einfallen ließ! Miep musste erst einmal nach Luft schnappen. Immer unverhohlener zeigten die Nazis ihr wahres Gesicht. Das war vermutlich eines der vielen Dinge, die man mit den Namen und Adressen von Juden anstellen konnte.

»Sie müssen die Zeitschrift annehmen«, sagte er und kaute nervös auf den Lippen. Dann reichte er ihr gleich einen ganzen Stapel. »Hier sind die Ausgaben, die Sie verpasst haben. Ich müsste es melden, wenn Sie die Annahme verweigern.«

Und dann?, hätte Miep am liebsten gefragt. Aber solche Fragen vergingen einem in letzter Zeit. Na gut. Sie konnte das Ding nachher in aller Stille wegwerfen oder als Toilettenpapier auslegen. »Geben Sie her.«

Es war noch früh, und noch war sie allein. Immer wieder blickte Miep nach der Zeitschrift, die neben dem Stapel Briefe lag, die zu bearbeiten waren. Einerseits war es so abstoßend. Aber gleichzeitig hatte sie das unwiderstehliche Bedürfnis, sie aufzuschlagen. Zu wissen, wie es sich anfühlen musste, wenn es einen betraf. Der Titel verhieß nichts Gutes. Wenn das Schmierblatt wöchentlich erschien, bedeutete das, dass sich die Vorschriften ebenso schnell ändern konnten.

Sie blickte auf die Uhr. Es war noch Zeit, bis Herr Frank kam.

Entschlossen zog sie die Zeitschrift zu sich herüber.

Was? Jüdische Ärzte durften keine Nichtjuden mehr behandeln? Wütend schlug sie das Drecksblatt zu. Den Teufel werde ich tun!, dachte sie. Dr. Pfeffer war ein ausgezeichneter Zahnarzt, und sie mochte ihn. Und überhaupt, wer waren diese Nazis, dass sie ihr vorschreiben wollten, zu welchem Zahnarzt sie ging!

Herr Frank nahm das Journal scheinbar gelassen auf, aber Miep kannte ihn inzwischen lange genug, um zu wissen, dass das nur der äußere Schein war. Sie gewöhnte sich an, morgens, wenn das Journal kam, einen schnellen Blick hineinzuwerfen. So abstoßend der väterlich-erziehende Ton des Blatts auch war, so sehr sie der bloße Gedanke an die Herausgeber abstieß – sie hatte das Gefühl, es ihrem Chef schuldig zu sein. Sie durfte nicht die Augen verschließen. Was man den Juden antat, ging auch sie etwas an, denn sie lebte in diesem Land.

Die antijüdischen Verordnungen der Regierung kamen nun so schnell aufeinander, dass sie manchmal wirklich das Gefühl hatte, sie würden im Wochentakt herausgeben. Miep fragte sich, ob die Regierung keine anderen Probleme hatte. Deutschland war im Krieg, und sie hatten nichts Besseres zu tun, als der eigenen Bevölkerung – zumindest dem jüdischen Teil – das Leben schwer zu machen?

Wer mehr als zwei jüdische Großeltern hatte, erhielt ein J in seinen Ausweis. Wer sich weigerte, verlor sein Vermögen und riskierte fünf Jahre Haft.

Juden durften nicht mehr ins Schwimmbad.

Juden durften keine Tauben halten.

Juden durften nicht mehr in Hotels absteigen.

Juden mussten ihre Radios abgeben.

Juden durften nicht mehr in Bibliotheken.

Die Schlinge zog sich immer enger.

»Hätte ich bloß bei der Registrierung damals gelogen!«, seufzte Herr Frank beim Lesen. »Man fragt sich ja schon, wie lange sie einem noch erlauben werden, zu atmen.«

Miep blickte auf. Er hatte es nicht wörtlich gemeint, das war ihr klar. Trotzdem war ihr auf einmal kalt. Eine Zeitschrift, die einem erzählte, was man alles nicht durfte, war gleichzeitig eine Information darüber, was allen Nichtjuden offenstand. Denen es womöglich sogar noch ein Gefühl der Überlegenheit gab: Egal, wie erbärmlich die eigene Existenz war, die Juden standen immer noch unter ihnen. Die Zeitschrift war die allwöchentliche Demütigung, die Juden sagte, wo sie nun wieder unerwünscht waren: als Journalisten, als Orchestermusiker, im Theater und neuerdings sogar in öffentlichen Parks.

Miep verstand sehr genau, dass die Verordnungen nicht nur darauf abzielten, Juden aus den meisten Berufen zu entfernen oder ihnen den Zutritt zu öffentlichen Einrichtungen zu verweigern. Nein, sie zielten auf das Herz zwischenmenschlicher Beziehungen. Wenn Ehen zwischen Juden und Nichtjuden verboten wurden, wenn Juden die Häuser von Nichtjuden nicht mehr betreten durften, ging es nicht nur um die Absonderung, die die Nazis als »Rassenhygiene« bezeichneten. Diese »Hygiene« war der moralische Vorwand, der die wahre Absicht kaschierte: dass es darum ging, Freundschaften zu zerstören und Familien zu zerreißen. Alle zwischenmenschlichen Beziehungen sollten nicht mehr auf Sympathie und Menschlichkeit gegründet sein, sondern auf der Erlaubnis des Regimes. Die Menschen sollten der Regierung gegenüber loyal sein, nicht ihren Freunden. Dass das Berufsverbot für die Juden eine existenzielle Bedrohung darstellte, sollte niemanden mehr stören. Es waren schließlich nur Juden, und die waren gefährlich. So sah es das Regime, und so sollten es auch alle nichtjüdischen Bürger sehen.

Der Sommer blieb regnerisch, als wollte er ihre Stimmung spiegeln. Die Nazis zogen nach Russland in den Krieg, und es kam jetzt immer öfter vor, dass Dinge nicht zu bekommen waren. Kaffee wurde teurer. Dann Tee, Öl und natürlich Butter. Miep gewöhnte sich an, auf Vorrat zu kaufen.

Eines Tages brachte Herr Frank einen schmächtigen Mann mit ins Büro, der Miep bekannt vorkam. Die dünne, runde Brille, das angedeutete Bärtchen ... woher kannte sie ihn?

»Miep, Sie erinnern sich an Herrn Lewinsohn? Er ist Chemiker und Apotheker, aber Juden dürfen nicht mehr in der Apotheke arbeiten. Bei uns ist doch das Hinterhaus ungenutzt, nicht wahr?«

Natürlich! Er war früher auch hin und wieder bei der Familie Frank zum Kaffee gewesen. Miep erhob sich, um Herrn Lewinsohn zu begrüßen. »Ja, das steht weitgehend leer. Bis auf die Räume, die von der Straße aus zugänglich sind und wo das Lager ist.«

»Würden Sie Herrn Lewinsohn die freien Räume kurz zeigen? Wir dachten, dass er sich vielleicht ein kleines Labor einrichten kann. Dann könnte er wenigstens Kosmetikartikel herstellen. Von irgendetwas muss man ja leben.«

Miep schüttelte den Kopf. Da wurde ein Mann, der einen guten Beruf hatte, von heute auf morgen auf die Straße gesetzt und gezwungen, sich mit halblegaler Arbeit für Bekannte über Wasser zu halten. Vermutlich hatte er früher gut verdient, jetzt war er abhängig vom Wohlwollen anderer.

»Kommen Sie mit, Herr Lewinsohn«, sagte Miep.

Sie selbst war höchstens ein- oder zweimal im Hinterhaus gewesen. Während Herr Frank wieder in sein Büro ging, führte sie den Gast durch den Flur zu der steilen Treppe in den ersten Stock. Oben öffnete sie den Durchgang.

»Das Hinterhaus liegt etwas höher. Passen Sie auf, dass Sie sich nicht den Kopf stoßen!« Herr Lewinsohn zog den Kopf ein und folgte ihr.

Miep öffnete die Türen. Das Stockwerk besaß zwei Zimmer – irgendwie hatte sie nur eins in Erinnerung gehabt. Das größere war beinahe quadratisch, das andere rechteckig und schmal, und sie hatten jeweils ein Fenster. Die Täfelung in dem kleineren Zimmer war grün, die gelbliche

Tapete hing schon etwas herunter. Man sah, dass der Raum lange nicht benutzt worden war.

Herr Lewinsohn wirkte nicht begeistert. »Ich benötige fließendes Wasser.«

»Warten Sie ...« Miep erinnerte sich dunkel, dass es hier irgendwo einen Waschraum gab. »Richtig – hier bei dem schmalen Zimmer ist eine Toilette mit einem Waschbecken. Und oben gibt es eine Küche.«

Als sie ihn eine weitere enge Stiege hinaufführte, schien er ein wenig aufzuatmen. Das Zimmer oben schien ihm eher zuzusagen. Und sie hatte sich richtig erinnert: Es war tatsächlich eine Küche darin. Oder zumindest eine Spüle und ein Herd.

»Ja«, meinte Herr Lewinsohn zögernd. »Das könnte schon gehen.«

Er tat Miep leid. Bestimmt war er von einem Labor ganz andere Arbeitsbedingungen gewöhnt. Das Hinterhaus hatte etwas Schützendes an sich, aber es war eben auch klein und eher familiär als professionell.

»Nun, ich weiß nicht, was Sie brauchen, aber Wasser ist da, und auf dem Herd können Sie etwas erwärmen. Wenn wir Ihnen noch einen Tisch reinstellen, dann wäre das ein Anfang, oder?«

Er seufzte. »Meine Anfänge sahen anders aus.«

Dass das nicht der letzte Anschlag auf die Freiheit sein würde, war Miep klar. Die Nazis schlossen die Juden nicht aus der Gesellschaft aus, um sie danach in Ruhe zu lassen. Wer so weit ging, kannte keine roten Linien mehr, respektierte niemandes Grenzen und verstand unter Ethik und Moral nur noch das, was ihm selbst dienlich war. Der vorläufige Höhepunkt war gegen Ende des Sommers erreicht –

an dem Tag, als Herr Frank völlig außer sich im Büro erschien.

Miep war sofort klar, dass es wieder um eine Nazi-Teufelei ging.

»Ich wollte Geld abheben«, sagte er und setzte sich. Er war bleich und wirkte so verstört, wie Miep ihn noch nie gesehen hatte. »Es war nicht möglich. Sie haben über Nacht alle jüdischen Bankkonten gesperrt. Wir kommen nicht mehr an unser Geld heran.«

»Wie bitte?«

Immer wenn sie geglaubt hatte, dass es jetzt wirklich nicht mehr schlimmer ginge, ließen sich die Nazis doch etwas einfallen.

»Alles weg. Ich kann nicht einmal mehr etwas abheben, damit meine Frau einkaufen gehen kann.« Seine Augen waren dunkel und verzweifelt.

Bisher hatte Miep jedes Mal das Gefühl gehabt, dass er nach dem ersten Schrecken mit den neuen Gegebenheiten zurechtgekommen war. Manchmal hatte sie sich sogar gewundert, wie gut – ganz so, als wäre er von den Maßnahmen ausgenommen. Wie er das machte, wollte sie gar nicht so genau wissen. Aber dieses Mal war es ganz anders.

»Wir haben ein Schreiben bekommen. Die Kinder müssen ihre jetzige Schule verlassen. Juden müssen jetzt eigene Schulen besuchen. Ich weiß noch gar nicht, wie ich ihnen das beibringen soll. Die Montessorischule war eine gute Wahl, die beiden lieben ihre Klassen. Jetzt verschonen sie nicht einmal mehr die Kinder.«

Miep spürte wieder diesen unbändigen Hass in sich. Er ergriff sie mit einer Wucht, dass sie nicht mehr wusste, wohin damit. Es war schlimm genug, wie die Nazis die erwachsenen Juden drangsalierten. Aber wie konnten sie

287

den Kindern so etwas antun?« »Sie plündern uns aus, damit habe ich gerechnet, aber dass sie uns nicht einmal das lassen, was wir zum Überleben brauchen ...«, fuhr Herr Frank heiser fort. »Ich habe für die Mädchen als kleinen Trost ein Kätzchen besorgt. Es ist kohlrabenschwarz und heißt Moortje. Meinen Sie, dass sich die beiden ein bisschen darüber freuen werden?«

»Ganz bestimmt. Sie lieben doch Tiere, und Katzen ganz besonders. So etwas Weiches, Warmes, womit man spielen kann, ja, das ist sicher tröstlich.«

Herr Frank stand auf. »Sie könnten mir einen Gefallen tun, Miep. Würden Sie Ihren Mann bitten, nach der Arbeit zu mir ins Büro zu kommen?«

Als Jan nach etwa einer Stunde Besprechung mit Herrn Frank aus dessen Zimmer kam, wirkte er ernst. Auf dem Heimweg sprach er nur das Nötigste mit Miep, eine ganze Weile radelten sie stumm nebeneinanderher.

Es hatte zu regnen begonnen, ein kühler Spätsommerregen, der die letzte Ahnung von Sommer wegtröpfeln ließ und daran erinnerte, dass die dunkle Jahreszeit bevorstand. Fein wie ein grauer Schleier legte er sich über die Stadt mit ihren roten und braunen Backsteinhäusern, ließ das Kopfsteinpflaster glänzen. Im letzten Tageslicht funkelten die Tropfen wie tausend Sterne. Aber Kälte und Nässe konnten nicht so schneidend sein wie das Gefühl, das eigene Land nicht mehr wiederzuerkennen.

»Er will, dass ich gemeinsam mit Kleiman meinen Namen hergebe und als offizieller Geschäftsführer fungiere«, sagte Jan endlich, als sie schon den Merwedeplein erreichten und der weite Platz vor ihnen ausgebreitet lag wie ein stiller See am Abend. »Wenn er christliche Strohmänner einsetzt, kommen wir wieder an das Geld der Firma. Kugler wäre auch dabei.«

Miep erschrak so sehr, dass sie fast auf den Bordstein gefahren wäre. »Herr Frank wird aufhören?«

»Nur nach außen hin. In Wirklichkeit bleibt alles beim Alten. Ich dachte nie, dass die Nazis das auch hier wagen würden.« Er ließ das Rad langsamer rollen und sah Miep ernst in die Augen. »Was ist nur los mit diesem Land?«, fragte er leise.

Im Herbst wurden Lebensmittel rationiert. Immer wieder musste man für Lebensmittelmarken und Kontrollkarten anstehen. Es ließ jedes Mal ein flaues Gefühl in Miep aufkommen. Als Kind gehungert zu haben war wohl eine Erfahrung, die man nie wieder vergaß. Jetzt würden andere sie teilen. Holland, das Land des Überflusses, wo die Milch fett und die Schokolade süß war, kämpfte mit der Nahrungsmittelknappheit.

Die Zuteilungsperioden liefen über vier bis acht Wochen. Für vier bis acht Wochen besaß man die Sicherheit, dass einem die Händler Brot, Gemüse und Fleisch verkaufen würden.

Wenn sie denn etwas hatten.

Schon vorher hatte Miep immer öfter ihre Einkäufe aufteilen müssen. Was es in einem Laden nicht gab, gab es woanders. Jetzt war es die Regel geworden. Kaffee und Tee waren am schwersten aufzutreiben. Wo sie früher die Wahl zwischen mehreren Sorten gehabt hatte, füllten nun Ersatzstoffe die Regale: Eichelkaffee statt Bohnenkaffee, Kräutertee statt Schwarztee. Auch die Zigaretten, die Jan so mochte, waren kaum noch zu bekommen. Miep war schon froh, wenn sie überhaupt irgendetwas für ihn bekam, was man rauchen konnte.

»Im Fleischerladen in der Rozengracht gibt es Schweinefleisch«, erzählte ihr Bep, die heute vor ihr in der Schlange
stand. »Rind findet man fast gar nicht mehr, und selbst
Hühnchen ist immer wieder aus.«

Was Miep nicht besonders überraschte. Vermutlich
wollten die Nazis den Juden das Leben schwer machen, indem sie die Fleischsorten verknappten, die Juden essen
durften, und nur Schweinefleisch weiterhin verfügbar
hielten. So hielt man die Christen bei Laune und hungerte
die Juden aus. Im nächsten Moment bremste sich Miep.
Was denke ich mir da für wüste Geschichten aus! Es gibt
eben kein Fleisch wegen des Kriegs, wieso sollten die Nazis es künstlich verknappen? Vermutlich spukten ihr die
neuesten Verordnungen noch durch den Kopf:

Juden durften nicht mehr in Zoos und auf Sportplätze.

Juden durften nicht mehr in Museen.

Juden durften nicht mehr in Restaurants essen.

Juden durften nicht mehr auf öffentliche Plätze.

Aber so ganz wurde sie den Gedanken nicht los.

»Es heißt, dass die Nazis in Russland feststecken«,
meinte sie. »Vielleicht ist der Krieg bald vorbei.«

Bep zischte und legte den Finger an den Mund. Richtig.
Man wusste nie, wer ein Spitzel war, wer sie für ein Stück
Fleisch an die Regierung verraten würde. »Ich hoffe es
so!«, flüsterte Bep. Laut sagte sie: »Na, das ist ein vorüber-
gehender Tiefschlag. Im Radio hieß es, dass der Sieg kurz
bevorsteht.«

Miep hätte nun laut heucheln können, wie glücklich sie
diese Nachricht machte, aber das brachte sie nicht fertig.
Sie wünschte den verfluchten Nazis die Pest und die Cho-
lera und den russischen Winter an den Hals, und wenn ihnen der Durchfall am Hintern festfror, umso besser.

»In der BBC hieß es, sie werden es genauso wenig schaffen wie Napoleon«, flüsterte sie. »Es hieß, am russischen Winter haben sich bisher alle die Zähne ausgebissen.«

Bep hob nur vielsagend die Brauen. Ein scharfer Wind wehte vom Meer herüber und trieb ein paar einzelne Schneeflocken vor sich her. Miep zog den Kragen ihres Mantels höher und vergrub ihr Kinn in dem warmen Wollstoff. Ein Zeitungsjunge mit tief in die Stirn geschobener Schirmmütze rief seine Ware aus und stellte sich in der Hoffnung auf Kundschaft neben die Schlange.

»Extrablatt! Extrablatt! Japan greift amerikanische Flottenbasis im Pazifik an! Kriegseintritt der Vereinigten Staaten möglich!«

Miep und Bep sahen sich an.

»Hältst du mir den Platz frei?«, fragte Miep.

Ihre Kollegin nickte, und Miep rannte zu dem Zeitungsjungen hinüber. »Eine, bitte!« Sie zahlte und riss das Blatt förmlich auf. Ungläubig starrte sie auf den Text. Auf einmal fühlte es sich an, als wäre die ganze Last der letzten Monate von ihr abgefallen. Der Nebel, der sich in der Nacht gebildet hatte, würde bald von der ersten Meeresbrise weggetrieben werden. Vielleicht war es mit ihren Sorgen nicht anders.

»Miep! Kommst du?«

Sie fuhr zusammen und lief mit der Zeitung zurück, um sich wieder in die Schlange zu stellen.

»Was ist passiert?«, wollte Bep wissen.

»Amerika greift in den Krieg ein?«, rief jemand hinter ihnen, und noch ein paar weitere Köpfe beugten sich über die schwarzen Lettern.

»Es gab einen japanischen Angriff auf einen Marinestützpunkt auf Hawaii«, rief Miep. »Es kann sein, dass die Amerikaner Japan den Krieg erklären.«

»Wo war das?«, rief ein Mann von hinten.

»An einem Ort namens ... Moment ...« Mieps Englisch war nicht gut, und sie wusste nicht, wie man den fremdartigen Namen aussprach. »Pearl Harbour.«

»Pearl was? Nie gehört.«

Miep ließ die Zeitung sinken und sah Bep an. »Wenn sie Japan den Krieg erklären, dann vielleicht auch Deutschland.« Sie wagte es kaum zu hoffen. »Vielleicht ist das der Wendepunkt. Hitler kann eine ganze Menge Länder überfallen und unterdrücken. Er ist unglaublich mächtig. Aber inzwischen hat er auch mächtige Gegner, und es werden immer mehr.«

War es zu früh, zu hoffen?

# 28

*Amsterdam, Januar 1942*

Irgendwo war die Türglocke.

Sie schrillte und schrillte und bohrte sich unnachgiebig in Mieps Träume von einem Kuchenbüfett, an dem sie sich gerade hatte bedienen wollen. Das Gebäck wurde durchsichtig und begann zu verblassen, entfernte sich immer weiter.

Nein!, rief Miep. Sie versuchte, nach dem Kuchen zu greifen, aber da war wieder die verdammte Klingel.

Miep riss die Augen auf. Sie lag in ihrem Bett. Neben ihr bewegte sich Jan, ebenfalls geweckt von dem ungewohnten Sturmklingeln an diesem Wintermorgen. Sie sahen sich an. Auf einmal waren sie beide hellwach.

»Polizei?«

Miep sprang auf, warf ihren Morgenmantel über und lief zur Schlafzimmertür. Ein Fliegerangriff?

Auch Frau Stoppelman war offenbar wach geworden und hatte die Wohnungstür geöffnet. Miep hörte Stimmen, die durcheinanderredeten. Ein Mann, eine Frau und dann sogar Kinder. Sie öffnete die Tür einen Spalt.

Die Ruhestörer waren eine vierköpfige Familie. Eine hübsche dunkelhaarige Frau, ein schlanker, hochgewachsener Mann und zwei kleine Kinder, vielleicht drei und fünf Jahre alt.

Ihre Vermieterin war ebenfalls noch im Morgenrock und unfrisiert. Sie schien genauso wenig mit diesem Besuch gerechnet zu haben wie Miep und Jan, der in seine Pantoffeln geschlüpft war und ebenfalls aus dem Schlafzimmer trat.

»Kommen Sie nur, Miep«, rief Frau Stoppelman sie her. »Das ist meine Tochter mit ihrer Familie. Sie haben bisher in Hilversum gewohnt.«

»Bisher?«, echote Miep verständnislos.

»Ich mache erst einmal einen Kaffee.«

Miep setzte Wasser auf, und Frau Stoppelman bereitete den Filter vor. Sie dosierten den Kaffee sparsam, niemand wusste, wie viel man nächste Woche bekommen würde. Das feine Aroma belebte Miep schon ein wenig, und beim bloßen Gedanken, dass es gleich etwas Warmes geben würde, fühlten sich ihre Füße in den Pantoffeln ein bisschen weniger steifgefroren an.

Der Januar hatte die Bäume draußen im Flussviertel mit glitzerndem Reif überzogen, in dem sich die Morgensonne brach. Als hätten die kahlen Äste über Nacht funkelnde Stacheln bekommen.

»Offenbar hat die Polizei sie von heute auf morgen aus ihren Häusern gejagt«, berichtete Frau Stoppelman, während sie neben dem bullernden Ofen standen und darauf warteten, dass das Wasser kochte.

»Sie – also nicht nur Ihre Tochter?« Miep hatte ein seltsames Gefühl im Hals, als ob ihr jemand die Kehle zuschnürte. Sie konnte sich die Antwort denken.

»Alle Juden müssen der Polizei ihre Häuser übergeben und nach Amsterdam ziehen. Sie haben mein Kind einfach aus seinem Haus gejagt!«

Miep musste sich erst einmal hinsetzen. »Aber die Häuser sind Eigentum. Das können sie einem doch nicht einfach wegnehmen.«

Frau Stoppelman sah sie mitleidig an. »Eigentum, ja. Aber jüdisches. Die Bankkonten, die sie plötzlich eingefroren haben, und alle anderen Sachen, die über Nacht konfisziert wurden, waren auch Eigentum.«

»Sie setzen die Leute einfach so auf die Straße? Mit kleinen Kindern, ohne zu wissen, wo sie hinsollen?«

Miep brauchte einen Moment, um diese neue Teufelei zu verarbeiten. Den Juden die Bankkonten einzufrieren, war schon schlimm genug gewesen. Aber sie jetzt mit kleinen Kindern über Nacht aus ihren eigenen Häusern zu werfen, das war mehr als niederträchtig.

Frau Stoppelman war ganz blass geworden. Sie ließ sich auf einen Stuhl sinken und blickte Miep aus großen braunen Augen an. »Hätten wir das damals gewusst, als sie uns registrieren wollten, dann hätten wir uns doch nie gemeldet.«

Miep erinnerte sich daran, wie sie seinerzeit den Franks vor der Behörde begegnet war, als sie angestanden hatten, um sich registrieren zu lassen. *Jetzt kennen sie die Namen und Adressen aller Juden,* hatte sie gedacht.

»Wenn Sie Platz für Ihre Tochter brauchen, ziehen wir natürlich aus«, sagte sie spontan. Erst als es heraus war, fiel ihr ein, dass es gar nicht so leicht sein würde, eine neue Wohnung zu finden. Jan und sie würden genauso auf der Straße stehen wie Frau Stoppelmans Tochter. Aber sie hatten wenigstens keine Kinder, und sie konnten auf dem normalen Wohnungsmarkt suchen. Juden würden sehr viel schwerer eine Unterkunft finden.

»Lassen Sie uns das gleich beim Frühstück besprechen.« Frau Stoppelman stand auf, nahm den Kessel vom Herd und goss das kochende Wasser langsam in den Filter. Der

Duft von frischem Kaffee stieg auf. »Schauen Sie mal, da drüben müssten noch Brot und Marmelade stehen. Sie haben die Familie einfach aus den Betten geholt, die Kinder durften nicht einmal mehr frühstücken.«

Sie deckten im Wohnzimmer so gemütlich es nur ging, mit dem frisch aufgebrühten Kaffee und allem, was an Brot im Haus war. Frau Stoppelman holte die schönen Servietten hervor und das elegante Porzellan. Aber ihre Tochter und der Schwiegersohn schienen es kaum zu bemerken. Die beiden redeten und redeten, als könnten sie so das Unbegreifliche begreifen.

»Um halb sechs Uhr morgens!«, erzählte die junge Mutter. »Schläge an der Tür, als würden sie die Wohnung eines Schwerverbrechers stürmen. Es klang, als würden sie mit Gewehrkolben dagegenschlagen. Und dann das Gebrüll!«

»*Aufmachen! Soforrrt aufmachen!*«, imitierte ihr Mann den militärischen Tonfall der Nazis.

»Sie ließen uns kaum Zeit zum Aufstehen. Plötzlich war das ganze Haus voller Polizei. Sie waren überall. Wir durften ein paar Sachen in unsere Koffer packen, das war alles.« Die junge Frau begann zu weinen. »Dieses Frühjahr wollte ich den Garten neu bepflanzen.«

Die Kinder saßen stumm am Tisch, sie starrten vor sich hin. Ihre Augen waren wie riesige runde Teiche. Sie mussten furchtbare Angst haben. Wie konnte man Kindern so etwas antun? Sie aus ihren Häusern vertreiben, ihnen ihre Spielsachen nehmen, die vertraute Umgebung. Die gewohnten Gerüche am Morgen, wenn sie aufwachten und wussten, dass sie sicher und geborgen waren.

»Wir ziehen natürlich aus«, sagte nun auch Jan. »Sie brauchen den Platz für Ihre Familie.«

»Aber wo sollen Sie denn hin?«, erwiderte Frau Stoppelman. »Nein, das geht nicht.«

»Die Wohnung hat doch nur vier Zimmer, und wir benutzen zwei davon.« Miep schenkte dem jungen Mann Kaffee nach. Er war sehr schlank mit langen, trainierten Fingern. Sie erinnerte sich, dass Frau Stoppelman einmal erwähnt hatte, er sei Geiger. Auch jüdische Musiker durften nicht mehr arbeiten. Sie fragte sich, wovon die Familie jetzt lebte.

»Es wird schon für alle reichen«, sagte Frau Stoppelman in einem Tonfall, der signalisierte, dass sie die Sache als erledigt betrachtete. »Miep, Jan, könnten Sie sich vorstellen, eines der beiden Zimmer abzutreten? Natürlich würde ich Ihnen mit der Miete entgegenkommen. Dann hätte jede Familie ein Schlafzimmer für sich.«

Miep und Jan sahen sich an. Natürlich wäre es sehr viel angenehmer, hierbleiben zu können.

»Und das wäre Ihnen wirklich nicht zu viel?«, hakte Jan nach.

Frau Stoppelman seufzte. »Sagen wir so, Sie würden mich jeden Tag davon überzeugen, dass es auch anständige Nichtjuden gibt. Leute, die nicht glauben, dass Juden alles verseuchen.«

Die Kinder schauten entsetzt von einem zum anderen, und die Mutter tröstete sie: »Das sagen nur böse Menschen. Ihr werdet sehen, bald können wir in unser Haus zurück.« Sie blickte ihre Mutter an, und auf einmal hatten ihre Augen denselben verlorenen Ausdruck wie die der Kinder. »Es ist doch so. Oder?«

Als Miep später zur Arbeit radelte, sah sie überall Menschen mit Handkarren stehen. Juden, die aus dem übrigen Land vertrieben worden waren, die nur ein paar wenige Habseligkeiten in einen Karren hatten retten dürfen. Kinder wie die Enkel von Frau Stoppelman, die verloren die

Hände ihrer Mütter umklammerten. Eltern, die auf einmal wieder zu Kindern wurden, nicht wussten, wohin und wie es weitergehen sollte. Menschen, die von heute auf morgen zu Aussätzigen gemacht worden waren, von heute auf morgen aus einer Gesellschaft vertrieben, die ihnen gestern noch alle Türen geöffnet hatte.

Immer wieder musste Miep absteigen und ihnen Platz machen oder mit dem Rad um sie herumkurven. Amsterdam war auf einmal viel zu klein für all diese Menschen. Die Stadt schien förmlich überzuquellen. Die Nazis mussten die halbe Bevölkerung vertrieben haben, nicht nur vom Land, auch aus den anderen Städten. Als wollten sie einen Krieg führen gegen Bauern – oder einfach gegen die Menschen, die der frischen Luft wegen und für den Traum vom eigenen Garten aus der Stadt gezogen waren. Wer nun keinen Unterschlupf hatte, würde auch keinen mehr finden. Wer nun kein Bett hatte, um sich auszuruhen, sich zu wärmen, musste frieren. Wer nun keinen Herd hatte, musste hungern.

Was würde der nächste Schritt sein?

Nur ein paar Tage später wurde Miep klar, dass nicht nur sie solche Gedanken beschäftigten. Als sie morgens das Büro erreichte, war sie wie üblich die Erste. Vor der Tür lagen ein, zwei verstreute Blätter auf dem Boden. Miep hob sie auf und las.

*Werft endlich Hitlers Schlägertruppen aus dem Land!*

Erschrocken blickte sie sich um. Zum Glück war kein Grüner zu sehen.

Flugblätter gegen die Nazis! Ihr Herz schlug schneller, und es fühlte sich an, als würde auf einmal ein frischer Wind wehen und all den Mief vertreiben. Miep kam mit dem Hin und Her nicht mehr zurecht, es machte sie ganz verrückt. Sie steckte die Flugblätter verstohlen in ihren Mantel und schloss die Tür auf. Die Treppenstufen knirschten wie üblich, und das alte Holz verbreitete seinen üblichen leicht modrigen Geruch. Miep stellte ihre Tasche im Büro ab und ging dann in die Küche, um Kaffee zu kochen.

Als sie das Wasser auf den Herd stellte, meinte sie Schritte zu hören. Sie hielt inne, lauschte. Nichts.

Achselzuckend wollte Miep sich wieder dem Kaffee widmen, da ging eine Tür. War doch schon jemand hier?

Sie trat aus der Küche und sah sich um. »Hallo?«

Eine Weile war alles still, dann hörte sie wieder Schritte. Und dann kam Otto Frank vom ersten Stock herunter.

»Guten Morgen, Herr Frank. Sie sind schon da?«

Er zuckte zusammen, als hätte sie ihn bei etwas Verbotenem erwischt. »Ich habe nur ein paar Sachen weggeräumt, die verderben könnten.«

Dafür hatte er eigentlich seine Lagerarbeiter, und er war ihr auch keine Rechenschaft schuldig. Miep runzelte die Stirn. Irgendetwas machte er dort im Lager oder im Hinterhaus, und eigentlich ging es sie ja nichts an. Auch wenn es sie schon allmählich neugierig machte ...

Der Frühling kam wie jedes Jahr. Doch so verlässlich der ewige Kreislauf von Werden und Vergehen war, so willkürlich und beängstigend wurde das Zusammenleben der Menschen. Es kam Miep vor, als wäre das Wachsen und Blühen am Wegrand die einzige Konstante in dieser unsicheren Wirklichkeit.

Überall hatten sich die orangefarbenen Tulpenkelche geöffnet. Die Farbe der Niederlande. Der Widerstand allerdings trug in diesem Jahr eine andere Farbe. Er wurde gelb.

Ende April wurde das Tragen von Sternen für alle Juden Pflicht. Offenbar reichte es den Nazis nicht mehr, ihre Namen und Adressen zu kennen. Nun sollte auch jeder auf der Straße einen Juden sofort erkennen. Einen Abschnitt der Kleiderkarte und vier Cent kostete der gelbe Stern mit der Aufschrift *Jood*. Wer sich weigerte, ihn zu tragen, dem drohten drakonische Strafen.

»Das ist ja eine Markierung wie bei Schlachtvieh!«, sagte Miep zu Jan, als sie bei einem Spaziergang im Flussviertel zum ersten Mal einen solchen Stern am Mantel einer Frau sahen.

Jan hob die Brauen. »Bring die Nazis nicht auf dumme Gedanken«, erwiderte er sarkastisch.

Miep lief es kalt über den Rücken. So etwas konnten nicht einmal die Nazis denken. Oder doch?

Sie blickte der Frau mit dem Stern auf dem Mantel nach. Lag es an diesen Gedanken, oder ging sie wirklich geduckt? Ängstlich. Gedemütigt. Immer wieder Blicke unter gesenkten Lidern werfend, wie jemand, der daran zweifelte, ob es ihm überhaupt zustand, hier zu sein. Auf dieser Straße. Auf dieser Welt.

»Sie muss sich furchtbar fühlen. Sieh nur, es sieht aus, als wolle sie schauen, ob sie die Einzige mit einem Stern ist«, sagte Miep. Sie blieb stehen und zerrte an Jans Arm. »Wir könnten uns doch auch solche Sterne kaufen und sie tragen. Um ihnen zu zeigen, dass sie nicht allein sind.«

Jan legte seine Hand auf ihre. »Das ist ein schöner Gedanke, und das würde ich auch sofort tun. Aber ich brauche den Abschnitt der Kleiderkarte für einen neuen Mantel.«

Miep seufzte. Schon vor dem Krieg hatten sie zu den Ärmeren gehört, und jetzt, da alles nur noch über Lebensmittel- und Kleiderkarten lief, natürlich erst recht.

Auf einmal lachte Jan und zog Miep fester an sich. »Schau dir das an! Da hatte jemand dieselbe Idee!«

Eine Gruppe Frauen kam ihnen entgegen. Miep kannte einige davon: Roos, die im Nachbarhaus lebte, und Frau van Rossum. Beide waren Christinnen, das wusste Miep. Die Frauen hatten einander untergehakt und liefen schwatzend die Straße entlang. Und alle trugen einen gelben Stern.

Auf einmal war die Luft angenehmer. Lauer. Milder. Sie duftete nach gelben Blumen.

Miep bückte sich. Sie pflückte einen gelben Krokus und steckte ihn sich ans Revers. Jans Lippen zuckten. Dann folgte er ihrem Beispiel.

Die Frauen lachten und scherzten, und manche zupften an ihren Mänteln, sodass die gelben Sterne besonders gut zu sehen waren. Aus einem Gasthaus kam eine Gruppe Männer – und auch sie trugen gelbe Sterne! Auf einmal war die ganze Straße voller Menschen mit gelben Sternen. Hinter ihnen trat der Wirt in die Tür. Selbst er hatte einen angeheftet!

»Das ist ja die reinste Milchstraße hier!«, sagte Jan. Er drehte sich um und verfolgte alle mit den Augen.

»Jetzt weiß ich etwas!«, rief Miep. »Ich kaufe gelben Stoff und nähe uns selbst welche!«

Es tat so gut zu sehen, dass nicht alle das Spiel der Nazis mitspielten. Dass nicht alle bereit waren, ihre Mitmenschen auszuschließen, nur weil man ihnen erzählt hatte, dass sie schlecht seien.

Miep und Jan ließen sich mittreiben in dem Strom aus Sternen. Die Stoffsterne wurden zu einem gelben Wirbel, einem unnachgiebigen Fluss, bereit, jede noch so starke Tyrannei abzuschleifen wie Wasser die Felsen. Sie fassten sich an den Händen, um sich nicht zu verlieren, und zum ersten Mal seit Monaten fühlte sich Miep wieder ein wenig leichter.

Der erste goldene Strahl Hoffnung.

# 29

*Amsterdam, Sommer 1943*

Die Sommertage konnten einen fast vergessen lassen, dass Krieg herrschte und das Land von einer feindlichen Macht besetzt war. Zumindest, wenn man nicht auf die qualmenden Trümmer der Häuser sah oder durch die zerstörten Straßen kam. Das abgestürzte Flugzeug vom letzten Luftangriff hatte tagelang in den Ruinen gesteckt, ehe die Gegend wieder halbwegs begehbar war.

Miep und Jan nutzten das schöne Wetter für einen Spaziergang in der Mittagspause. Das glitzernde Wasser roch ganz leicht nach Algen, und der scharfe Duft von Kohle und verbrannten Balken hing noch immer in der Luft, aber dennoch genossen sie die Sonnenstrahlen. Wenn sie hier am Kanal entlangliefen, besprachen sie oft Dinge, die ihnen anderswo zu gefährlich erschienen. Die Überwachung war inzwischen so allgegenwärtig, dass sie sich selbst zu Hause beobachtet fühlten. Der ständige Blick über die Schulter war ihnen inzwischen zur Gewohnheit geworden.

»Es gibt etwas, das wir besprechen müssen«, sagte Jan auf einmal. »In der Arbeit hat mich jemand angesprochen. Wir kennen uns gut, ich vertraue ihm.«

»Aber du willst selbst mir nicht sagen, wer es ist. Das bedeutet, er hatte etwas ziemlich Wichtiges zu sagen.«

Jan blickte sich erneut um. Beim geringsten Verkehrslärm zuckte er zusammen, als wäre schon ein sich näherndes Automobil eine Gefahr. Was macht dieser Staat aus uns?, dachte Miep. Wie soll sich etwas anderes in Menschen entwickeln als Misstrauen, Angst und Gewalt?

»Er hat mich gefragt, ob ich einer Widerstandsgruppe beitreten würde«, erklärte Jan endlich zögernd. »Acht aus meiner Dienststelle sind dabei. Er hat mir sogar gesagt, welche Kollegen es sind. Offenbar vertraut er mir. Ich weiß nicht, ob ich das getan hätte.«

Miep hielt den Atem an. Jetzt warf auch sie einen Blick über die Schulter. »Das ist extrem gefährlich«, flüsterte sie dann.

Er blickte ins Wasser und schien die glitzernden Punkte und Kreise zu verfolgen. Ein verwirrendes Spiel von Helligkeit und Dunkelheit, von Wirklichkeit und Schein. Ihre Spiegelbilder waren als verzerrte Schemen zu erkennen. Als wäre auch die Realität seltsam verzerrt.

»Ich weiß. Deshalb muss ich erst mit dir reden. Es ist illegal, und wenn sie mich erwischen, kann es übel enden. Ich habe ihm zugesagt. Aber du musst das wissen.«

Miep presste die Lippen aufeinander. Sie brauchte nicht viel Fantasie, um sich auszumalen, was passieren konnte. Jan konnte ins KZ verschleppt werden. Sie würden ihn als Verbrecher darstellen und auch ihren Ruf zerstören, denn sie würden natürlich annehmen, dass sie über alles Bescheid gewusst hatte. Und wenn sie weiter herumschnüffelten, konnten sie auch das Versteck im Hinterhaus finden.

Ja, Miep hatte Angst – um die Familie Frank und die anderen, die sich dort versteckt hielten, und natürlich um Jan.

Aber hatte sie nicht jetzt schon jeden Tag Angst? Immer wieder wurden Männer zwangsrekrutiert oder zum

Arbeitseinsatz mitgenommen. Manchmal überfielen die Soldaten sie auf offener Straße, zwangen sie mit vorgehaltener Waffe in Lkws. Jan war achtunddreißig, er konnte jeden Tag der nächste sein. Wenn sie nichts unternahmen, würden die Nazis bleiben. Dann würde die Angst nie wieder weggehen. Vielleicht würde dann auch die Verfolgung nicht mehr nur die Juden betreffen. Wer einmal mit der Idee begann, dass manche Menschen besser seien als andere, dass es eine Rechtfertigung gäbe, andere zu verschleppen und zu töten, der hörte nicht einfach bei einer Bevölkerungsgruppe auf.

Sie drückte seine Hand. »Es ist gut, Jan. Egal, was passiert, ich werde dich unterstützen.«

Er atmete tief durch. Offenbar hatte es ihn belastet.

»Und was passiert jetzt?«, fragte Miep.

»Mein Kollege hat mich zu einem Arzt gebracht, der für die Stadt arbeitet. Der hat sich meinen Namen notiert. Wenn ich in Schwierigkeiten gerate, sagen sie, soll ich in das Krankenhaus gehen, wo er arbeitet. Sie helfen mir dann, unterzutauchen.«

»Ich habe Angst. Vermutlich wäre ich naiv, wenn ich keine hätte«, sagte Miep. »Aber du tust das Richtige.«

Die letzten Sommertage 1943 erschienen ihr nun umso schöner. Als würde jeder Moment des Friedens, jede noch so kleine Freiheit auf einmal die Welt bedeuten.

Irgendwo in Mieps Träumen war eine sonderbare Unruhe. Da war das Geräusch von quietschenden Bremsen. Von Motoren und lauten Stimmen. Das rhythmische Klappern von Stiefeln auf dem Asphalt. Gewehrkolben, die auf den Boden stießen.

Miep fuhr hoch. Sie saß in ihrem Bett. Neben ihr drehte sich Jan unruhig auf die andere Seite.

»Was war das?« Mieps Herz raste. Jan tastete nach seiner Brille auf dem Nachttisch und setzte sie auf.

Da war es wieder.

»Aufmachen! Beeilung!«

Miep und Jan sahen sich an. Unwillkürlich griff sie nach seiner Hand. Sie wusste, dass sie beide dasselbe dachten. Jan war dem Widerstand beigetreten. Hatte ihn jemand verraten?

Miep spürte, wie sie am ganzen Körper zu zittern begann. Jan nahm sie in die Arme, aber seine Hände waren eiskalt. Er hatte genauso viel Angst wie sie.

»Das war nicht an unserer Tür«, flüsterte sie kaum hörbar. Als könnten sie so vorgeben, nicht da zu sein. Einige Minuten lang horchten sie atemlos hinaus. Motorengeräusche. Stiefel. Trillerpfeifen. Und immer wieder die Rufe, offenbar von draußen.

Entschlossen schlug Miep die Bettdecke zurück. Sie stieg barfuß aus den Federn und ging auf Zehenspitzen zum Fenster. Der Boden war kalt, und die Kälte kroch schnell in ihre Zehen, die Fußsohlen entlang und nach oben in die Unterschenkel. Vorsichtig schob sie die Verdunklung zur Seite.

»Das ist eine Razzia. Eine richtig große.«

Sie hörte das Rascheln, als Jan ihr nachkam, und zog die Verdunklung etwas weiter zur Seite, damit er hinaussehen konnte.

Die Straßen und vermutlich auch die Brücken waren mit Lkws abgesperrt. Überall standen Wachposten, Soldaten liefen herum, rissen die Bewohner mit Trillerpfeifen, Gewehrkolbenschlägen und frenetischem Klingeln aus den Federn. Scharfe Befehle wurden gebrüllt, Leute, die verschlafen die Köpfe aus den Fenstern oder Türen steckten, angeschrien. Und überall waren die großen Lkws mit den leeren Ladeflächen.

Leer, weil noch die Fracht verladen werden sollte. Menschen.

»Wir werden uns für heute in der Arbeit abmelden müssen«, meinte Jan ernst. »Das sieht nicht so aus, als wäre es in der nächsten Stunde vorbei.«

Überall wurden Juden mit wenig Gepäck von Soldaten entlanggetrieben. »Los, weiter, du Sau!«, brüllte einer, als ein älterer Mann einen Moment stehen blieb, um sein Bündel fester zu greifen. Offenbar erlaubte man ihnen, nur das Nötigste mitzunehmen. Massenhaft wurden die Menschen auf die Lkws gezwungen. Miep schloss die Augen.

Der Anblick war zu unerträglich.

Sie rief Bep an und bat sie, sie zu vertreten. Dann konnten sie nur noch warten.

Die Razzia ging den ganzen Tag. Es musste eine der größten und schlimmsten seit langer Zeit sein. Die meisten Juden waren längst geflohen oder untergetaucht.

Am späteren Nachmittag klopfte es.

Im ersten Moment fuhr Miep zusammen.

»Das waren keine Nazis«, sagte Jan. »Die würden brüllen und mit dem Gewehr herumschlagen.«

Miep hoffte, dass er recht hatte.

Es war die Nachbarin von oben. Miep kanntc sic nur flüchtig, sie hatte in dem teuren Modegeschäft gearbeitet, vor dem sie sich immer die Nase platt drückte und das jetzt ihr Treffpunkt mit Charlotte Kaletta war.

Die Nachbarin trug eine Kiste, in der eine Katze saß. Weiß, mit schwarzen Flecken auf dem Rücken.

»Das ist Berry«, sagte sie. Tränen liefen ihr übers Gesicht. »Sie ... sie haben mir nur einen Moment gegeben, um ihn unterzubringen. Bringen Sie ihn ins Tierheim oder versorgen ihn selbst, bitte?«

Miep wollte antworten, aber ihre Stimme versagte. Das war alles zu viel, dachte sie. Zu viel Gewalt. Zu viel Erbarmungslosigkeit. Selbst wenn die Nazis tatsächlich nur das Beste wollten, wie sie es immer behaupteten, selbst wenn es um den edelsten Zweck der Welt ginge, das wäre unmenschlich.

»Bitte ... ich muss wieder hoch ...«

Miep nahm die Kiste entgegen. Der Kater reckte ihr neugierig die Nase entgegen. Sein Fell war weich, und die tiefgründigen grünen Augen blickten sie ernst an. Als könnte er spüren, wie es den Menschen ging.

»Ich werde ihn versorgen«, versprach Miep. »Wenn Sie wiederkommen, können Sie ihn hier abholen.«

Die Frau sah ihr mit einem Ausdruck ins Gesicht, der Miep fast doch noch zum Weinen gebracht hätte. Sie streichelte noch einmal Berrys Kopf. Dann nickte sie Miep zu und lief mit gesenktem Kopf die Treppe hinauf.

# 30

*Amsterdam, Herbst 1943*

Miep steckte den Kopf in Kuglers Büro.

»Sie wollten mich sprechen?«

Er nickte und winkte sie herein, während er sich eine Notiz machte. Miep schloss die Tür hinter sich und nahm auf dem angebotenen Stuhl Platz. Zwar hatte sie seit dem Untertauchen von Herrn Frank mehr mit Herrn Kugler zu tun als früher, aber es war doch ungewöhnlich, dass er sie einfach so zu einem persönlichen Gespräch bat.

»Ich wollte die anderen nicht beunruhigen«, sagte Kugler und strich sich nervös über das Oberlippenbärtchen. Er griff in seine Schreibtischschublade und förderte etwas zutage, das er zwischen sich und sie auf den Tisch legte.

»Ein Portemonnaie?«

»Van Maaren hat es vorhin gebracht. Es lag im Mahlraum, neben der großen Waage.« Er presste die Lippen aufeinander. »Es gehört Hermann van Pels.«

Miep fuhr zusammen. »Weiß er …«

»Ich habe behauptet, es sei meines. Aber ich weiß nicht, was der Mann alles herausgenommen hat. Es war kein Geld mehr darin, das hat er vermutlich in die eigene Tasche gesteckt. Ich hoffe nur, dass kein Foto oder irgendetwas anderes darin war, das auf den wirklichen Besitzer schließen lässt.«

Miep musste ein paarmal tief durchatmen. Die Versteckten aus dem Hinterhaus stellten sich ab und zu auf die große Waage im Mahlraum und wogen sich selbst. Vielleicht steckte das Bedürfnis dahinter, wenigstens das eigene Gewicht noch kontrollieren zu können, wenn man in allem von anderen abhängig war, vielleicht war es auch die Sorge, ihre Kinder könnten zu viel Gewicht verlieren.

»Vermutlich hatte er es in der Jacke, und es ist herausgefallen, als er sie ausgezogen hat«, meinte Kugler. »Seien Sie so gut und bringen Sie es ihm nachher mit hinüber, ja?«

Miep steckte das Portemonnaie ein, als sie hinüberging, um die Einkaufsliste zu holen. Dieses Mal lief ihr niemand entgegen. Den Grund dafür erfuhr sie, als sie in die Wohnküche kam.

»Schau her!«, sagte Anne triumphierend und hielt ihr Blatt hoch. »Fehlerlos, sagt Pim!«

Herr Frank saß mit den Kindern am Esstisch im Hinterhaus. Margot hatte sich über ein Buch gebeugt und schien bemüht, nichts von der Unterhaltung mitzubekommen. Die beiden Frauen waren noch beschäftigt, die Einkaufsliste zu schreiben, und Herr van Pels saß im Sessel.

Anne war stolz auf ihr schnelles Köpfchen, und sie wollte, dass andere es mitbekamen. Miep wusste, dass es dem Mädchen zu schaffen machte, dass bei den meisten Leuten Margot als die Hübsche und Kluge galt. Anne brauchte Aufmerksamkeit, und es fiel ihr schwer, mit immer denselben Menschen eingesperrt auf die Bühne verzichten zu müssen. Der häusliche Mathematikunterricht im Hinterhaus war sicher nicht das beliebteste Fach, aber im Moment offenbar gut genug, um etwas Eindruck zu schinden.

»Fehlerlos, alle Achtung!«, sagte Miep anerkennend, denn Anne tat ihr leid.

Aber heute schien das Interesse des Mädchens nicht ihr zu gelten, sondern Peter, der ihr über dem karierten Tischtuch verlegen zugrinste. Also das war der Grund. Anne war vierzehn geworden, Peter ein Jahr älter. Ihr Interesse mochte ein wenig durch die Tatsache befördert sein, dass es keine Alternative gab, aber Miep war nicht überrascht.

»Ich werde als Tischler arbeiten, ich muss das nicht können«, versuchte Peter, sich zu retten.

Aber Anne ließ ihn nicht vom Haken. »Mach doch dein Abitur, du Dussel!«, zog sie ihn auf. »Du wirst doch nicht dein Leben lang Tische zimmern wollen.«

»Dussel sagt man nicht, Anne«, warf ihre Mutter ein, und Anne schnitt eine Grimasse. Dann zupfte sie Peter am Ärmel und verschwand mit ihm in Richtung Dachboden.

»Ich werde auf jeden Fall das Abitur machen und studieren«, meinte Margot und hob die Nase aus ihrem Buch. Aber da hörte schon niemand mehr hin. Die Arme, dachte Miep. Sie gehört nirgendwo dazu. Anne kommt nicht nur mit Peter besser zurecht, sondern auch mit ihrem Vater.

»Anne ist ziemlich vorlaut«, meinte Frau van Pels spitz, während sie ihre Liste vervollständigte.

Miep nutzte den Moment, als alle beschäftigt waren, zog das Portemonnaie heraus und reichte es Herrn van Pels. »Van Maaren hat es gebracht, es lag im Mahlraum.«

Van Pels fuhr zusammen. Unwillkürlich fuhr seine Hand an die Jackentasche, doch natürlich fand sie nichts.

»Seien Sie vorsichtig«, sagte Miep leise.

Die beiden Frauen schienen mit ihrer Liste fertig zu sein, und Frau van Pels reichte sie Miep. »Das ist alles für heute. Und bitte versuchen Sie unbedingt, Chicorée zu bekommen. Es ist das Einzige, was dem Dosenfleisch etwas Pfiff gibt. Ich bekomme einen Herzanfall, wenn ich darauf verzichten muss.«

Den wievielten wohl, dachte Miep grinsend. Dafür, dass Frau van Pels schon des Öfteren mit Herzanfällen, Todessehnsucht und lauter anderen Dingen gedroht hatte, war sie noch immer recht lebendig. Aber jeder hatte eben seine Art, mit der Gefangenschaft umzugehen.

»Ich werde versuchen, Chicorée zu besorgen«, erwiderte Miep. »Aber um ehrlich zu sein, bin ich schon froh, wenn ich etwas Salat oder Spinat bekomme. Obst kostet ein Vermögen und ist halb verfault, Fleisch gibt es fast gar nicht mehr, höchstens auf dem Schwarzmarkt.«

»Der Grünkohl stinkt wie Abwasser«, seufzte Frau van Pels. »Und Sie ahnen gar nicht, was ich für eine Tasse echten Kaffee und ein frisches, duftendes Brötchen geben würde!«

»Wir alle. Na gut, dann gehe ich mal, ehe jemand Verdacht schöpft.« Sie machte sich in Richtung Ausgang auf, und Frau Frank begleitete sie. Das tat sie seit einiger Zeit öfter, und Miep verstand nicht recht, warum. Aber heute öffnete sie die Tür ihres Schlafzimmers, als sie daran vorbeikamen und bat Miep hinein.

Sie setzte sich aufs Bett und deutete auf den Platz neben sich. Sie wirkt müde, dachte Miep. Erschöpft und apathisch.

»Ich wollte Sie allein sprechen«, sagte Frau Frank und blickte auf.

Unter ihren Augen lagen dunkle Schatten, als würde sie schon länger nicht gut schlafen, und ihre Haut war bleich. Seit einem Jahr war sie nicht mehr in der Sonne gewesen, dachte Miep. Kein Wunder, dass sie sich kraftlos fühlte.

Menschen waren wie jedes andere Lebewesen, ohne Licht wurden sie krank.

»Ich weiß, es hat sich alles eingespielt«, fuhr Frau Frank fort. »Aber es fällt mir immer schwerer, noch so zu tun, als glaubte ich, dass alles gut ausgehen könnte.«

»Aber warum sollte es nicht gut ausgehen?«, fragte Miep und bemühte sich um einen optimistischen Tonfall. Das Letzte, was Edith Frank jetzt brauchen konnte, war jemand, der sie in ihrer Melancholie bestätigte. »Sie wurden bisher nicht gefunden, und Sie sind alle vorsichtig. Die meisten Verstecke fliegen auf, weil die Bewohner nachlässig werden. Das ist hier noch nie passiert.«

Frau Frank blickte zu Boden, der dunkle Haarknoten wie immer sorgfältig gewunden, die Kleider adrett und sauber. »Wir dachten alle, es würde um ein paar Monate gehen«, meinte sie endlich. »Und nun kommt der zweite Winter im Hinterhaus. Ich sehe doch, wie schwierig es für Sie ist, uns alle weiter zu versorgen. Wir müssen allmählich anfangen, Wertsachen auf dem Schwarzmarkt zu verkaufen, um Lebensmittel zu bekommen. Ich versuche, die Kinder mit Lebertran und Hefetabletten aufzupäppeln. Alle denken nur daran, was sie tun werden, wenn wir erst wieder draußen sind. Aber wie lange wird das hier drinnen noch gut gehen?«

Miep legte die Hand auf ihre. Sie machte sich selbst oft genug Sorgen, aber das würde Frau Frank nicht helfen. »So lange es sein muss«, sagte sie ernst. »Sie haben ein gutes Versteck, besser als die meisten. Und Sie verstehen sich doch alle.«

Frau Frank seufzte lautlos. Miep hatte schon bemerkt, dass es immer wieder Spannungen gab. Frau van Pels und Herr Frank gingen recht förmlich miteinander um. Herr van Pels war oft nervös und ungeduldig, besonders, wenn es keine Zigaretten mehr gab. Und Herr Dr. Pfeffer schien mit Anne seine Schwierigkeiten zu haben. Immer wieder gab er ihr Anweisungen, die sie mit einem Augenrollen quittierte.

»Frau van Pels mäkelt nur an den Mädchen herum«, meinte sie. »Dr. Pfeffer lässt kein gutes Haar an Anne. Und Anne selbst ... manchmal glaube ich, sie hasst mich.«

Anne warf ihrer Mutter tatsächlich manchmal Blicke zu, die einem Angst machen konnten. Die beiden waren einfach sehr unterschiedlich, aber so heftig die Tochter auch aufbrausen konnte, war das Unwetter meist schnell vorbei. Früher oder später war Anne wieder das witzige, originelle Mädchen, dem man einfach nicht böse sein konnte.

»Sie ist sicher manchmal wütend«, versuchte Miep zu trösten. »Das ist in dem Alter doch nicht ungewöhnlich. Sie hat eben Temperament. Aber sie hasst Sie doch nicht, und auch sonst niemanden.«

Frau Frank blickte sie aus hilflosen, dunklen Augen an.

Miep stand auf. »Ich muss wieder hinüber. Machen Sie sich keine Sorgen, Frau Frank. Es wird schon alles gut ausgehen.«

Als sie sich beim Hinausgehen noch einmal umdrehte, saß Frau Frank noch immer auf dem Bett. In sich zusammengesunken. Hoffnungslos.

Noch auf dem Heimweg musste Miep die ganze Zeit an sie denken. Sie konnte sich gut vorstellen, dass einem die Zuversicht abhandenkommen konnte. Tag für Tag in einem Gefängnis, immer mit der Angst, entdeckt zu werden, und dann die Spannungen, die auch Miep als Außenstehender nicht entgangen waren, selbst wenn sie es Frau Frank gegenüber nicht so deutlich gesagt hatte.

Miep warf einen Blick ins Wasser der Gracht, an der sie gerade vorbeifuhr. Ein Ast trieb langsam unter ihr vorbei.

Irgendetwas hatte sich darin verhakt. Sie bremste, stieg vom Rad und blickte über das steinerne Brückengeländer.

Es war ein Mensch. Ein Mann, der mit dem Gesicht nach unten von der langsamen Strömung weggetragen wurde. Die Kleider waren zerschlissen und alt. Vermutlich wieder ein untergetauchter Jude, dachte Miep. Wenn jemand im Versteck starb, blieb den Beschützern gar keine andere Möglichkeit, als die Leiche in den nächsten Kanal zu werfen. Es war nicht das erste Mal. Ansonsten sah man in Amsterdam keine Juden mehr.

Miep schob ihr Fahrrad weiter und blickte krampfhaft zu Boden. Niemals, dachte sie, niemals soll dieser Anblick der letzte sein, den ich von meinen Freunden habe.

# 31

*Amsterdam, November 1943*

Der Winter kam ein weiteres Mal und brachte Regen und frostige Temperaturen. Wenn die Tage besonders eisig waren, raffte Miep den Kragen ihres viel zu dünnen Mantels und warf sehnsüchtige Blicke auf die Pelzmäntel entgegenkommender Damen. Obwohl es in Holland selten schneite, konnte es eisig kalt werden. Sie erinnerte sich an ihren ersten Abend in Leiden, als sie, ein hungerndes Arbeiterkind, nach Holland gekommen war. Die Kälte im Zug. Der eisige Hauch des Fahrtwinds auf ihrem Gesicht, der Qualm der Lokomotive. Der Frost, der sie bis in die Knochen zu durchdringen schien.

Nun rächte sich, dass sie seit Monaten einseitige Kost zu sich nahmen. Miep hatte das Gefühl, als wären sie alle anfälliger geworden. Zuerst fehlte Johannes Kleiman, der schon wieder Magenblutungen hatte. Dann gab es in Beps Familie einen Fall von Diphtherie, sodass sie vier Wochen lang zu Hause bleiben musste. Und als wäre das noch nicht genug, begann Miep auch noch zu husten.

»Das darf doch nicht wahr sein!«, stöhnte sie heiser. »Wer soll denn jetzt das Hinterhaus versorgen?«

Jan betrachtete das Thermometer. »Achtunddreißig fünf. Du jedenfalls nicht. Wenn du in diesem Zustand hingehst, steckst du nur alle an, und was, wenn jemand einen Arzt braucht?«

Miep hätte gern widersprochen, aber ihr tat alles weh. Ihr Hals schmerzte bei jedem Ton, ihr Kopf brummte, und in all ihren Gliedern zog es, als hätte jemand zentnerschwere Gewichte drangehängt.

»Das ist eine Grippe vom Feinsten«, meinte Jan. »Ab ins Bett. Ich rufe Johannes an.«

Als Miep ein paar Tage später im Schlafrock mit triefender Nase in der Küche stand, um sich einen Tee zu machen, kam Jan in Anzug und Krawatte herein. Als Einziger hielt er der Grippe stand. Bisher zumindest. Er warf einen amüsierten Blick zu ihrem Hausgast Kuno, der ebenfalls mit hochrotem Kopf und im Schlafrock am Tisch saß.

»Kuno ist auch krank«, erklärte Miep. »Bei ihm ist es der Kopf. Stimmt's?«

Kuno stöhnte nur.

»Ich habe nichts mehr gegen Kopfschmerzen«, fuhr Miep fort, »aber ich kann dir einen heißen Waschlappen machen.«

Der Wasserkessel begann zu pfeifen, und sie goss ihren Kräutertee auf. Hinter ihrer Stirn brannte es wie die Hölle, doch der Duft nach Minze und Kamille tat gut und drang sogar durch ihre verstopften Nasenflügel. Sie goss den Rest des heißen Wassers auf einen Lappen und legte ihn auf Kunos Stirn. Dann ließ sie sich schwerfällig mit ihrem Tee an den Küchentisch sinken. Schon von der kurzen Anstrengung war ihr ganz schwindlig geworden, und erleichtert schloss sie die Hände um die warme Tasse.

»Johannes geht es besser«, erzählte Jan. »Er sagt, er kann noch ein paar Tage einspringen. Allerdings muss irgendjemand die Bewohner im Hinterhaus angesteckt haben. Anne hat es nämlich auch erwischt. Sie muss unter der Bettdecke husten, damit sie niemand hört.«

»Die Arme«, sagte Miep mitleidig.

Jan gab ihr einen leichten Kuss – auf die Wange, vorsichtshalber – und nickte Kuno zu, der mit dem Waschlappen auf der Stirn ein Bild des Jammers bot.

Jan griff nach Mantel und Hut. »Ich gehe dann mal ins Büro, solange ich noch auf dem Damm bin. Du wirst die Krankenstation hier schon regeln.«

In diesem Moment gab Kuno ein lautes Gebrüll von sich. Miep sprang auf und legte den Arm um seine Schultern. Der Junge heulte noch einmal auf. Aus beiden Nasenlöchern floss Eiter.

»Du liebe Zeit!«, rief Miep. In ihrer Reichweite war nur das Geschirrtuch, aber sie fühlte sich zu wacklig auf den Beinen, um lange nach einem Taschentuch zu suchen. Sie ließ etwas Wasser darauflaufen und reichte es dem Jungen.

Kuno wischte sich die Nase sauber. Dann blickte er auf und grinste plötzlich. »Die Schmerzen sind weg!«

Es dauerte eine Weile, aber dann ging es Miep allmählich besser. So lange brauchte sie normalerweise nicht, um sich zu erholen, aber bei der schmalen Kost war das nicht überraschend.

Weihnachten nahte, und sie zwackte jeden Tag etwas Mehl und Butter ab und hob sie auf, denn sie wollte zu Weihnachten einen richtigen Kuchen backen. Edith Frank war nicht die Einzige, die unter der Enge im Hinterhaus litt, und ihr war schon vor ihrer Krankheit aufgefallen, dass sich auch die Kinder immer öfter zurückzogen. Anne schrieb auf dem Dachboden in ihr Tagebuch, Margot las, und Peter bastelte irgendetwas. Jeder hatte so seine Art, mit der Enge umzugehen.

Miep plante den Kuchen für den Freitag vor Silvester ein. An diesem Tag wollten sie eine kleine Bescherung machen. Sie ging ihre Rezepte durch und entschied sich für einen Gewürzkuchen. Der würde etwas weihnachtliches Flair verbreiten, außerdem würde sie dafür alle Zutaten bekommen.

Als der weihnachtliche Duft ihre kleine Küche erfüllte, hatte sie zum ersten Mal seit Monaten wieder das Gefühl, dass wirklich alles gut werden würde. Es konnte nicht mehr lange dauern, dann wären die Nazis besiegt. Und wenn endlich der Tag der Freiheit da wäre, würden sie alle den größten Kuchen backen, den die Welt je gesehen hatte!

Miep nahm den Kuchen mit zur Arbeit, um ihn nach Dienstschluss ins Hinterhaus zu bringen. Jan stieß um fünf zu ihr, als es längst dunkel war. Er trug eine Tasche, in der es klirrte.

»Ich habe Bier bekommen!«, sagte er und küsste Miep zur Begrüßung.

»Wo hast du das nur wieder her?«

Jan war ein echter Künstler darin, auf dem Schwarzmarkt Sachen aufzutreiben, die eigentlich nirgends zu bekommen waren.

»Schau her!« Miep hatte keine Zuckerschrift gehabt, dafür hatte sie *Friede 1944* auf ein Blatt Papier getippt und den Zettel auf dem Kuchen befestigt.

Sie holten Bep, Johannes Kleiman und Victor Kugler im Büro ab, dann gingen sie alle hinüber.

»Miep! Komm herein! Ich habe etwas für dich!« Anne kam ihnen wie üblich entgegengelaufen und konnte es kaum erwarten, bis die Gäste oben waren.

Miep blieb überwältigt stehen.

»Das ist wunderschön.«

Sie hatten Kerzen angezündet, die ein warmes Licht verbreiteten. Das Geschirr glänzte, und es duftete schon nach dem Abendessen. Am Boden stand ein Korb mit Schuhen.

»Für jeden gibt es einen Schuh«, sagte Anne atemlos. »Ich habe in jeden ein Gedicht getan. Und das da ist für dich. Habe ich selbst gebacken.«

Sie reichte Miep einen Teller mit Plätzchen.

»Für mich? Das ist ja zauberhaft!« Miep roch an den duftenden Keksen. »Du hast das gebacken? Wie lieb von dir!«

Anne lief rot an und freute sich über das Lob fast genauso wie Miep sich über das Geschenk.

»Ich habe einen Gewürzkuchen für uns alle mitgebracht.« Miep stellte ihn in die Mitte der Tafel. »Darf ich mir meinen Schuh schon ansehen?«

Sie musste lachen, als sie das Gedicht las. Es war ziemlich frech und ein klein wenig anzüglich. In Annes schmalem Körper mussten die Hormone ziemlich verrückt spielen, dachte sie grinsend.

Sie umarmte das Mädchen. »Danke dir! So, und jetzt werde ich kosten, was du gebacken hast.«

»Auf gar keinen Fall! Erst gibt es Essen«, meinte Anne.

Als sie wenig später alle zusammen am Tisch saßen und das Bier geöffnet wurde, sagte Herr Frank beim Anstoßen: »Auf den Frieden 1944!«

# 32

*Amsterdam, Januar 1944*

In den nächsten Wochen deutete allerdings wenig auf
Frieden hin. Miep erwischte eine weitere Grippe, die sie
für einige Zeit ans Bett fesselte. Vermutlich hatte sie die
erste nicht richtig auskuriert, sodass sie der nächste
Windstoß gleich wieder umwarf.

Essen. Für Miep nie eine Selbstverständlichkeit wurde
es jetzt wieder zu einer Frage, die den Alltag beherrschte.
Im Hinterhaus hatte es reichlich Vorräte gegeben. Säcke-
weise hatten sich getrocknete Bohnen, Mehl und andere
haltbare Lebensmittel getürmt. Doch mittlerweile waren
die Berge sichtlich geschrumpft. Frisches Gemüse war
kaum noch zu bekommen, Butter zu ergattern war eine
Herausforderung und selbst Margarine keineswegs eine
Selbstverständlichkeit. Eier und Milch waren fast nur
noch als verarbeitetes Pulver zu haben, von dem man
Bauchschmerzen bekam. Besonders Herr van Pels war immer öfter gereizt, und Miep konnte sich vorstellen, warum. Er war starker Raucher, und Zigaretten gab es nur
noch alle Jubeljahre. Inzwischen war nicht einmal mehr
auf dem Schwarzmarkt alles zu bekommen.

Frau van Pels hatte einen ihrer Pelzmäntel verkaufen
müssen, um Geld für Lebensmittel zu haben. Sie war eine
Ecke größer als Miep, weshalb diese Blut und Wasser ge-

schwitzt und gehofft hatte, man würde ihr abnehmen, dass sie einen Mantel ihrer verstorbenen Mutter verkaufte. Das oft stundenlange Anstehen vor den Läden, um noch etwas halbwegs Essbares zu ergattern – eine zu klein geratene Wurst, welkes Gemüse oder ein Stück altbackenes Brot und etwas Kaffee-Ersatz –, war längst zu einem Teil ihres Alltags geworden. Ihre Beine schmerzten vom langen Stehen, im Winter fror sie im eiskalten Seewind, und im Sommer schwitzte sie in der Sonne. Das Schlimmste aber war dieses leichte, bohrende Hungergefühl, das ihr aus ihrer Kindheit so vertraut war.

In der Rozengracht, nicht weit von der Arbeit, gab es einen neuen Lebensmittelladen. Das Geschäft war ihr in der Mittagspause aufgefallen, als sie mit Jan daran vorbeigegangen war. Es lag im Souterrain eines Eckhauses, und Miep beschloss, sich den Laden einmal anzusehen. In diesen Zeiten musste man für jede Quelle an Lebensmitteln dankbar sein.

Miep stieg die Treppe hinunter. Am unteren Ende war eine kleine Theke zu erahnen. Da der Laden neu war und sich seine Existenz noch nicht herumgesprochen hatte, musste sie nur ein paar Minuten warten, ehe sie eintreten durfte.

»Was darf es sein?« Die Inhaberin war schon ziemlich alt, das konnte ein Vorteil sein. Eine kleine, hagere Frau mit einem strengen Knoten aus langem weißem Haar. Ihre wasserblauen Augen blickten aufmerksam, und sie trug eine kleine Brille. Alte Frauen hatten manchmal mütterliche Gefühle für jüngere, wenn man es geschickt anstellte.

Miep ertappte sich immer öfter bei solchen strategischen Gedanken. Hin und wieder hatte sie ein schlechtes Gewissen, aber dann sagte sie sich, dass das unnötig war. Armut und Hunger brachten das Schlechteste in Menschen zum Vorschein. Es gab Leute, die zu Dieben, Einbrechern, selbst zu Mördern wurden, wenn sie nichts mehr zu essen hatten. Ein bisschen strategisches Planen war da verhältnismäßig harmlos.

Sie reichte der Frau ihre Obst- und Gemüsemarken und sah sich um. Der Laden war klein, aber gut sortiert. Auf der Theke und in den Regalen lagen einigermaßen frisch aussehende Karotten und Kohlköpfe. Sie würde das Geschäft in ihre tägliche Runde aufnehmen.

»Ihr Gemüseladen sieht großartig aus«, sagte sie. »Ich bin Miep Gies und arbeite um die Ecke in der Prinsengracht, in einem Büro. Ihr Geschäft ist mir gleich aufgefallen.«

Das Kompliment schien sie zu freuen. »Danke. Ich bin Frau Dijkstra.«

»Könnten Sie mal sehen, ob Sie das alles dahaben, Frau Dijkstra? Ich kann Ihnen gar nicht sagen, wie froh ich bin, dass es Sie gibt. Es ist so schwer, heutzutage an Lebensmittel zu kommen, besonders, wenn man eine große Familie versorgen und für das Büro kochen muss. Ich laufe mir die Füße wund und komme doch oft abends nach Hause, ohne alles bekommen zu haben.«

Frau Dijkstras Ehrgeiz war geweckt. »Das bekommen wir schon hin, Kindchen. Ich habe auch eine große Familie, wissen Sie. Mein Sohn ist mit seiner Frau und den Kindern eingezogen, sie sind ausgebombt worden. Warten Sie ...« Die alte Frau packte Karotten, Kohl und Spinat in Mieps Tasche und sah wieder auf die Lebensmittelmarken. »Hm, Salat habe ich nicht und Tomaten auch nicht ... aber ich kann Ihnen dafür etwas mehr Karotten geben. Die können Sie auch gut lagern, oder Sie kochen sie ein. Ich habe da ein Rezept, wenn es Sie interessiert?«

»O ja.« Miep strahlte sie an.

Für drei Erwachsene und eine Katze war das nicht viel, dachte Miep, als sie später den Herd anfeuerte, um das Abendessen für sich, Jan, Kuno und Kater Berry zu machen. Stirnrunzelnd betrachtete sie die wenigen Karotten und Kartoffeln und den Kohlkopf, die sie vom Laden mitgebracht hatte. Sie würde nachsehen, ob noch irgendwo etwas Dauerwurst war, damit sie einen Eintopf zaubern konnte.

Es fand sich tatsächlich noch eine Dose ganz hinten im Schrank. Miep seufzte, aber dann öffnete sie sie. Der Duft des Fleisches lockte nicht nur Kater Berry an, sondern auch Kuno. Erwartungsvoll nahm er am Küchentisch Platz, während Berry um ihre Beine strich. Sie alle hatten den Kater lieb gewonnen. Jan konnte gut mit Kindern und Tieren umgehen, und Berry wartete oft am Fenster auf ihn, wenn er heimkam.

Miep blickte auf die Uhr. Fast sechs. Wo steckte eigentlich Jan? Er müsste längst zu Hause sein.

»Gibt's Essen?«, fragte Kuno.

Es war bestimmt nichts Ernstes, versuchte sich Miep zu beruhigen. Er konnte noch einen wichtigen Fall auf den Tisch bekommen haben, oder vielleicht war er mit einem Kollegen ins Gespräch gekommen und hatte nicht auf die Uhr gesehen.

Aber die Sorge blieb.

»Wo ist Jan?«, fragte Kuno – vermutlich weniger aus Interesse an seiner Person als aus Hunger. Offensichtlich wollte er mit dem Essen anfangen.

»Wir warten noch auf ihn. Bestimmt verspätet er sich nur ein wenig. Ich halte das Essen warm.« Miep setzte sich zu Kuno an den Tisch, und sie warteten gemeinsam.

Wenn er verhaftet worden wäre, hätte man sie benachrichtigt, dachte sie. Oder nicht? Je weiter der Zeiger auf der Küchenuhr vorankroch, desto unruhiger wurde Miep. Längst jagten die Nazis nicht mehr nur Juden, sondern auch deren Helfer. Durch die Arbeit im Sozialamt hatte Jan die Möglichkeit, Leute im Untergrund zu unterstützen. Sie wusste nicht, was er genau tat, das war vermutlich auch besser so. Sie spielten beide jeden Tag mit ihrem Leben, das wussten sie. Aber so real hatte es sich noch nie angefühlt.

Die Vorstellung, Jans Namen, sein Alter und seinen Beruf bald in der Zeitung lesen zu müssen, und zwar in der Liste der Hingerichteten, war unerträglich.

»Kann ich anfangen? Ich habe Hunger.«

Am liebsten hätte Miep dem Bengel eine Ohrfeige gegeben. Aber seine Mutter hielt Frau Stoppelman bei sich versteckt, und auch wenn er ihnen manchmal auf die Nerven ging, war er im Grunde ein netter Kerl. Der Junge war in einer Villa aufgewachsen, mit Personal. Dass er sich in einer Arbeiterwohnung nicht ohne Weiteres zurechtfand, war nachvollziehbar.

Sie füllte ihm einen Teller. »Der Rest ist für Jan und mich. Wir haben keinen Strom, deshalb muss ich eben telefonieren gehen, aber ich weiß genau, wie viel Eintopf noch da ist. Wenn ich zurückkomme, und es fehlt etwas, hast du zum letzten Mal mitgegessen!«

Während sie den Mantel anzog, sagte sie sich immer wieder: Es ist nichts. Es kann gar nichts sein. Es darf nicht.

Sie versuchte, die Vorstellung zu verdrängen, was passieren würde, wenn man ihn verhaftete. Es gab keine verlässlichen Nachrichten über die KZs. Die einen sagten, dass dort Menschen umgebracht würden, zu Hunderten an einem Tag, vielleicht mehr. Unsinn, sagten andere, Hirngespinste von Verrückten! Dass es Hinrichtungen gab, bestritt allerdings niemand mehr.

Das Schlimme war, mit ansehen zu müssen, wie leicht beeinflussbar die Menschen waren. Wenn jemand nur eine Uniform trug oder einen Professorentitel hatte, wurde ihm geglaubt, selbst wenn er den größten Unsinn erzählte. Dass es ja wegen der Gesundheit sei, weil die Juden Seuchen verbreiteten. Dass es um die Sicherheit gehe, weil sie ja mit Russen und Kommunisten paktierten. Kein Wunder, dass die Nazis von den Professoren und Studenten verlangt hatten, dass sie ihre Loyalität erklärten. Sie wollten alle, die beim Volk Autorität hatten, auf ihrer Seite wissen, um jede noch so absurde Lüge glaubhaft zu machen.

Während Miep die Treppe hinunterstieg, erwartete sie jeden Moment das Geräusch schwerer Stiefel, Stimmen im Befehlston, die sie anherrschen würden, und dann die Nachricht, dass sie Jan hatten.

Nichts.

Die Panik umklammerte sie wie ein eisernes Band um den Nacken. Mieps Schritte wurden unwillkürlich immer schneller. Als sie die Telefonzelle erreichte, war sie völlig außer Atem. Sie war die letzten Meter richtiggehend gerannt.

Ihre Finger zitterten, als sie nach Kleingeld suchte und mehrere Münzen einwarf. Mehrmals fielen sie ihr hinunter, und sie musste sich hektisch danach bücken und sie erneut einwerfen. Sie wusste nicht, wen sie anrufen sollte, also versuchte sie es bei Jans Bruder.

»Er ist bei dir?«, echote sie eine Sekunde später tonlos. Ihre Hand mit dem Hörer sank herab. Sie schloss die Augen, atmete tief durch. Einen Moment drehte sich alles. Dann hob sie den Hörer wieder ans Ohr.

»Bist du noch dran?«, fragte ihr Schwager. »Ich habe doch heute Geburtstag.«

Stimmt! Und Jan hatte ihr nicht gesagt, dass er noch bei seinem Bruder vorbeischauen wollte.

Sie war so durcheinander, dass sie ganz vergaß, ihm zu gratulieren. »Sag ihm bitte, dass ich auf ihn warte«, flüsterte sie in den Hörer. »Und ... wenn er bei euch etwas zu essen bekommt, gebe ich Kuno seine Portion vom Eintopf, ja?«

# 33

Der Mann lag im Eingang zum Büro, als Miep um kurz vor neun vom Rad stieg. Er schien zu schlafen – vermutlich einer der Obdachlosen, von denen es immer mehr gab. Er hatte sich ganz in eine schäbige Decke gehüllt, sodass man von seinen Kleidern nicht viel sehen konnte. Nur die abgetragene Jacke, die er zusammengerollt unter seinen Kopf gelegt hatte, verriet, dass er nicht erst seit gestern auf der Straße lebte.

Miep hatte schon öfter gesehen, wie solche Leute höflich geweckt wurden. Meistens ging es gut, und sie trollten sich. Aber sie war allein, und es war noch nicht viel los auf den Straßen. Besser, sie riskierte nichts. Vorsichtig stieg sie über den Mann hinweg und ging ins Haus. Für alle Fälle schloss sie hinter sich wieder ab. So viele Menschen wurden durch die Bomben wohnungslos und irrten ziellos durch die Stadt. Sie hatte immer etwas Angst vor ihnen. Wer nichts besaß und auch nichts tauschen konnte, musste sich das, was er zum Überleben brauchte, irgend wo holen. Und wer verzweifelt genug war, wendete auch Gewalt an. Es kam sogar vor, dass sie leer stehende Wohnungen besetzten. Sie konnten nur hoffen, dass niemand auf die Idee kam, sich dafür das Hinterhaus auszusuchen.

Im Büro war es eisig kalt, und Miep rieb schlotternd die klammen Hände aneinander. Trotz der Kälte würde sie nur morgens für eine oder zwei Stunden einheizen. Kohle war inzwischen knapp – was war eigentlich nicht knapp? –, und sie wollte noch ein bisschen davon fürs Hinterhaus abzwacken. Wenigstens wurde es endlich Frühling. Die ersten Knospen an den Bäumen machten ihr Hoffnung, dass es bald auch ohne Kohlen einigermaßen warm sein würde.

Der Morgen verlief ruhig, und sie kam dazu, ein paar Briefe abzuarbeiten. Als sie allerdings ins Bad ging und den Lichtschalter betätigte, stellte sie fest, dass der Strom mal wieder ausgefallen war.

Miep seufzte und ging zurück ins Büro. »Bep, könntest du dich bitte kurz vor die Tür stellen, während ich die Toilette benutze? Ich muss sie offen lassen. Der Strom ist schon wieder ausgefallen, und es gibt kein Licht.«

Bep grinste und erhob sich. »Wir können froh sein, dass wenigstens die Spülung mechanisch funktioniert. Stell dir mal vor, wir könnten bei Stromausfall nicht einmal spülen!«

»Igitt!«

Während Miep auf der Toilette saß, dachte sie über Beps Worte nach. Elektrizität eroberte zunehmend die Welt. Es gab schon wohlhabende Leute, die elektrische Herde besaßen und nicht mehr Kohlen unter den Platten anfeuerten oder Gas als Brennstoff verwendeten. Die konnten bei Stromausfall nicht einmal kochen. Elektrizität mochte fortschrittlich sein, aber sie machte auch abhängig. Gut, dass uns das nicht passieren kann, dachte sie.

Später holte Miep die Einkaufsliste, aber als sie einen Blick darauf warf, seufzte sie.

»Das wird schwierig, Frau van Pels. Rosenkohl ist zurzeit überhaupt nicht zu bekommen. Ich werde es versuchen, aber versprechen kann ich nichts. Immerhin bringt Jan nachher neue Lebensmittelmarken. Und ich habe herausgefunden, dass einer der Vertreter, Herr Visser, auch eine Quelle hat.«

Längst wussten sie, dass diese Marken gefälscht waren. Aber ihre Freunde im Hinterhaus konnten etwas gute Stimmung brauchen. Der lange, kalte Winter hatte seine Spuren hinterlassen. Frau van Pels schien die Liste beinahe allein zu schreiben. Edith Frank wirkte müde und niedergeschlagen, sie redete nicht mehr viel.

Nur Anne, die in der Ecke saß, blickte auf und grinste. Sie hatte ihre neuen roten Schuhe auf dem Schoß liegen und drehte und wendete sie immer wieder, bewundernd, andächtig fast. Tagsüber durfte sie sie nicht tragen, um kein Geräusch zu machen. Aber wie es aussah, würde sie heute Abend wieder nach Herzenslust darin herumstolzieren. Margot war vermutlich auf dem Dachboden, und auch die Männer waren nicht zu sehen.

Als Jan sie wie üblich zur Mittagspause abholte, ging Miep davon aus, dass er neue Lebensmittelmarken mitgebracht hatte, die nachher für freudige Gesichter im Hinterhaus sorgen würden.

»Hast du die neuen Marken?«, begrüßte sie ihn.

»Wir ...« Sie unterbrach sich, denn sie konnte schon an seinem Gesicht sehen, dass etwas passiert war.

»Was ist los?«

Jan zog sie wortlos ins Büro. »Es waren zwei von Omnia bei mir«, erklärte er, kaum dass sie die Tür hinter sich geschlossen hatten.

Mieps Knie wurden weich. Omnia war eine Firma, die für die Liquidierung von jüdischem Eigentum zuständig war. Der Firmensitz war in Deutschland, aber überall fanden sich Nazis, die für sie arbeiteten. Institutionalisierter Diebstahl, dachte sie wütend. Nichts weiter. Dabei taten sie, als wäre es eine Arbeit wie jede andere auch.

Bep und Johannes Kleiman blickten einander an.

»Was wollten sie?«, fragte Bep.

Jan setzte sich auf den angebotenen Stuhl. »Frau Stoppelmans Sohn hat offenbar vor einigen Jahren ihre Wohnung als Firmensitz für sein Textilgeschäft angegeben. Immerhin haben wir damals, als sie ins Versteck ging, dem Hausherren gemeldet, dass sie verschwunden ist. Wir sind jetzt die offiziellen Mieter, aber Omnia scheint trotzdem einen Verdacht zu haben. Sie haben behauptet, mindestens das eine Schlafzimmer sei nicht unseres. Und sie haben mich daran erinnert, dass es strafbar ist, jüdisches Eigentum ohne Genehmigung aufzubewahren. Als ob es irgendwas in diesem Drecksland gäbe, was nicht strafbar ist!«

Miep wurde flau im Magen. »Was ist, wenn sie in die Wohnung kommen und dort herumschnüffeln oder die Nachbarn befragen? Jan, du weißt, was passieren kann! Was, wenn sie dich verschleppen? Gib ihnen die Möbel doch lieber!«

Er zuckte die Achseln. »Wir werden sehen. Ich habe sie erst mal weggeschickt. Wenn sie wiederkommen, kann ich ja immer noch nachgeben.«

Vielleicht lag es daran, dass Mieps Gedanken sich heute auf Jan richteten, dass sie etwas weniger aufmerksam war als sonst. Immer wieder fragte sie sich, ob die Nazis Nachforschungen über ihn anstellen würden. Wenn sie ihn erst im Visier hatten, würden sie vielleicht auch herausfinden, dass er im Widerstand war. Sie wollte sich nicht vorstellen, was dann passieren würde.

Miep hatte immer ein wenig Angst, wenn sie die gefälschten Marken benutzte. Dem Gemüsemann und dem Fleischer vertraute sie, aber bei anderen war sie sich nicht so sicher. Um so wenig Verdacht wie möglich zu erwecken, verteilte sie ihre Einkäufe. Die Gemüsefrau in dem neuen Laden runzelte die Stirn.

»Rosenkohl habe ich nicht, und auch die Karotten sind nicht schön. Ich gebe sie Ihnen, aber der Ehrlichkeit halber muss ich Ihnen sagen, dass sie angefault sind.« Sie las weiter. »Zwei Kilo Linsen. Sie kaufen wieder mal für zwei Wochen ein, stimmt's?«

Mieps Lächeln geriet heute etwas nervös. Als sie der Gemüsefrau die Lebensmittelmarken reichte, brach ihr der Schweiß aus. Was, wenn Frau Dijkstra doch einmal genauer hinsah und irgendeine Kleinigkeit nicht stimmte? Eine schiere Unendlichkeit lang begutachtete die Gemüsefrau die Marken. In Wirklichkeit waren es wohl nur zwei Sekunden, aber Miep kam es vor wie eine Ewigkeit.

»Danke, Frau Gies. Bis zum nächsten Mal dann.«

Der Stein, der Miep vom Herzen fiel, war so groß, dass er einen Bombenkrater gerissen hätte, wäre er real gewesen.

Wie üblich brachte sie ihre Einkäufe nachmittags ins Hinterhaus. Sie hörte sich das Wehklagen von Frau van Pels an, als diese die halb verfaulten Karotten aus der Tasche zog und anklagend gen Himmel reckte.

Mieps Gedanken waren noch immer bei Jan und den Sorgen, die sie sich seinetwegen machte.

Das war ein Fehler.

Normalerweise horchte sie einen Moment hinaus, ehe sie die Tür zum Vorderhaus öffnete. Heute vergaß sie es und trat in den winzigen, halbdunklen Flur, ohne sich vorher zu vergewissern, dass alles ruhig war. Und gerade, als sie das Regal wieder vor die Tür schob, öffnete sich der Zugang zum Lager.

Miep fuhr herum und lehnte sich gegen das Regal. »Herr van Maaren! Sie haben mich aber erschreckt!«

Der neue Lagerverwalter warf ihr unter seiner Schiebermütze einen schmalen Blick zu. Aus irgendeinem Grund schien er sie nicht mehr besonders zu mögen, und die Abneigung beruhte auf Gegenseitigkeit. Miep war der kräftige Bursche mit dem etwas zu rosigen Gesicht nicht geheuer. Hatte er gesehen, dass hinter dem Regal noch eine Tür war? Ahnte er etwas? Mieps Herz raste wie verrückt.

»Wollten Sie etwas?«, rettete sie sich.

Van Maaren warf ihr einen weiteren nachdenklichen Blick zu. Dann erst antwortete er: »Ich wollte zu Ihnen. Ich müsste wissen, wann die Lieferung fertig sein soll, die gestern angewiesen wurde.«

»Natürlich. Kommen Sie mit ins Büro.« Miep griff wahllos ins Regal und nahm einen der Ordner heraus. Es musste so aussehen, als hätte sie einen Grund gehabt, hier zu sein. Den Ordner unter den Arm geklemmt, hastete sie die Stiege hinunter und zu ihrem Schreibtisch. Van Maaren folgte ihr und schien sich zu bemühen, die Beschriftung des Ordners zu entziffern. Miep stellte ihn so auf den Boden, dass van Maaren das Rückenetikette nicht lesen konnte.

Sie blätterte ein paar Zettel durch. »Ja, das ist eilig. Die Bestellung von Herrn Ahlers. Schaffen Sie das heute noch?« Es stimmte nicht, eigentlich hätte morgen gereicht. Ganz besonders für Tonny Ahlers, diesen widerlichen Nazikollaborateur. Aber so würde van Maaren beschäftigt sein und keine Zeit zum Herumschnüffeln haben.

Van Maaren nickte. Mit einem letzten aufmerksamen Blick verließ er das Büro.

Miep ließ sich auf den Stuhl fallen. »Er kam aus dem Lager, gerade als ich das Regal zuschob«, flüsterte sie. »Was, wenn er alles gesehen hat?«

»Es wird schon alles gut gegangen sein«, versicherte

Bep hastig. Aber Miep konnte spüren, dass sie genauso nervös war wie sie selbst.

Mieps Puls beruhigte sich nicht wirklich. »Hoffentlich«, sagte sie.

## 34

Die nächsten Tage saß Miep wie auf Kohlen. Jedes Geräusch erschreckte sie, und jedes Mal, wenn Jan mittags kam, versuchte sie, in seinem Gesicht zu lesen, ob die Männer wiedergekommen waren. Doch es sah so aus, als würden die Diebe im Staatsauftrag von Omnia fürs Erste nicht wiederkommen.

Der Frühling kehrte zurück. Obwohl Mieps Lage nicht annähernd mit der der Juden vergleichbar war, beobachtete sie oft sehnsüchtig die Möwen, wenn sie morgens durch die erwachende Stadt radelte. Sie segelten über die Amstel hinweg, und die glitzernden Wasserflächen spiegelten ihre Leiber. Miep fragte sich, ob die Vögel wohl ahnten, wie kostbar ihre Freiheit war. Ob sie ab und zu hinunterblickten auf die Menschen, ob sie Mitleid spürten mit den armen, gefangenen Kreaturen dort unten. Versklavt, überwacht auf Schritt und Tritt wie Schwerverbrecher. Jede Bewegung, jeder Atemzug, jeder Gedanke geschlossen in einen unsichtbaren, unerbittlichen Schraubstock. Nichts gehörte ihnen wirklich, nicht einmal ihre Seele. Alles war abhängig vom Wohlwollen derer, die sich zu herrschen anmaßten. Dabei zeichneten sich diese Herrscher durch nichts außer ihrer Brutalität und Skrupellosigkeit gegenüber den anderen aus. Und es gab so viele, denen all das nicht einmal mehr auffiel.

An einem Sonntag kurz vor Ostern saß Jan in seinem

Sessel im Schlafzimmer und las, wie meistens um diese Zeit.

»Hast du Kuno gesehen?«, fragte Miep beunruhigt. »Er ist nach dem Mittagessen verschwunden und seither nicht mehr aufgetaucht.«

»Er ist erwachsen, Miep. Was immer er tut, es ist seine Sache.«

»Nicht, dass er in Schwierigkeiten geraten ist. Seit der Geschichte mit Omnia mache ich mir Sorgen, dass sie irgendwann hier aufkreuzen und ihn finden.«

Jan legte sein Buch zur Seite und stand auf, um sie in die Arme zu nehmen. »Mach dir keine Sorgen. Vorgestern habe ich den einen von Omnia in der Straßenbahn getroffen. Er hat mich nicht einmal erkannt. Ich denke nicht, dass da noch etwas kommt.«

Beruhigend war das auch nicht. Die Stunden verrannen, doch Kuno kam nicht. Es war neun Uhr abends, als sie endlich den Schlüssel in der Wohnungstür hörten.

Miep und Jan saßen im Schlafzimmer und blickten sich an. Dann sprangen sie auf und liefen in den Flur.

»Ich wollte endlich mal wieder zum Pferderennen«, gestand Kuno und wirkte so verlegen wie ein Schuljunge, der beim Klauen von Erdbeeren erwischt wird. Er hatte die Schuhe ausgezogen und trug sie in der Hand – offenbar hatte er sich an ihnen vorbeischleichen wollen.

»Dafür bist du aber immer noch spät«, meinte Jan, der hinter Miep aus dem Schlafzimmer trat.

Er kam ihr vor wie ein Vater, der seinen missratenen Sprössling nach einer Sauftour abgefangen hatte. Miep war so erleichtert, dass sie fast gelacht hätte. Kuno wand sich. »Na ja ... ich bin in eine Razzia geraten ...«

»Du bist was?« Jan packte ihn am Ärmel. »Bitte sag mir, dass du nicht unsere Adresse angegeben hast!«

Kuno zog eine klägliche Miene und blickte zur Seite.

»Das darf doch nicht wahr sein!«, fauchte Jan. »Ist dir eigentlich klar, was *untertauchen* bedeutet? Dem nächstbesten Grünen die Adresse deines Verstecks zu geben! Du bringst alle in Gefahr, die dir geholfen haben!«

»Er muss woandershin«, sagte Miep nervös. »Wenn die Grünen anfangen, bei uns herumzuschnüffeln ...«

Kuno begriff durchaus, was er angestellt hatte, und zog für ein paar Wochen zurück zu seiner Mutter nach Hilversum. Miep und Jan brachten ihn zum Zug und versprachen, er könne wiederkommen, wenn auch in den nächsten Wochen niemand seinetwegen oder wegen der Möbel zu ihnen in die Wohnung käme.

Aber auch im Büro hatte Miep das Gefühl, dass sich die Schlinge immer enger zusammenzog und dass sie verdammt war, einfach zuzusehen, ohne irgendetwas tun zu können.

»Miep, würden Sie mal ins Lager gehen und mir Herrn van Maaren holen?« Herr Kugler steckte den Kopf zur Tür herein. »Gleich kommt Herr Hartog, der Mann unserer Putzfrau. Er versteckt sich vor dem Arbeitsdienst und braucht dringend eine Stellung, wo man nicht so genau hinschaut. Wir werden schon ein Plätzchen für ihn finden.«

Da Jan und er offiziell die Firma leiteten, gehörte die Einstellung neuer Mitarbeiter zu seinen Aufgaben.

Miep strich ihren Rock glatt und machte sich auf den Weg. Während sie die Stiege hinaufging, hörte sie ein Geräusch, und als sie auf den Absatz trat, von wo es ins Lager und zum Hinterhaus ging, fuhr sie zusammen.

Van Maaren stand an einem der Fenster. Damit man von dort nicht in den Lichthof und zum Hinterhaus blicken konnte, hatte Herr Kugler die Scheiben blau anstreichen lassen. Van Maaren stand nun an einer dieser Scheiben. Und offenbar hatte er ein Stück der blauen Farbe abgekratzt, um hinausspähen zu können.

»Was machen Sie denn da?« Miep bemühte sich um einen strengen Tonfall, obwohl ihr das Herz bis zum Hals schlug. Machte er das zum ersten Mal? »Warum sind Sie nicht bei der Arbeit?«

Langsam wandte sich van Maaren zu ihr um. »Ich habe gestern Abend, ehe ich ging, einen Stab auf dem Tisch liegen lassen. Heute Morgen war er verschoben. War jemand gestern noch im Lager?«

Mieps Hände wurden feucht, und auf ihre Stirn trat Schweiß. »Woher soll ich das wissen? Womöglich täuschen Sie sich. Wenn Sie das Ding vergessen haben ...«

»Ich habe es nicht vergessen. Ich habe es absichtlich liegen gelassen.« Van Maaren blickte wieder zum Fenster. »Das ist doch das Hinterhaus, irgendwo muss es da eine Verbindungstür geben. So wie unten bei den Büros.«

Mieps Gedanken rasten, und die Panik wurde so stark, dass ihr schwindlig wurde. Stellte er Fallen auf? Das konnte nur bedeuten, dass er einen Verdacht hatte, und zwar einen ganz konkreten. Wollte er sie verraten? Oder gehörte er einfach zu den neugierigen Menschen, die es hassen, wenn man Geheimnisse vor ihnen hat?

»Von Architektur verstehe ich nichts«, erklärte sie und fuhr im Ton einer Gouvernante fort, die einen unbotmäßigen Zögling ermahnt: »Sie haben hier jedenfalls nicht herumzulungern. Herr Kugler verlangt nach Ihnen. Jetzt.«

Sie lieferte ihn persönlich bei Kugler ab, der bereits mit Lammert Hartog, dem neuen Arbeiter, im Gespräch war. Als sie die Tür zu ihrem eigenen Büro hinter sich schloss, atmete sie tief durch.

»Als ich gerade van Maaren holen sollte, weißt du, wo ich ihn gefunden habe?«, fragte sie Bep, die ihr überrascht entgegenblickte. »Am Fenster oben, da, wo es zum Lichthof hinausgeht. Er hat ein bisschen Farbe abgekratzt und hinübergespäht. Und dann hat er zugegeben, dass er Fallen aufstellt, um zu sehen, ob nachts jemand hier ist.«

Bep starrte sie an. »Er weiß Bescheid?«

Miep ließ sich auf ihren Stuhl sinken. »Ich weiß es nicht. Vielleicht stiehlt er auch nur heimlich im Lager und will dabei nicht überrascht werden. Was sollen wir denn jetzt machen?«

»Wir müssen mit Herrn Kugler reden und mit Herrn Frank. Vielleicht können sie noch einmal umziehen?«

»Wohin denn?« Miep schüttelte den Kopf, dann fuhr sie sich mit beiden Händen übers Gesicht. »Wenn dein Vater noch hier arbeiten würde, müssten wir uns keine Sorgen machen.«

Aber Herr Voskuijl lag mit Magenkrebs im Krankenhaus. Es war zum Verrücktwerden!

»Weißt du, ich kann nicht einmal in meiner Familie offen reden«, sagte Bep ernst. »Meine Schwester Nelly ist ein Nazi. Und sie würde die Franks verraten, ohne mit der Wimper zu zucken. Wann hört das alles nur auf?«, flüsterte sie. »Die Nazis zerreißen Familien, und Freundschaften zerbrechen. Ich kann meiner eigenen Schwester nicht mehr vertrauen. Wann hört das auf, Miep?«

Dieses Gespräch beschäftigte Miep noch lange nachdem sie wieder an ihrer Arbeit saß. Sie konnte immerhin mit Jan reden. Ihre Pflegeeltern hatte sie nicht eingeweiht, um sie nicht zu belasten, aber sie wusste, dass sie ihre Entscheidung verstanden hätten. Wie musste es sein, im engsten Kreis der Familie jemanden zu haben, der bereit war, alles, wofür man kämpfte, zu zerstören? Die eine

Schwester riskierte ihr Leben, um Juden zu verstecken, während die andere sie verraten hätte, ohne zu zögern.

Miep ging in die Büroküche und öffnete die kleine Kiste, in der sie die Zuckermarken aufbewahrten. Sie bekamen noch immer welche für die Marmeladenherstellung. Darunter lag wie üblich das kleine Paket von Herrn Visser.

Er legte die gefälschten Lebensmittelmarken immer hierher, wo Miep sie dann abholte. Es war wichtig, mehrere Quellen zu haben, denn jederzeit konnte eine davon auffliegen und ausfallen. Dann wären sie auch alle in Gefahr.

Überall lauerten Feinde, die sie ausliefern konnten. Womöglich hatte van Maaren schon so seine Theorien. Jan konnte über seine Widerstandsgruppe verraten werden. Und da draußen gab es mindestens einen Einbrecher, der ziemlich sicher vom Hinterhaus wusste. Jedes Mal, wenn Miep Besorgungen machte, konnte jemand merken, wie viele Lebensmittel sie einkaufte, und es ausplaudern. Sie hatte Angst. Furchtbare Angst. Früher hätte sie mit Herrn Frank gesprochen, wenn sie Jan nicht belasten wollte. Aber der hätte selbst jemanden gebraucht, der ihn aufmunterte. Bep war verständnisvoll, aber jung und unerfahren, Johannes Kleiman musste auf seine Gesundheit achten, und Kugler trug sowieso schon die ganze Verantwortung für die Firma. Sie war allein.

Langsam ließ sie sich an den Küchentisch sinken. Die Einsamkeit schloss sich um sie wie ein finsterer Nebel, eine alles verschlingende Leere, die ihr den Hals zuschnürte. Schwarze Schatten griffen mit eisigen Fingern nach ihr. All die Monate war es ihr gelungen, dieses Gefühl von sich fernzuhalten, doch ihre Kräfte waren erschöpft. Sie war müde – so grenzenlos müde. Miep legte den Kopf auf die Arme und begann lautlos zu weinen.

# 35

Mieps Stimmung besserte sich nicht, und fast so, als hätte sie eine Vorahnung gehabt, bestätigten sich ihre Befürchtungen. Am Ostermontag rief Johannes Kleiman sie an und berichtete, es habe wieder einen Einbruch gegeben. Er habe eben einen Anruf von Otto Frank aus dem Büro bekommen.

Miep war dankbar, dass Jan sie begleitete. Obwohl er die Firma offiziell leitete und es seine Pflicht war, hatte sie doch das Gefühl, dass er auch sonst mitgekommen wäre. Als sie in der Prinsengracht eintrafen, sah sie sofort, dass es dieses Mal ernst war. Johannes öffnete die Tür zum Lager.

Miep fasste Jans Hand und drückte sie unwillkürlich, als sie eintraten. Das Lager sah furchtbar aus. Gewürzsäcke, Geräte, alles war umgeworfen, ein völliges Chaos. Die große Waage im Mahlraum war verschoben und eine Tür eingeschlagen. Miep ging hinüber ins Hinterhaus, um sich zu überzeugen, dass es ihren Schützlingen gut ging.

Anne lief ihr entgegen und fiel ihr in die Arme. Sie zitterte am ganzen Körper, klammerte sich förmlich an sie. »Die Nachbarn müssen die Polizei gerufen haben«, sagte sie immer wieder. Ihr Gesicht war noch durchscheinender und bleicher als sonst. »Sie waren auch an dem Regal, wo die Tür zum Hinterhaus ist. Was, wenn sie wiederkommen und uns finden? Miep, was sollen wir denn jetzt bloß machen?«

Miep strich ihr über das dichte braune Haar, das heute

ungewöhnlich flüchtig gebürstet war. Seit einer Ewigkeit hatte sie keinen Haarschnitt mehr bekommen, es fiel ihr längst weit über die Schultern hinab.

»Das werden sie nicht«, sagte Miep. »Hat der Dieb euch denn bemerkt?«

Anne klammerte sich so fest an ihren Arm, dass es wehtat. »Ich weiß es nicht. Was, wenn er Verdacht geschöpft hat und der Gestapo einen Tipp gibt? Miep, wir haben alle solche Angst!«

»Bleibt ganz ruhig. Wir kümmern uns um alles. Jan sieht sich gerade die Tür an, die eingeschlagen wurde. Vielleicht kann er sie selbst reparieren, dann müssen wir keinen Handwerker rufen.«

Als sie wieder ins Lager kam, war Jan schon dabei, die Tür zu reparieren. »Ich gehe nachher selbst noch zu ihnen«, sagte er und schob sich mit dem Ärmel das Haar aus der Stirn. »Sie dürfen unter keinen Umständen nach unten gehen, wenn sie Geräusche hören.«

Das nervenaufreibende Spiel von Angst und Hoffnung zerrte die nächsten Tage an Miep und drohte sie zu zerreißen. So sehr sie sich bemühte, ihre Schützlinge nichts spüren zu lassen, die Anspannung war nur schwer zu verheimlichen. Die Alliierten machten endlich Fortschritte, und jeden Tag hoffte sie, endlich die erlösende Nachricht zu hören: dass sie in den Niederlanden oder wenigstens in Frankreich gelandet wären, sodass die Befreiung Amsterdams nur noch eine Frage von Wochen sein konnte – ja, vielleicht nur von Tagen. Bei jedem Flugzeugbrummen hob sie aufmerksam den Kopf, jedes Geräusch auf der Straße ließ sie aufspringen. Als könnten jeden Moment Kolonnen von Militärfahrzeugen durch die Straßen donnern, weil die Alliierten vor den Toren der Stadt standen.

Aber sie kamen nicht.

Die Schlange vor dem Gemüseladen zog sich gute zwanzig Meter die Gracht entlang. Heute dauerte es eine Viertelstunde, bis Miep endlich an der Reihe war. Sie wollte ihre Bestellung aufsagen, als sie bemerkte, dass heute nur die Frau des Gemüsehändlers hinter der Theke stand.

»Ist Ihr Mann krank?«, fragte sie, während die Frau zumindest einen Teil des Gewünschten in Mieps Taschen packte. »Er ist sonst immer da.«

Frau van Hoeve wirkte nervös. Sie blickte über Mieps Schulter zur nächsten Kundin in der Schlange und zögerte. Endlich raunte sie ihr zu: »Sie haben ihn verhaftet.«

Miep starrte sie an.

»Er hat ... er soll zwei Juden versteckt haben. Bitte sprechen Sie nicht darüber. Es würde ihm nur schaden. Passen Sie auf sich auf.«

Wortlos reichte Miep ihr die Hand über die Theke und drückte sie.

Als sie mit ihren Taschen wieder draußen auf der Straße stand, ging sie ein paar Schritte, ehe sie stehen blieb. Ihr Herz schlug wie verrückt.

Wenn Herr van Hoeve Juden versteckt hatte, würden sie ihn ins KZ verschleppen und umbringen. Aber vorher würden sie versuchen, alles aus ihm herauszupressen, was er wusste. Über seine Familie, seine Freunde. Ob sie ebenfalls Juden versteckten. Ob jemand von seinen Kunden ungewöhnlich viel einkaufte.

Es ist bisher immer gut gegangen, sagte sie sich. Es wird nichts passieren. Wir haben schon so viel überstanden.

Aber das hatte Herr van Hoeve vermutlich auch gedacht.


Vorerst sah es nicht danach aus, als hätten die Nazis von ihm irgendetwas über Mieps Einkäufe erfahren. Auch die Männer von Omnia hatten sich nicht mehr gemeldet, und nach Kuno hatte ebenfalls keiner gefragt. Wie ein kleines, ängstliches Vögelchen wagte sich eine leise Hoffnung in ihr Bewusstsein. Sie schrieb an Frau van der Horst, und eine Woche später zog Kuno wieder bei ihnen ein.

Nun war es schon fast zwei Jahre her, dass die Familie Frank untergetaucht war. Die Kastanien blühten erneut, und ihre verschwenderische Pracht säumte die Straßen. Dennoch saß Miep oft stundenlang am Schreibtisch, ohne wirklich zu arbeiten, starrte vor sich hin und überlegte, wo sie Lebensmittel beschaffen konnte.

»Meine Schwester stellt neuerdings so sonderbare Fragen«, schüttete Bep ihr das Herz aus. »Sie kommt mir fast schon vor wie van Maaren. Es ist irgendwie unheimlich.«

»Van Maaren hat gestern wieder Herrn Kugler gefragt, ob er abends noch im Büro war. Er hat wohl wieder eine seiner Fallen gestellt. Mir ist diese Schnüffelei auch unheimlich.« Miep hatte selbst genug Sorgen, aber dann fragte sie: »Was ist denn mit deiner Schwester?«

Bep schüttelte den Kopf. »Vielleicht bilde ich es mir nur ein. Hat Herr Visser eigentlich Lebensmittelmarken nachgeliefert?«

»Ja, aber das nützt nichts, wenn es in den Läden kaum noch etwas zu kaufen gibt«, erwiderte Miep. »Ich muss wohl herausfinden, wie gut seine Kontakte zum Schwarzmarkt sind.«

Anfang Juni war die Stimmung im Hinterhaus manchmal so eisig, dass es Miep schon fröstelte, wenn sie nur kurz hinüberging. Heute Abend hatten sich Margot und Anne offenbar heftiger als sonst gestritten. Jedenfalls ignorierten sie sich gegenseitig und straften einander mit Schweigen. Umso lauter war Frau van Pels, die, wie es schien, wieder einmal mit Selbstentleibung gedroht hatte – Anlass war wohl eine Bemerkung von Herrn Frank gewesen. Als Miep hochkam, um ihnen zu sagen, dass die Arbeiter gegangen seien, waren alle sichtlich erleichtert und beeilten sich, ins Büro zum Radiohören zu kommen. Nur Peter blieb zurück und zupfte Miep am Ärmel.

»Könnten Sie mir für Annes Geburtstag nächste Woche Blumen mitbringen?«

Der Junge wirkte so verlegen, dass Miep sich die Antwort verkniff, wo sie wohl Blumen herbekommen sollte, wo es doch nicht einmal genug zu essen gab. Sie hatte schon länger den Eindruck, dass Anne und er sich gut verstanden und sich etwas zwischen ihnen anbahnte. Anfangs war sie nicht sicher gewesen, ob er sich für Margot oder für Anne interessierte. Peter hatte die Hände in die Taschen gesteckt und blickte zu Boden wie ein Pennäler, der beim Abschreiben erwischt worden war. Miep schmolz dahin.

»Ich werde sehen, was sich machen lässt, Peter. Versprechen kann ich nichts.«

»Danke!« Er strahlte.

Die Tür zum Versteck wurde aufgestoßen, und die beiden fuhren zusammen.

»Wo bleibt ihr denn?«, stieß Jan hervor. »Kommt schnell ins Büro, wir hängen alle am Radio. Die Alliierten sind heute Morgen in der Normandie gelandet!«

# 36

*Amsterdam, Juni 1944*

Die Nachricht von der Landung der Alliierten hatte alle förmlich elektrisiert. Auf einmal machte es beinahe wieder Spaß, im regulären Radio auf den erlaubten Sendern Hitler reden zu hören. Er wurde immer hysterischer, schleuderte mit überschnappender Stimme zusammenhangloses Zeug hinaus. Ein geifernder Desperado, dachte Miep. Und auf eine subtile Art genoss sie es, dass er immer verzweifelter wirkte. Wenn es irgendjemanden auf dieser Welt gab, der Verzweiflung verdient hatte, dann er. Wie lange würde es wohl dauern, bis die Alliierten in die Niederlande vordrangen? Eisenhower verkündete, noch dieses Jahr werde er Hitler besiegen.

»Jetzt ist es bald vorbei!«, rief Anne gedämpft. »Im Herbst gehen wir wieder in die Schule!«

Miep war nicht ganz so optimistisch. Aber sie begann endlich zu hoffen.

Auf ihrer nächsten Einkaufsliste standen nun also auch Blumen. Nicht weit von ihrem früheren Büro befand sich der berühmte Blumenmarkt, der jetzt ziemlich verwaist war. Sie erinnerte sich, wie sie früher hergekommen war, um im Frühjahr die Tulpen zu bewundern. Ein Feuerwerk rotgoldener Pracht, wie ein üppiger Brokatteppich. Der

Blumenmarkt war förmlich übergequollen von Gelb, Weiß, Blau und Rot, ein Strudel aus Farben und Düften. Orange als Nationalfarbe der Niederlande war besonders beliebt gewesen.

Nun ging sie an den Ständen entlang, wo nur einige wenige Stängel in Töpfen vor sich hin dämmerten. Die meisten sahen genauso bemitleidenswert aus wie der Salat im Gemüseladen. Aber dann, an einem kleinen Stand kurz vor der Brücke, fand sie ein paar blasslila Pfingstrosen.

Peter wurde knallrot, als sie ihm die Blumen ins Hinterhaus brachte. Er versteckte sie hinter dem Rücken und schleppte sie schleunigst in sein Kämmerchen unter der Treppe.

Die Wochen vergingen, und die Hoffnung auf ein schnelles Kriegsende wurde wieder enttäuscht. Im Juli brachte Herr Visser etwas in die Küche, das Mieps Herz höherschlagen ließ.

»Erdbeeren?«

»Einen ganzen Korb voll!« Herr Visser stellte seine Errungenschaft stolz auf den Tisch. Der riesige Korb war bis zum Rand gefüllt. Miep lief beim bloßen Hinschauen das Wasser im Mund zusammen. »Die Bauersfrau war so zufrieden mit Opekta, dass sie ihn mir als Geschenk fürs Personal mitgegeben hat.« Er blickte sich kurz um, dann sagte er leiser: »Und wegen der Schwarzmarktsachen machen Sie sich keine Sorgen. Die bekommen wir.«

Gleich nach Dienstschluss lief sie ins Hinterhaus und rief alle zum Marmeladekochen herüber.

»Erdbeeren! Wie lange hatten wir die nicht mehr!« Anne griff sofort in den Korb, um sich eine in den Mund zu stecken.

»Finger weg!« Miep gab ihr einen kleinen Klaps auf die

Hand, aber da hatte auch Peter zugegriffen, und sogar Herr Frank stibitzte sich eine Erdbeere.

»Ich wollte Marmelade kochen, damit alle etwas davon haben!«, schimpfte Miep. »Nicht jetzt schon alles essen!«

Anne sah sie herausfordernd an und schob ihre Hand wieder in die Nähe des Korbs.

»Peter, nein!«, rief Miep, als auch er schon wieder zugreifen wollte, und Anne nutzte den Moment und erbeutete gleich zwei. Ehe Miep sie ihr wegnehmen konnte, schob sie sie auf einmal in den Mund. Bei ihrem schmalen Gesicht sah das so komisch aus, dass Miep lachen musste.

»Also gut, ich gebe auf. Jeder darf einmal hineingreifen, in Ordnung? Aber der Rest ist für Marmelade.« Sie griff ebenfalls in den Korb und steckte sich eine Erdbeere in den Mund.

Das süße Aroma explodierte förmlich in ihrem Mund, ein Geschmack von Sommer und Frieden. Nach den letzten Wochen, in denen es immer nur Halbverfaultes gegeben hatte und fast gar kein frisches Obst, fühlte es sich an, als hätte das Schlaraffenland auf einmal seine Pforten geöffnet.

Es wird alles gut, sagte sie sich, während sie die Augen schloss und dem Geschmack nachspürte. Bald ist dieser Albtraum vorbei.

Es sah alles so hoffnungsvoll aus. Ende Juli versuchte eine Gruppe Wehrmachtsoffiziere um Claus Schenk Graf von Stauffenberg, Hitler umzubringen. Das Attentat misslang, aber dennoch war es ein zartglänzender Streifen am Horizont. Endlich schien sich der Qualm der Bombennächte zu legen und das rötliche Licht eines neuen Morgens freizugeben, das viel zu lange vor ihren Augen verborgen gewesen war.

Vielleicht war es diese Hoffnung, die Miep nach so vielen Monaten wieder beflügelte. Sie nutzte einen ruhigen Nachmittag Ende Juli, um einen spontanen Besuch im Hinterhaus zu machen.

Oben war alles ruhig. Vermutlich waren die Bewohner mit Lesen oder Lernen beschäftigt. Miep zog den Kopf ein, stieg die Stufen hinauf und öffnete die erste Tür zum Zimmer der Eltern Frank.

Am Fenstertisch saß Anne. Draußen stand der Kastanienbaum. Er war längst verblüht, aber sie wusste, wie sehr Anne ihn liebte. Er war das Versprechen einer Freiheit, die jeden Tag vor ihrem Fenster zu sehen war und doch in unerreichbarer Ferne lag.

Anne war über etwas gebeugt, vermutlich ihr Tagebuch. Sie schien völlig darin versunken zu sein.

Miep wollte sich leise wieder zurückziehen, aber ihre Schuhe knirschten auf dem Boden.

Anne zuckte zusammen und fuhr herum. Sie starrte sie an – so düster, wie Miep sie noch nie gesehen hatte. Langsam zogen sich ihre Augenbrauen zusammen.

Frau Frank musste sie gehört haben. Sie kam hinter ihr ins Zimmer und meinte mit einem Blick zum Fenster: »Anne schreibt, das wissen Sie ja.«

Anne starrte Miep noch immer an. Es war, als müsste sie sich erst wieder zurechtfinden in der Wirklichkeit, aus der sie gerade für ein paar Minuten geflohen war. Die Sprache wiederfinden, die hier gesprochen wurde. »Über dich schreibe ich auch!«, sagte sie endlich.

Es klang finster. Verbissen geradezu. Sie hatte zurzeit öfter Stimmungsschwankungen – das Alter eben –, aber das hier war etwas anderes. Miep kam es so vor, als stünde sie einem anderen Menschen gegenüber.

»Na, das kann ja was werden«, brachte Miep hervor. Sie hatte das Gefühl, ohne es zu wollen, in die intimste Sphäre des Mädchens eingedrungen zu sein. Als wäre dieses Tagebuch Annes einzige Chance, ein Stück Kontrolle über ihr eigenes Leben zurückzugewinnen, in dem sie ansonsten völlig vom Wohlwollen und der Verschwiegenheit anderer abhängig war. Hastig verließ Miep das Zimmer, als wäre sie auf der Flucht.

Ein paar Minuten später kam Anne ihr nach in das kleinere Zimmer, das sie sich sonst mit Pfeffer teilen musste. Jetzt war es leer. »Ich soll mich bei dir entschuldigen«, sagte sie. »Hast du einen Moment zum Reden? Es tut mir wirklich leid. Manchmal könnte ich einfach die Wände hochgehen.«

»Schon gut.« Miep lächelte. »Du hattest endlich einen Moment lang ein Zimmer für dich allein, und ich bin hereingeplatzt. Es war keine Absicht.«

»Du riskierst jeden Tag dein Leben für uns«, sagte Anne leise und setzte sich neben Miep auf ihr eigenes Bett. »Ich weiß, was in den KZs passiert. Wenn sie euch erwischen, bringen sie euch genauso um wie uns.«

Miep schüttelte den Kopf. »Das tun wir, weil es selbstverständlich ist. Und wir machen alle das Beste daraus, oder? Euer Vater hat nie gedacht, dass wir alle so lange durchhalten müssen, und doch haben wir es geschafft. Manchmal ist es sogar ganz schön, oder nicht? Die Geburtstagsfeiern zum Beispiel.«

Sie dachte an ihren eigenen fünfunddreißigsten Geburtstag zurück, an dem Frau van Pels ihr einen wunderschönen Ring geschenkt hatte, mit schwarzem Onyx und Brillanten. Auf dem Schwarzmarkt wäre er ein Vermögen wert gewesen, und sie hätte dafür sehr viele Würste und Zigaretten bekommen, aber es war Frau van Pels so wichtig gewesen, Miep etwas zu schenken. Irgendwo in dieser oft geschwätzigen und anstrengenden Frau steckte ein gutes Herz.

»Hoffentlich müsst ihr nicht dafür büßen, dass ihr uns helft«, sagte Anne ernst. »Du sagst, es ist selbstverständlich, aber ich hoffe trotzdem, dass ihr nicht unseretwegen bestraft werdet.«

Miep nahm ihre Hand und sah ihr in die Augen. »Hör mal zu, Anne, was immer auch passiert, es hat nichts mit euch zu tun. Es ist unsere Entscheidung, und wir tragen die Verantwortung dafür, niemand sonst. Wenn du weißt, dass jemand verfolgt wird, und du siehst einfach zu und tust nichts oder findest es gar noch gut – wie kannst du da überhaupt noch jeden Morgen mit Anstand in den Spiegel schauen? Was man mit den einen macht, kann man später mit allen machen. Heute sind es die Juden und Kommunisten. Morgen vielleicht die Frauen, und wer weiß, wer es übermorgen ist. Barbarei ist Barbarei, egal, aus welchem Grund, und egal, gegen wen sie sich richtet.«

»Ich möchte trotz allem glauben, dass Menschen im Grunde gut sind«, sagte Anne. »Einfach deshalb, weil es anders nicht auszuhalten ist.« Sie stand auf und betrachtete den Kastanienbaum vor dem Haus. Die Gardinen waren längst schmutzig, weil sie nicht zum Waschen abgenommen werden durften. »Wenn das alles hier vorbei ist, wäre ich gern Holländerin. So wie du.«

Miep legte den Arm um sie. »Das wirst du dann. Ganz bestimmt.«

Anne sah sie an. »Ich würde so gern hinausgehen und die Kastanien sammeln, wenn sie reif werden«, sagte sie leise. »So wie früher als Kind. Als wir hierherkamen, wusste ich nicht, dass ich sie nun schon das dritte Mal sehen würde, ohne sie holen zu können. Nur eine.«

# 37

Der 4. August versprach eigentlich, schön zu werden. Es war sonnig, und hätten die allgegenwärtigen Militärfahrzeuge und die verhassten Grünen nicht an jeder Straßenecke den Sommer verschandelt, wäre es beinahe friedlich gewesen. Die Nacht war ruhig verlaufen – einmal war Miep nicht von Flugzeugbrummen und Sirenen geweckt worden. Sie radelte über die Brücke und die Gracht entlang, und der leichte Wind streichelte ihr Gesicht und zerzauste kaum spürbar die Wasserwelle im Haar. Sie musste an Anne denken, die seit zwei Jahren den Wind nicht mehr im Haar, die Sonne nicht mehr auf der Haut gespürt hatte.

Der Tag begann wie immer. Die Geräusche der Arbeiter im Lager, die Post, die erledigt werden musste, die Kollegen im Büro. Johannes wirkte heute ein wenig gehetzt, und immer wieder sah er zu ihr hinüber. Wollte er ihr etwas sagen? Normalerweise hatten sie keine Geheimnisse voreinander, aber er schien nicht in Beps Gegenwart sprechen zu wollen. Was immer es war, er würde es schon ausspucken, wenn es wichtig war.

Dieser Blick von Anne kürzlich ging ihr nicht aus dem Kopf. Als wäre der Kastanienbaum Symbol einer Freiheit, die so nah und so unerreichbar zugleich war. Sie fragte sich, ob es falsch gewesen war, ihr Hoffnung zu machen. Aber was hatte sie denn noch – außer dieser Hoffnung?

Miep sah aus dem Bürofenster hinunter auf die Straße, wo die Bäume standen, nur ein paar Meter entfernt. Doch für Anne war es, als lägen Hunderte Kilometer zwischen ihr und einem dieser Bäume.

Für Miep Gies nicht.

Sie wandte sich an Bep. »Ich bin gleich wieder da, ja?«

»Ist irgendwas?«

»Nur eine Kleinigkeit.«

Als sie im Freien stand, suchte sie sich genau den Baum aus, den Anne vom Fenster aus sehen konnte. Sie blickte in die grünen Zweige, ein undurchdringliches Dach aus fächerartigen Blättern. Miep würde noch ein paar Wochen warten und dann ein paar schöne Kastanien für Anne sammeln. Aber vielleicht konnte sie ihr heute Nachmittag schon eine kleine Freude mit den ersten stachligen Hülsen machen.

Miep war nur einen Meter fünfzig groß, und die Früchte hingen viel zu hoch für sie. Aber da war ein Zweig, der etwas tiefer reichte, und dort zeigten sich schon die ersten grünlichen Kugeln. Die Stacheln sahen noch ganz weich aus.

Miep versuchte, eine davon zu greifen. Sie reckte sich, hüpfte schließlich sogar auf ihren hohen Schuhen. Endlich bekam sie den Zweig zu fassen. Sie zog ihn zu sich herab und streifte eine der unreifen Früchte vorsichtig herunter. Im Büro legte sie sie vor sich auf den Schreibtisch. Sie würde sie später mit hinüber ins Hinterhaus nehmen.

Es ging auf Mittag zu – gleich war es an der Zeit, ins Hinterhaus zu gehen und die Einkaufsliste zu holen. Miep merkte es vor allem an dem vertrauten, leichten Hungergefühl, das sie zunehmend nach ihrer Tasche schielen ließ. Dort hatte sie die Brottüten für Jan und sich selbst verstaut. Einkaufen würde sie wie üblich heute Nachmittag, die gefälschten Lebensmittelkarten und Geld lagen schon darin. Sie wechselte einen Blick mit Bep, lächelte.

Sie bemerkten den Mann erst, als die Tür aufflog und ein Revolver auf sie gerichtet wurde.

»Sicherheitsdienst! Sitzen bleiben, verhalten Sie sich ruhig!«

Das Erste, was Miep durch den Kopf schoss, war nicht: *Verdammt!* Sondern: *Ruhig! Immer wollen sie, dass man sich ruhig verhält!*

»Ich glaube, jetzt ist es so weit, Miep«, sagte Johannes tonlos.

Der Mann verschwand, und an seinen Schritten hörten sie, dass er in Kuglers Büro ging. Stimmen drangen gedämpft durch die dünnen Wände.

Bep starrte sie an und begann, am ganzen Körper zu zittern. Das machte Miep erst klar, was es bedeutete. Jan!, dachte sie. Er kommt gleich zum Essen, er wird ihnen direkt in die Arme laufen!

Sie griff in die Tasche. Jans Brottüte, das Geld, die gefälschten Marken. Hastig legte sie alles zusammen und hoffte, dass der Mann nicht ausgerechnet jetzt zurückkommen würde.

Draußen auf der Treppe waren Schritte zu hören.

Miep sprang auf, packte die Sachen und lief hinaus auf den Flur. Es war tatsächlich Jan.

Sie drückte ihm die Tüte, das Geld und die Marken in die Hand und flüsterte: »Dicke Luft! Verschwinde!«

Er begriff sofort, nahm die Sachen und verschwand. Miep hastete zurück ins Büro, wo Kleiman gerade sein Portemonnaie herauszog und Bep Geld gab.

»Gehen Sie in die Drogerie an der Leliegracht, und rufen Sie von dort meine Frau an«, bat er. »Und wenn Sie schon draußen sind, bleiben Sie weg!« Er sah Miep an. »Sie sollten auch lieber verschwinden.«

Miep schüttelte den Kopf und sah zu der Kastanie für Anne. Sie musste sie ihr geben. Sie musste sie bekommen, nur diese eine. »Ich bleibe«, sagte sie leise.

Das Warten dauerte eine Ewigkeit. Immer wieder sahen sie sich an und fragten sich, was der Mann in Kuglers Büro machte. Wusste er, dass hier jemand versteckt war? Oder war es eine Routinekontrolle? Es sah nicht danach aus.

Angst war ein furchtbares Gefühl. Sie machte einen hilflos und langsam. Sie raubte einem die Selbstachtung, verwandelte einen binnen Sekunden in ein Kind. Verbannte einen in einen Kokon aus Watte, der einen von der Wirklichkeit trennte. Von einer zerbrochenen, fragmentierten Welt, deren Scherben in die Seele schnitten.

Aber Miep Gies war kein Kind. Sie dachte an das, was sie zu Anne gesagt hatte: Es war meine Entscheidung. Sonderbarerweise machte dieser Gedanke, dass sie sich ein wenig sicherer fühlte.

Nach einer quälend langen Dreiviertelstunde hörten sie wieder Schritte. Mehrere Männer kamen die Treppe herauf, einer davon sah kurz ins Büro. Auch er trug eine Uniform. Ein straffer Seitenscheitel, tief liegende Augen, leicht abstehende Ohren und dazu ein Mund mit Hamsterbacken, der dem Gesicht einen seltsam weichen Zug verlieh. Manche Arbeiter in Wien hatten ähnliche Gesichter gehabt, dachte Miep unwillkürlich. In seinem Gefolge waren zwei weitere Männer vom Sicherheitsdienst. Der Uniformierte befahl Kleiman, ihn ins Büro von Kugler zu begleiten. Die Türen blieben offen. So konnte Miep hören, wie er ihm befahl, ihnen die Schlüssel zu bringen. Namen fielen: Grootendorst. Gringhuis. Der Anführer hieß Silberbauer oder so ähnlich, und er hatte tatsächlich einen starken deutschen Akzent, der ihr irgendwie bekannt vorkam.

Johannes holte den Schlüssel, und nun wurden die Türen geschlossen, sodass sie nicht mehr verstehen konnte, was gesagt wurde. Nach einer Weile kam der eine Holländer zurück. Wortlos, ohne sie anzusehen, griff er nach dem Telefon und bestellte einen Wagen. Er war klein und dick, trug keine Uniform, sah aus wie ein ganz normaler Bürger. Unfreiwillig komisch wirkte er mit seinem Männlichkeitsgehabe, das so wenig zu seiner kompakten Figur passte. Es sind immer die Waschlappen, fuhr es Miep durch den Kopf, die ihre Männlichkeit mit einer Waffe verlängern müssen. Einen endlosen Moment lang ließ er seine Blicke durch das Zimmer schweifen, dann ging er wieder nach hinten zu Kuglers Büro. Jetzt konnte sie wieder die schneidende Stimme des Deutschen über den Flur hören.

Miep atmete tief durch. Sie fühlte sich jetzt stärker.

Der uniformierte Deutsche kam zurück, musterte sie und meinte: »Jetzt sind Sie dran!«

Mit einem Mal war Miep ganz ruhig. Sie stand auf und sagte auf Deutsch: »Sie sind doch Wiener, oder nicht? Ihr Akzent ... ich habe ihn sofort erkannt. Ich bin auch aus Wien.«

Die Selbstsicherheit des Uniformierten verflog mit einem Schlag. Vorhin hatte er älter gewirkt, aber eigentlich konnte er kaum über dreißig sein. Vielleicht war er sogar etwas jünger als Miep selbst. Vollkommen aus dem Konzept gebracht, starrte er sie an. Auf einmal wirkte er lächerlich, ein Junge, gerade erst aus dem Flegelalter heraus, der eine Autorität vorspielte, die er nicht hatte. Ohne diese Uniform hätte ihn niemand ernst genommen.

Es dauerte einen Moment, bis er wieder zu seinem Nazitonfall zurückfand. »Ihre Papiere!«

Wie eine Rolle in einem Theaterstück, dachte Miep. Eine zweite Persönlichkeit. Wer diesen Burschen nur privat kannte, würde ihn vielleicht sogar als verlegenes Würstchen einstufen. Die Uniform machte ihn zu einem Tyrannen, gab ihm das Gefühl einer Überlegenheit, die nicht aus ihm heraus kam, sondern aus der kriecherischen Unterwürfigkeit gegenüber seinem Herrchen.

Sie zog ihren Ausweis heraus und zeigte ihn vor. »Hier, sehen Sie? Geburtsort: Wien.«

Er wandte sich an den einen Holländer. »Haben Sie drüben im Büro nichts zu tun?«

Der Holländer verschwand und schloss hinter sich die Tür. Dann knallte der Uniformierte ihren Ausweis auf den Schreibtisch und schrie sie unvermittelt auf Deutsch an: »Ja, schämen Sie sich denn gar nicht, diesem Judenpack zu helfen? Sie sind eine Verräterin! Ich werde persönlich dafür sorgen, dass Sie schwer bestraft werden, darauf können Sie sich verlassen!«

Miep schwieg. Die Angst war noch da, aber sie akzeptierte sie. Es war meine Entscheidung, dachte sie. Und sie blieb einfach nur stehen und wartete.

»Sie sind eine Schande für Ihr Land!«, krakeelte er weiter. »Juden zu helfen ist das Allerletzte! Wegen Leuten wie Ihnen dauert der Krieg so lang! Wegen Leuten wie Ihnen müssen gute Männer sterben! Wegen Leuten wie Ihnen! Wegen ...« Er schnaubte wütend und lief hektisch auf und ab. »Wenn Leute wie Sie nicht wären, dann wäre der Krieg längst gewonnen!«, schrie er sie dann wieder an. »Und wieso kommen Sie überhaupt aus Wien? Wieso sagen Sie mir, dass Sie aus Wien kommen? Glauben Sie ernsthaft, dass mich das interessiert?«

Miep antwortete nicht. Sie blieb einfach stehen und wartete.

»Eine Wienerin, die Juden hilft!«, brüllte er wieder. Da er sich so in ihre Herkunft verbiss, interessierte es ihn wohl doch. Miep beobachtete die Szene, als ginge sie sie gar nichts an. Sie stand neben sich und war doch mehr bei sich als vorhin.

Silberbauer lief erneut wie ein Tiger im Käfig auf und ab. Irgendwann blieb er am Fenster stehen. Starrte hinaus und fragte: »Was soll ich denn jetzt mit Ihnen machen?« Seine Stimme mit dem starken Dialekt klang auf einmal ziemlich kläglich.

Miep wartete.

»Also, hören S'«, meinte er endlich und fiel dabei noch stärker in den heimischen Dialekt. »Weil Sie eine sympathische Person sind ... Sie müssen nicht mitfahren.«

Mieps Herz machte einen Satz. Sie wurde nicht verhaftet?

Er starrte sie an. »Sie bleiben hier in der Stadt. Das ist ein Befehl, verstanden? Ich komme morgen wieder und kontrolliere, ob Sie da sind. Wenn Sie türmen oder untertauchen, lasse ich Ihren Mann abholen!«

»Er weiß von nichts!«, warf Miep hastig ein.

»Reden Sie keinen Schmarrn! Natürlich hängt der mit drin.« Er kam noch einmal ganz dicht heran und drohte: »Eine falsche Bewegung, und ich verhafte Sie beide!«

Die Tür schlug hinter ihm zu. Miep sank auf ihren Stuhl.

Das war alles ein böser Traum.

Stundenlang saß sie dort, starrte vor sich hin. Irgendwann, wie spät mochte es sein, halb zwei?, hörte sie Schritte auf dem Flur. Schritte von vielen Menschen. Die

Schritte ihrer Freunde. Sie wollte aufstehen, wollte sie sehen. Aber es gelang ihr nicht.

Irgendwann, es musste die Zeit sein, wenn gewöhnlich Dienstschluss war, kam Bep zurück und brachte Jan mit. Als er Miep noch im Büro sitzen sah, lief er auf sie zu und umarmte sie. Miep hielt ihn fest an sich gedrückt. Es tat so gut, ihn zu spüren, seinen Atem, seine Wärme. Erst jetzt begriff sie, dass sie dem KZ um Haaresbreite entgangen war. Hinter ihnen hörte sie weitere Schritte. Miep zuckte zusammen, und Jan hielt sie fester. Es waren die Arbeiter.

»Es ... tut uns leid, was passiert ist«, sagte einer von ihnen, und die anderen nickten.

Jetzt, da alles vorbei war, zitterte Miep am ganzen Leib. Es dauerte Minuten, bis sie endlich aufstehen konnte.

Jan schickte die Arbeiter nach Hause, nur van Maaren bat er zu bleiben. Miep griff nach Jans Hand. Dann gingen sie alle zusammen hinüber.

Das Hinterhaus wirkte seltsam geschändet. Umgeworfene Stühle, die Schubladen geöffnet, der Inhalt herausgezerrt und auf dem Boden. Schulsachen, Kontobücher, Kleider. Annes Tagebuch lag im Elternschlafzimmer, lose Blätter waren über den ganzen Boden verteilt. Längst hatte das schmale Büchlein nicht mehr gereicht. Gemeinsam mit Bep sammelte Miep die Seiten auf und steckte das Bändchen ein. Jan packte die Leihbücher aus der Bibliothek zusammen.

»Wir müssen uns beeilen«, sagte er. »Nur die persönlichsten Dinge, ja? Sonst verhaften sie uns noch wegen illegalen Besitzes von jüdischem Eigentum.«

Van Maaren stand verlegen in der Tür. Bep wirkte noch immer furchtbar verängstigt. Miep spürte einen Stich, als sie Annes rote Schuhe unter dem Bett sah. Sie war so stolz gewesen. Im Waschraum hing noch ihr Frisierumhang, der beigefarbene mit den bunten Rosen. Sie nahm ihn vom Haken, warum, wusste sie selbst nicht.

Eigentlich hatte der Tag doch schön zu werden versprochen.

Wie in Trance brachten sie alles ins Büro und packten es in eine Schublade.

Miep legte die Kastanie dazu.

Wenn Anne zurückkam, würde sie sich freuen.

# 38

Irgendwie funktionierte Miep. Sie schaffte es, am nächsten Tag ins Büro zu kommen. Die dienstälteste Mitarbeiterin war nun sie, das bedeutete, dass sie die Entscheidungsbefugnis hatte. Allerdings hatte sie keine Ahnung, wie es nun weitergehen sollte. Kugler und Johannes Kleiman waren verhaftet. Wer Juden half, wurde mit dem Tode bestraft. Ihre Freunde waren deportiert worden, niemand wusste, wohin. Und Miep war sich nicht sicher, ob die Gestapo nicht wiederkommen würde. Ob sie nicht auch sie holen würden.

Doch es machte ihr kaum noch etwas aus. Sie war wie taub.

Gestern, nach dem Abendessen, bei dem sie stumm versucht hatten, Kunos fröhliches Schwatzen zu ignorieren, hatte Jan ihr erzählt, was passiert war: Nachdem sie ihm die gefälschten Marken und die Tüte gegeben hatte, hatte er alles in seinem Büro versteckt. Danach hatte er die Uhrenfabrik aufgesucht, wo Johannes Kleimans Bruder arbeitete. Von der gegenüberliegenden Straßenseite aus hatten sie alles beobachtet: Sie hatten eine grüne Minna vorfahren sehen, und dann war die Tür zu den Büros aufgegangen. Ihre Freunde, bleich und verstört, waren gezwungen worden, in den Wagen zu steigen. Auch Kugler und Kleiman waren bei ihnen, und einige bange Stunden lang war sich Jan nicht sicher gewesen, ob sie nicht auch Miep mitgenommen hatten.

Die Handelsvertreter hatten inzwischen offenbar schon alles erfahren – von wem auch immer.

»Das ist so furchtbar«, sagte Herr Gerritsen. Miep wusste, dass er NSB-Mitglied war, aber wenn Herr Frank recht gehabt hatte, nicht aus Überzeugung. »Wir alle mochten die Franks. Kann man sie vielleicht irgendwie freikaufen? Ich würde für sie sammeln. Jeder würde etwas geben.«

Dieser Gedanke weckte in ihr einen kleinen Hoffnungsschimmer. »Wir könnten es versuchen.«

Silberbauer hegte aus irgendwelchen Gründen so etwas wie Sympathie für sie. Vielleicht ließ er sich von ihr bestechen.

»Wissen die Familien denn schon Bescheid?«, fragte Gerritsen.

»Herr Kleimans Bruder hat es ja gestern mitbekommen. Und mein Mann wollte heute einen Besuch bei Fräulein Kaletta abstatten. Ist Herr Visser gar nicht gekommen?«

Gerritsen hatte schon nach seinem Koffer gegriffen, jetzt setzte er ihn wieder ab. »Das haben Sie noch nicht gehört? Herr Visser ist vor ein paar Tagen wegen Schwarzmarkthandel verhaftet worden.«

Miep starrte ihn an. Von ihm hatte sie Marken und ab und zu Lebensmittel vom Schwarzmarkt bekommen. Nahm das alles gar kein Ende?

Nachdem sich die Vertreter verabschiedet hatten, war Miep mit dem Telefonhörer allein. Aufdringlich rückte er in ihr Blickfeld, zog ihre Augen immer wieder auf sich, wenn sie versuchte, wegzusehen. Sollte sie tatsächlich im Gestapo-Hauptquartier anrufen, nachdem sie am Tag zuvor um ein Haar verhaftet worden wäre? Der bloße Gedanke, dort hinzugehen, machte ihr Angst. Nicht jeder, der durch die Tür hineinging, kam auch wieder heraus. Ihre Hände zitterten.

Doch dann dachte sie an den Kastanienbaum, dessen Früchte Anne so gern noch einmal gesammelt hätte. An das Tagebuch, das in ihrer Schublade lag und auf sie wartete. An Margot, die endlich Tanzunterricht nehmen wollte. An Peter, der mit diesem ungeschickten Lächeln den Blumenstrauß entgegengenommen hatte.

Miep griff zum Telefonhörer. Sie musste es gleich tun, bevor sie anfangen konnte, darüber nachzudenken. Es gab keinen Mann, keinen Staat, keine höhere Macht, die es für sie tun konnten. Wenn sie nicht handelte, würde es niemand tun.

»Das Gestapo-Hauptquartier, bitte.«

Sie wartete, bis die Verbindung hergestellt war. »Herr Silberbauer bitte. SS-Oberscharführer, glaube ich.« Sie versuchte sich zu erinnern, was die Männer in Kuglers Büro gesagt hatten: »Abteilung B vier.« Wieder wartete sie.

Dann meldete sich die wohlbekannte Stimme.

»Hier ist Miep Gies«, sagte sie auf Deutsch. »Sie erinnern sich vielleicht. Wir haben uns gestern kennengelernt.«

Ein paar Sekunden Schweigen. Dann fragte er: »Was wollen Sie?«

»Ich hätte gern einen Termin. Die Angelegenheit ist von größter Wichtigkeit.«

Er schien zu überlegen, aber er wies sie nicht direkt ab. Ahnte er, was sie vorhatte? Endlich erwiderte er: »Also meinetwegen. Kommen Sie Montag um neun ins Hauptquartier.«

Am Montag um kurz vor neun stand Miep vor dem Gestapo-Hauptquartier in der Euterpestraat. Die Straße war breit, was ihr ein Gefühl von Verlorenheit gab. Das lang gestreckte, deprimierende Backsteingebäude mit den weiß abgesetzten, vergitterten Fenstern wirkte schon von außen Angst einflößend. Polizeiwagen und Militärfahrzeuge parkten vor der von Uniformierten bewachten Tür. Überall wehten Fahnen mit Hakenkreuzen und, schlimmer noch, die schwarzen Flaggen mit dem Schriftzug »SS«. Wie der Mast eines unheimlichen Schiffs erhob sich der schmucklose, nüchterne Uhrenturm dahinter.

Silberbauer konnte sie auch jetzt noch verhaften, dachte Miep. Schon für das, was sie bisher getan hatte, und wie viel mehr für den Versuch, einen Gestapo-Mann zu bestechen. Er hatte sie laufen lasssen, weil er sie mochte und sie aus derselben Stadt stammten. Aber er handelte aus Überzeugung, daran konnte es keinen Zweifel geben. Sie hatte nicht vergessen, wie er sie angeschrien hatte, wie sie nur dem »Judenpack« helfen könne.

Miep atmete tief durch und dachte an ihre Freunde.

Als sie den Namen des SS-Oberscharführers nannte, brachte man sie in eines der modernen Großraumbüros. Miep blieb vor Silberbauers Schreibtisch stehen. Der Mann blieb sitzen, und bei ihrer geringen Körpergröße war sie fast auf einer Höhe mit seinem straff gezogenen Seitenscheitel. Nervös sah sie sich nach allen Seiten um. Überall telefonierte jemand, klapperten Schreibmaschinen, kratzten Füllfederhalter. Sie hatte damit gerechnet, unter vier Augen mit ihm sprechen zu können. Dass Silberbauer sich ein Büro mit anderen teilte, brachte sie aus dem Konzept. Wie sollte sie ihm vor allen Leuten ein Bestechungsangebot unterbreiten?

Silberbauer blickte auf. »Ja?«

Er bemühte sich, schroff zu klingen, aber die Art, wie er sie ansah, verriet, dass er sie mochte. Soweit dieser Nazi überhaupt dazu imstande war, irgendjemanden zu mögen.

Miep machte stumm eine Geste, als ob sie Geld in der Hand zählte.

»Hm.« Jetzt war es an ihm, sich umzusehen. »Heut kann ich nichts für Sie tun, Frau Gies«, sagte er dann. »Kommen Sie morgen um neun wieder.«

Als sie sich beim Gehen noch einmal umsah, fiel ihr auf, wie er ihr nachblickte.

Am nächsten Morgen war er tatsächlich allein. »Meine Kollegen sind gerade in einer Besprechung«, erklärte er.

»Was wollen Sie für die Freilassung der Familien?«, fragte Miep ohne große Umschweife.

»Im Prinzip hätten wir darüber reden können, aber es gibt einen neuen Befehl. Mir sind die Hände gebunden.«

Miep musterte ihn. »Das glaube ich Ihnen nicht.«

Silberbauer wirkte auf einmal verlegen wie ein Schuljunge, der von seiner Lehrerin gemaßregelt wurde. Sobald man diese Nazis an einem wunden Punkt erwischte, war es vorbei mit ihrer Überlegenheit. Dann vergaßen sie, dass sie in einer Uniform steckten, und wurden wieder zu den erbärmlichen kleinen Versagern, die sie in Wirklichkeit waren.

»Mein Chef ist oben«, erklärte er. »Gehen Sie rauf, wenn Sie mir nicht glauben. Das Büro genau ein Stockwerk höher, direkt über dem hier.«

Er schien nicht damit gerechnet zu haben, dass sie die Herausforderung annahm. Miep nickte und verließ den Raum.

Auf der Treppe fragte sie sich, wie wahnsinnig sie eigentlich war. Die Holzstufen knarrten unter ihren hohen Schuhen, der Geruch nach Bohnerwachs hing in der Luft.

Einen Gestapomann so von oben herab zu behandeln konnte schon ausreichen, um sie doch noch nach Amersfoort zu schicken.

In dem Büro, das er ihr genannt hatte, erwartete sie eine Überraschung. Als sie anklopfte und die Tür öffnete, ohne auf eine Aufforderung zu warten, fiel ihr Blick auf mehrere SS-Männer, die um ein Radio saßen. Und es lief BBC!

Miep versuchte, die peinliche Situation zu überspielen. »Verzeihung ... wer hat hier das Kommando?«, fragte sie auf Holländisch. Hoffentlich gingen sie davon aus, dass sie nicht begriffen hatte, welchen Sender sie da hörten. Ihr Blick blieb an der schwarzen SS-Flagge in der Ecke hängen.

Einer stand auf. In ihren Uniformen sahen sie alle gleich aus, aber vielleicht kam es Miep auch nur so vor in der Panik, die sie überfallen hatte. »Raus!«, rief der Gestapomann.

Erst als sie wieder auf der Straße stand, wurde ihr richtig klar, was alles hätte passieren können. Widerstreitende Gefühle zerrten an ihr, aber das war nicht wichtig. Nichts war wichtig außer der Frage: Was werden sie jetzt mit ihnen machen? Sie musste einen Weg finden, sie zurückzuholen. So konnte diese Geschichte nicht enden. Nicht hier. Nicht so. Es musste einen Weg geben.

Irgendwie.

# 39

*Amsterdam, Juni 1945*

Strahlender Sonnenschein vergoldete die abendliche Hunzestraat. Endloser als der Ozean wölbte sich der Himmel über der Stadt. Es war ein tiefes, seidiges Blau, ab und zu durchbrochen von einem silberweißen Streifen. So durchscheinend, als hätte ein Maler die filigranen Schichten von Muranoglas einzufangen versucht. Das weiche Licht fiel auf die Sträucher am Straßenrand, die in voller Blüte standen und ihren üppigen Duft verbreiteten. Das allgegenwärtige Brummen der Flugzeuge, das Heulen der Sirenen war verstummt. Zum ersten Mal seit Jahren wieder hörte man um diese Zeit noch das Lachen von Kindern. Der Sommer zeigte sich von seiner schönsten Seite. Als wäre das letzte Jahr nicht das schlimmste ihres Lebens gewesen.

Kater Berry strich um Mieps Beine, als sie in der Küche das Abendessen vorbereitete. Endlich gab es wieder eines, das den Namen verdiente. Für die Tiere war das letzte Jahr besser verlaufen als für die Menschen. Peters Katze Mouschi war zwei Tage nach dem Polizeieinsatz wieder aufgetaucht. Sie musste sich versteckt haben und hatte sich erst hinausgewagt, als die Grünen längst weg waren.

Inzwischen hatten sie im Büro mehrere Katzen, hin und wieder machte sich eine davon auf Mieps Schreibtisch breit, in dessen Schublade Annes Tagebuch noch immer darauf wartete, seiner Besitzerin zurückgegeben zu werden. Van Maaren hatte die restlichen losen Papiere mit Tagebuchaufzeichnungen aus dem Hinterhaus geholt, weil Silberbauer immer wieder aufgetaucht war und herumgeschnüffelt hatte.

Mieps erster Gedanke war gewesen, dass der Lagerverwalter ihre Freunde verraten hatte. Nach und nach hatte sie erfahren, dass es einen Hinweis gegeben hatte, und es war offenbar ein Kopfgeld gezahlt worden. Doch dann hatte sie im Frühjahr gehört, dass van Maaren selbst jemanden versteckt hatte. Er war ihr zwar noch immer unsympathisch, aber für einen Verräter hielt sie ihn nicht mehr. Es kamen ja so viele infrage: Beps Schwester Nelly. Tonny Ahlers, der Gewürzhändler, der große Sympathien für die Nazis hatte. Ein Lagerarbeiter, womöglich Herr Hartog. Die Einbrecher. Jemand, der zufällig gesehen hatte, wie sich eine Gardine bewegte. Oder die Nazis hatten es aus Herrn Visser herausgeprügelt.

Während Miep Zwiebeln schnitt, schweiften ihre Gedanken ab. Johannes Kleiman hatte ein geradezu irrsinniges Glück gehabt. Man hatte ihn schon im Herbst nach seiner Verhaftung wieder aus Amersfoort entlassen. Obendrein hatte das schlechte Lageressen seine Magenblutungen kuriert, zumindest behauptete er das. Kugler war während eines Luftangriffs draußen bei der Zwangsarbeit gewesen und hatte die Gelegenheit genutzt: Er war geflohen und hatte sich bis zum Kriegsende zu Hause bei seiner Frau versteckt.

Mieps eigener Winter war der härteste ihres Lebens gewesen, geprägt von Hunger, Kälte und Dunkelheit, weil ständig Stromausfall war. Die Bäume an den Grachten waren nach und nach in den Öfen der frierenden Anwohner gelandet. Auch Vögel hatte man kaum noch gesehen –

wer konnte, fing sie ein, um sie zu braten. Die Nazis hatten alle Lebensmittel nach Deutschland abgezogen, zur Strafe für den Bahnstreik ließen sie die Holländer hungern und frieren.

Stundenlang hatte Miep für ein paar Lebensmittel durch die Stadt rennen müssen, und trotz regelmäßiger Hamsterfahrten aufs Land hatten sie nie genug zu essen gehabt. Handkarren, Fahrräder, Kinderwagen – alles, was Räder hatte, diente als Transportmittel. Miep wagte nicht mehr, mit dem Rad in die Arbeit zu fahren, es wäre nur gestohlen worden. Zu Fuß hatte sie eine ganze Stunde gebraucht. Auf den Straßen wirkten alle immer abgerissener. Männer sah man fast gar nicht mehr – Hitler faselte von Wunderwaffen und zog halbe Kinder zum Kriegsdienst ein. Züge fuhren nicht mehr, und der Müll türmte sich am Straßenrand. Alles roch muffig, weil niemand mehr heizen konnte, und aus Mangel an Seife bekamen immer mehr Leute die Krätze. Längst ging es nur noch ums Überleben: Geschwächt von Hunger und Elend, starben die Menschen selbst an Erkältungen. Typhus und Diphtherie breiteten sich aus. Jan war es gelungen, an zwei Flaschen Milch täglich zu kommen, indem er einem Bauern von seinem angeblich kranken Vater erzählte. Immer wieder rückte die Hoffnung auf Frieden in weite Ferne, wenn sie schon zum Greifen nahe schien. Irgendwann verlor Miep beinahe den Glauben. So oft musste sie an den Gefangenenchor denken. Diese Musik wie ein Weinen an einem langsam dahinströmenden Fluss. Wie die Sehnsucht nach einem Funken in der Nacht, danach, dass die Hoffnung wieder ihr goldenes Harfenlied sang. Würden sie je wieder frei und in Frieden leben?

Es war der 4. Mai gewesen, als Jan nach der Arbeit die

Treppen hinauf- und in die Wohnung hineinstürmte. »Hast du es schon gehört? Der Krieg ist vorbei!«

Miep hatte ihn einen Moment lang einfach nur verständnislos angesehen. Vorbei? Sie begriff nicht. All die Jahre hatte sie von diesem Moment geträumt – jeden Tag, seit Holland kapituliert und sie ihre Freiheit verloren hatten. Und nun kam es ihr so vor, als hätte sie in diesen Jahren die Bedeutung des Wortes *Frieden* vergessen. Als wäre eine Welt ohne Krieg unwirklich geworden. Unmöglich.

Um acht Uhr hatten sie Gewissheit. Niemand fragte mehr, ob die Sperrstunde noch galt, ob eine Kapitulation unterzeichnet worden war. Alles drängte hinaus, und sie ließen sich mittreiben.

Überwältigt blickte Miep sich um. Die Straße war voller Menschen, die lachten und tanzten und sich in die Arme fielen. Manche machten kleine Freudenfeuer aus Papier oder sogar alten Kleidern – alles, was noch an Brennbarem da war. Miep ließ sich mittragen, und die Welt verschwamm zu einem wirren Durcheinander von Farben, die sich um sie herum zu drehen schienen, schneller und schneller. Sie umarmte Jan, spürte ihn in ihren Armen und atmete tief die kühle Meeresbrise ein.

Frei.

Es war eine kaum sichtbare Veränderung, und doch war sie alles. Der Atem ging ein wenig tiefer, der Rücken war ein wenig aufrechter. Die Wirklichkeit ein wenig realer. Als die Nazis ihnen die Freiheit genommen hatten, hatten sie ihnen ihre Seele geraubt. Wie Vampire, die sich vom Leben anderer ernährten, hatten sie das Innerste aus ihnen herausgesogen: Intimität. Schöpferische Kraft. Die toten Augen waren überall gewesen, und Miep hatte ständig das Gefühl gehabt, überwacht zu werden. Aber jetzt würde sie nicht mehr wachsam über die Schulter blicken müssen. Sie würde niemandem mehr ihren Ausweis zeigen und ihr »Ariertum« beweisen müssen, wenn sie auf einer Parkbank saß oder ein Café besuchen wollte. Sie konnte diese tausend kleinen verbotenen Dinge tun, die das Leben ausmachten. Sie konnte wieder glücklich sein.

Für immer würde sie die salzige Meeresluft und den beißenden Qualm der unzähligen Feuer mit Freiheit verbinden. Die letzten Kastanien, die noch standen, blühten, und ihre verschwenderische rosa und weiße Pracht vor dem taghellen, golden überhauchten Abendhimmel war die Kulisse, vor der die Rauchsäulen emporstiegen, Leuchtfeuer der Freiheit. Sie verschmolzen mit den kleinen Schönwetterwolken am Himmel, ließen nicht mehr erkennen, wo der Horizont endete. Irgendwo mussten die Deutschen noch Tauben gehalten haben, was allen anderen verboten gewesen war. Jemand hatte sie freigelassen, sie flatterten über die Dächer und in diesen goldenen Himmel hinauf. Die Menschen rissen die Verdunklung von den Fenstern. Kirchenglocken läuteten. Ein Fremder drückte Miep ein paar Körner in die Hand.

»Ringelblumensamen!«, rief er und warf ein paar davon in den nächsten Grünstreifen.

Miep betrachtete die Körner. Ringelblumen waren verboten gewesen, weil sie orange waren – die Farbe der Niederlande. Überwältigt schloss sie die Faust darum, wagte kaum, sie in die Erde zu werfen. Samen der Hoffnung. Samen der Zukunft.

»Heute Nacht werden wir zum ersten Mal seit fünf Jahren den Mond wieder sehen!«, rief Jan. »Los, sä sie aus!«

Miep ging ein paar Schritte an die Seite und suchte sich einen Baumstumpf. Es war eine Kastanie, so wie die vor dem Hinterhaus. Kleine, fächerartige Blätter trieben aus dem toten Stumpf. Der Baum war abgesägt worden, aber er weigerte sich zu sterben. Stark und unwiderstehlich suchte das Leben seinen Weg, voller Begierde, eines Tages wieder so überschwänglich zu blühen wie einst. Miep legte die Samen neben der Kastanie in die feuchte Erde.

»Komm bald zurück, Anne«, sagte sie leise. »Bis die Blumen blühen, komm zurück.«

In den nächsten Tagen waren die ersten Züge aus den Lagern gekommen und hatten die Überlebenden nach Hause gebracht. Und mit ihnen die Geschichten über das, was dort wirklich geschehen war. Miep hielt die Bilder nicht aus, die jetzt in allen Zeitungen zu sehen waren. Manchmal hatte sie sich gefragt, ob Otto Franks Entscheidung, mit seiner Familie unterzutauchen, richtig gewesen war. Jahrelang hatten die Menschen im Hinterhaus auf engstem Raum zusammengelebt und die Sonne nicht mehr gesehen. Die Berichte aus den Konzentrationslagern lieferten eine eindeutige Antwort.

»Da ist so viel Elend«, sagte Jan immer wieder, wenn er abends nach Hause kam. Manchmal stützte er nur schweigend den Kopf auf die Arme, manchmal redete er, als müsse er alles loswerden, was ihn zu ersticken drohte. Er war eingeteilt worden, die Zurückgekehrten am Bahnhof zu koordinieren. Diese Aufgabe veränderte ihn. »Sie sehen so alt aus. Als hätten sie nicht Monate in den Lagern verbracht, sondern Jahrzehnte. Sie sind abgemagert zu Skeletten und haben nur das nackte Leben gerettet. Viele werden auch das noch verlieren, so krank, wie sie sind. Da sind junge Menschen, die gebeugt gehen wie alte Leute. Kinder, die ihre Namen nicht mehr kennen.«

Die, deren Namen bekannt waren, wurden auf Listen eingetragen, damit die Familien sich wiederfinden konnten. Aber das Schlimmste, was diesen Menschen widerfahren war, konnte niemand wiedergutmachen. Dass der Staat, der sie schützen sollte, ihnen nach dem Leben getrachtet und ihre Familien ermordet hatte. Dass Nachbarn und Freunde von einem Tag auf den anderen zu den bösartigsten Feinden geworden waren, in einer Weise, wie sie es sich in ihren schlimmsten Albträumen nicht hätten ausmalen können. Dass Menschen, denen sie nie begegnet waren, sie aus dem Leben ausgegrenzt hatten wie gefährliche Schädlinge. Was immer man jetzt für sie tun mochte – das konnte niemand je wieder aus ihrem Gedächtnis löschen: den Verlust jeglicher Menschlichkeit. Wo immer sich der Wahn vom Übermenschen verbreitete, da war der Weg zur Unmenschlichkeit beschritten.

Ein Klingeln an der Tür riss Miep aus ihren Gedanken, und sie blickte auf. Hatte Jan seinen Schlüssel vergessen? Sie legte die Schürze ab, ging hinaus in den Flur und öffnete.

Vermutlich gab es nichts, womit man sich auf so einen Moment hätte vorbereiten können. Es verschlug ihr einfach die Sprache. Wortlos starrte sie den Besucher an.

Das schmale Gesicht war eingefallen, die Haare grau. Er war um Jahre gealtert. Seine Kleider waren abgerissen und seit Tagen getragen. Aber in diesem hageren, gealterten Gesicht waren die dunklen Augen. Trauriger. Müde. Und doch unverkennbar dieselben.

»Ich habe sonst keinen Ort mehr, an den ich gehen könnte«, sagte er stockend. »Darf ich ... darf ich hereinkommen?«

Miep musste nichts weiter hören. Es gab nichts mehr zu sagen. Keine Erklärungen. Keinen Bericht. Genau wie damals, als er sie das erste Mal um Hilfe gebeten hatte, genügte ihr ein einziger Blick. Ihre Lippen zitterten. Tränen stiegen ihr in die Augen, aber sie fand ihre Sprache wieder. Sie öffnete die Tür so weit es ging.

»Selbstverständlich, Herr Frank. Und bleiben Sie, solange Sie möchten.«

# 40

*Amsterdam, Juli 1945*

Seit einigen Wochen wohnte Otto Frank nun bei Miep und Jan. Seither warteten sie und forschten. Herr van Pels war tot, Otto hatte ihn selbst in Auschwitz in die Gaskammer gehen sehen. Gleich nach seiner Befreiung durch die russischen Truppen hatte sich Otto im Frauenlager auf die Suche nach seiner Familie gemacht. Dort hatte er erfahren, dass Edith kurz zuvor gestorben und seine Töchter und Frau van Pels nach Bergen-Belsen verschleppt worden waren. Trotz der Trauer um seine Frau hatte es ihm Hoffnung für seine Kinder gemacht. Dort gab es keine Gaskammer, und beide Mädchen waren gesund gewesen, als sie Auschwitz verlassen hatten. Von Überlebenden hatte er erfahren, dass die Frauen fest zusammengehalten hatten. Alle Streitereien, die sie im Versteck oft gequält hatten, waren dort zurückgetreten.

Herr Goldschmidt, der Untermieter der Franks, war ebenfalls deportiert worden und kam zurück, genau wie Herr van Hoeve. Frau Stoppelman konnte wenigstens ihren kleinen Enkel wieder in die Arme schließen – das Mädchen war an Diphtherie gestorben. Herr Lewinsohn hatte überlebt, und Franks Nachbarn hatten offenbar Moortje adoptiert. Aus den USA schickten Menschen Lebensmittelpakete. Als Jan das erste Mal eines in der Küche abstellte, konnte Miep es nicht fassen.

»Das darf doch nicht wahr sein!« Ungläubig begutachtete sie die Köstlichkeiten. »Butter! Kekse, Würste, Eipulver ... und mein Gott!« Sie nahm das Päckchen Kakao heraus, und jetzt liefen ihr die Tränen übers Gesicht.

Die Kohlezeichnung von den Katzen, die Otto Frank ihr geschenkt hatte, verschwamm vor ihren Augen. Miep wusste selbst nicht, warum sie weinte. Erleichterung über die Lebensmittel, Hoffnung, Anspannung ... Wenn nur Margot und Anne endlich zurückkämen.

Ein weiterer Julimorgen. Ein weiterer Tag, der schön zu werden versprach. Die Post flatterte auf ihren Schreibtisch im Büro. Miep ging die Umschläge durch und hielt inne. Eine Adresse in Rotterdam, die sie nicht kannte. Adressiert an Otto Frank.

Otto musste den Briefträger gehört haben, er kam aus dem Kontor herüber. Er war wieder jeden Tag im Büro, genau wie früher. Miep hatte das Gefühl, dass er sich regelrecht in die Arbeit stürzte. Vielleicht half es ihm, mit der Anspannung fertigzuwerden, und mit der Angst, dass diese furchtbare, alles verzehrende Ungewissheit ein Ende haben könnte. Eines, das er noch mehr fürchtete als alles andere.

Miep stand auf und reichte ihm den Umschlag, doch er nahm ihn nicht entgegen.

»Machst du ihn bitte auf?«, bat er.

Sie öffnete den Brief und las.

Die Buchstaben verschwammen vor ihren Augen. Zusammenhanglos glitten sie über das Papier und fügten sich wieder zusammen. Und formten immer wieder dieselben Worte:

*... Margot und Anne ... tot ...*

Kraftlos sank Miep auf ihren Stuhl. Otto nahm ihr den Brief aus der Hand. Eine wächserne Blässe überfiel ihn. Seine Hände schlossen sich so fest um das Papier, als wollte er es zerknüllen. Wortlos ging er aus dem Zimmer.

Miep vergrub das Gesicht in den Händen. Sie hatte das Gefühl, es nicht aushalten zu können. Alles, nur nicht das. Es durfte einfach nicht wahr sein. Sie hätte geweint, aber die Tränen steckten in ihrem Hals, weigerten sich, den Schmerz in ihrem tröstenden Fluss mitzunehmen. Das war nicht gerecht, dachte sie immer wieder. Nicht die Kinder. Nicht diese junge, freche Stimme. Die wachsenden Füße in den roten Schuhen. Die grün gesprenkelten Augen, die eine Brille gebraucht hätten. Die zarte, blasse Haut, die endlich die Sonne wiedersehen wollte. Die Lippen, die sich nach der Berührung eines Jungen sehnten. Nicht dieses Energiebündel, das so sehr nach Leben schrie.

Eine Unendlichkeit war vergangen, als Miep wieder auf ihren Schreibtisch blickte. Auf die Schublade, in der das Tagebuch lag. Ungelesen. Auf seine Besitzerin wartend. Sie atmete tief und holte es heraus. Dann stand sie auf und ging hinüber zu Otto.

Er saß an seinem Schreibtisch und starrte blicklos vor sich hin. Sie spürte, dass er allein sein wollte, aber er sollte nicht ganz allein sein. Stumm legte sie das Tagebuch vor ihn hin, schob es in seine Richtung. Dann schloss sie lautlos die Tür hinter sich.

Zurück im Büro, blickte sie in die leere Schublade. Die grüne Kastanie lag noch darin, die sie aus einem spontanen Gefühl heraus für Anne gepflückt hatte. Sie nahm sie heraus, ihre Finger schlossen sich darum. Langsam stand sie auf und trat ans Fenster.

Anfangs war es, wie durch dichten Nebel zu blicken.

Das Gefühl der Vergeblichkeit ließ die Scheiben blind werden. Aber nichts war vergeblich.

Die Nazis hatten einen Keil treiben wollen zwischen Menschen wie sie und Anne. Ihr wichtigstes Ziel war absoluter Gehorsam gewesen. Sie hatten gewollt, dass man hasste, wen sie zu hassen befahlen, für gefährlich hielt, wen sie für gefährlich erklärten. Absolute Solidarität mit dem Regime. Sie hatten alles unterwerfen wollen, was Menschen ausmachte: Freundschaft. Individualität. Menschlichkeit. Freiheit. Sie hatten ihre Seele abtöten, sie zu Hüllen machen wollen, die maschinengleich nichts anderes mehr erfüllte als der Gehorsam dem System gegenüber.

Mieps Seele hatten sie nicht bekommen. Sie hatten sie nicht voneinander entfremdet. Miep hatte ihre Freunde nicht retten können, aber diese zwei Jahre hatte sie ihnen schenken können.

Jedes freche Lachen im Hinterhaus war ein Sieg gewesen. Jeder Schritt, jeder Millimeter, den die Füße in den roten Schuhen gewachsen waren. Jedes kleine Fest, das sie dort gefeiert hatten. Jeder Geburtstag, der nach dem Willen der Nazis nicht mehr hätte gefeiert werden dürfen. Jeder Satz, jedes Wort, jeder Buchstabe in dem unscheinbaren Tagebuch. In einer Welt allgegenwärtiger Überwachung und totaler Konformität gab es keine schöpferische Kraft. Denn schöpferische Kraft brauchte das Unkorrekte, das Wilde, Verbotene. Die Freiheit. Anne hatte dieses Unkorrekte gelebt, hatte diese Freiheit in sich selbst gefunden, während alles um sie herum in seelenloser Einförmigkeit zerbrochen war.

Miep blickte hinunter auf die Gracht, die in der Sommersonne glitzerte. Möwen zogen über dem Wasser ihre Kreise und erinnerten sie daran, wie sie damals die vierjährige Anne im Kreis geschwenkt hatte. Auf den Brücken waren keine Militärfahrzeuge mehr, nur noch Menschen. Ein dunkelhaariges Mädchen in roten Schuhen beugte sich über das Geländer. Die Sonne kitzelte ihre durchscheinend zarte Haut, und lachend wandte sie sich zu dem Jungen an ihrer Seite. Wie alt mochte sie sein? Fünfzehn, sechzehn? Die Boote schaukelten am Ufer, und von der Westerkerk kam ein einsamer Glockenschlag. Unten an der Straße blühten die ersten Ringelblumen.

Hoffnung.

# Nachwort

Wie schreibt man eine Geschichte, die jeder kennt?

Mieps Erzählung hat mich zutiefst berührt. Es ist eine zeitlose Geschichte. Eine Geschichte über Freundschaft statt Ausgrenzung. Über Menschlichkeit statt Übermenschenwahn.

Miep Gies hat immer von sich gesagt, sie sei keine Heldin, sondern habe einfach nur getan, was ihr richtig erschien. Das mag stimmen. Aber ist es nicht gerade diese Entscheidung, die Menschen zu Helden macht? Wenn wir selbst vor der Frage stehen, ob wir tun sollen, was uns richtig erscheint, obwohl der Staat es als Verbrechen verfolgt – werden wir es dann auch tun? Oder werden wir uns verkriechen, weil wir nicht anecken und zu den »Bösen« gehören wollen?

Mir ging es darum, zu zeigen, dass Miep Gies eine ganz normale Frau war. Sie hatte ganz normale Wünsche und Träume. Kleinere vielleicht als viele von uns. Sie wurde in diese Rolle als Helferin gestoßen, hat sich nie darum bemüht. Und gerade das macht sie zur Heldin. Ihre Geschichte zeigt: Jeder kann es schaffen, sich gegen ein unmenschliches Regime aufzulehnen. Wären mehr Menschen gewesen wie sie, wären mehr dieses Risiko eingegangen, hätte Anne Frank vielleicht überlebt. Die wahren Helden des Widerstands sind nicht die Reichen und Mächtigen, sondern Menschen wie Miep: die sich nicht von der

Propaganda um die angeblichen Gefahren durch Juden blenden ließen. Ausgrenzung und Verfolgung werden von den Tätern nie so genannt. Menschen wie Miep brachten den Mut auf, im Gefühl absoluter Machtlosigkeit einem übermächtigen Staat die Stirn zu bieten.

Neben Mieps eigenen Erinnerungen (*Meine Zeit mit Anne Frank*, Bern/München/Wien, Sonderausgabe 1996) und dem Tagebuch der Anne Frank halfen mir viele wissenschaftliche Quellen, dieses Buch zu schreiben. Die Biografie von Melissa Müller und das Anne-Frank-Haus sind hier besonders zu erwähnen. Da die Geschichte hier aus Mieps Perspektive erzählt wird, habe ich die Personen weitgehend so gezeichnet, wie sie sie wahrgenommen hat. Bei manchen, etwa bei Dr. Pfeffer, unterscheidet sich Mieps Wahrnehmung von Annes. Nach Möglichkeit habe ich die richtigen Namen genannt – da, wo sie sich nicht mehr ermitteln ließen, die Pseudonyme, die Miep den Personen in ihren Erinnerungen gibt. Wo keinerlei Name genannt wurde, etwa bei der Frau, die Miep zur Mitgliedschaft in der Nazi-Frauenorganisation überreden wollte, habe ich welche ergänzt.

Hin und wieder gibt es Verweise auf Filme, die damals gerade liefen, oder auf kabarettistische Darstellungen: Onkel Antons Odyssee durch den Wiener Behördendschungel zitiert beispielsweise den »Kra- und Kra-Krankenkassenpatient« von Hermann Leopoldi.

Die Nachrichten über Moortje, Annes Katze, hat das Anne-Frank-Haus auf seiner Website gesammelt: In ihrem Tagebuch erwähnt Anne den Abschied von ihrer Katze nicht. In der für die Publikation vorgesehenen Version schreibt sie, sie hätten die Katze samt Futter und einem Zettel an die Nachbarn zurückgelassen. Nach Auskunft des Mädchens Toosje Kupers, das mit seiner Familie nebenan wohnte, hatten sie die Katze sogar schon einige Tage vor der Flucht der Franks übernommen. Miep zufolge allerdings befand sich Anne in Ungewissheit über Moortjes Schicksal und bat sie darum, sich nach der Katze umzusehen.

Der Bestechungsversuch, als Miep versucht, die Franks und ihre Freunde bei Silberbauer freizukaufen, findet sich in Mieps Erinnerungen. Offenbar hat auch van Pels selbst versucht, einen Freikauf zu verhandeln, scheiterte aber.

Oft war es schwer, beinahe unerträglich, diese Geschichte zu schreiben – im Wissen, wie sie ausgegangen ist. Aber dennoch ist es eine Geschichte der Hoffnung. Miep Gies hat zwei Jahre lang jeden Tag ihr Leben riskiert. Sie hat Anne und die anderen nicht retten können, aber sie hat ihnen zwei Jahre geschenkt.

Die beiden Jahre, in denen Anne Frank ihr unsterbliches Tagebuch schrieb.

# Sie schenkte Hoffnung in dunkelster Zeit

Coverabbildungen vorbehalten

Lea Kampe

**Der Engel von Warschau**

Irena Sendler – Für die Rettung der Kinder riskierte sie ihr Leben

Piper Taschenbuch, 432 Seiten
ISBN 978-3-492-06215-2

Warschau, 1940: Als die Nazis das Ghetto errichten, versucht Sozialarbeiterin Irena, ihren jüdischen Mitbürgern zu helfen. Unter ihrem Mantel schmuggelt sie ein Baby an den Wachen vorbei und versteckt es unter falschem Namen bei einer nichtjüdischen Familie. Was als einzelne mutige Tat beginnt, wird bald zur groß angelegten Rettungsaktion. Immer mehr Kinder schleust sie mit gefälschten »arischen« Identitäten aus dem Ghetto. Trotz ständiger Lebensgefahr denkt sie nicht ans Aufgeben. Aber Irena muss nicht nur um ihr eigenes Leben bangen. Denn Adam, ihre große Liebe, ist Jude.

**PIPER**

Leseproben, E-Books und mehr unter  www.piper.de

Unternehmen Walküre:
Wie weit darf man gehen, um
einen Krieg zu beenden?

Dörte Schipper

**Ein schwarzer
Tag im Juli**

Roman

Piper Taschenbuch, 368 Seiten
ISBN 978-3-492-06744-7

Coverabbildungen vorbehalten

Berlin, Juli 1944: Egon ist ein junger Offiziersanwärter. Als
er einen ranghohen Militär aus dem Stauffenberg-Kreis ken-
nenlernt, gerät er nichts ahnend in die streng geheime Mili-
täroperation gegen Adolf Hitler: Die Männer um Stauffenberg bitten ihn um einen vertraulichen Botengang.
Unwissentlich wird Egon Teil der Widerstandsgruppe, die
den grausamen Krieg endlich beenden will. In wenigen
Tagen soll der Umsturzplan in Kraft treten. Es sind Tage, die
Egons Leben dramatisch verändern werden ...

PIPER

# Sie versteckten sich vor den Augen der Welt

J.C. Maetis

**The Vienna Writers –
Sie schrieben
um ihr Leben**

Roman

Aus dem Englischen von
Gabriele Weber-Jarić
Piper, 464 Seiten
ISBN 978-3-492-06430-9

Wien 1938: Nach dem Anschluss Österreichs vergiften die Verordnungen der Nazis das Klima auf bisher ungekannte Weise. Auch die jüdischen Cousins und Schriftsteller Mathias Kraemer und Johannes Namal müssen um das Wohl ihrer Familien bangen. Sie entschließen sich zur Flucht nach vorn: Unter falschen Namen und Identitäten verstecken sie sich direkt vor den Augen der SS. Dabei sind sie auf die Unterstützung hilfsbereiter Mitmenschen angewiesen. Doch SS-Scharführer Schnabel ist ihnen bereits dicht auf den Fersen ...

PIPER

Leseproben, E-Books und mehr unter  www.piper.de

# Die Kraft der Musik
# in dunklen Zeiten

Ellie Midwood

**Die Violinistin
von Auschwitz**

Roman nach der wahren
Geschichte von Alma Rosé

Aus dem amerikanischen
Englisch von Uta Rupprecht
Piper, 464 Seiten
ISBN 978-3-492-06444-6

Einst begeisterte die Geigerin Alma Rosé das Publikum, jetzt ist sie
der Grausamkeit des KZ Auschwitz ausgesetzt. Als sie zur Leite-
rin des Mädchenorchesters ernannt wird, weigert sie sich zunächst,
zur Erbauung der Nazis zu spielen, aber ihre Position verschafft ihr
auch Macht: Sie kann hungernde Frauen mit zusätzlichen Ratio-
nen versorgen und durch die Aufnahme in ihr Orchester vor dem
Tod retten. Doch in Auschwitz ist Verlust Alltag, Unglück die einzige Gewissheit. Kann Alma durch ihre Musik an einem so hoff-
nungslosen Ort überleben?

**PIPER**

Leseproben, E-Books und mehr unter **www.piper.de**

# Eine Geschichte von Menschlichkeit, Mut, Liebe und Hoffnung

Heather Morris

**Der Tätowierer
von Auschwitz**
Die wahre Geschichte
des Lale Sokolov

Aus dem Englischen
von Elsbeth Ranke
Piper Paperback, 320 Seiten
ISBN 978-3-492-06137-7

1942 wird ein junger slowakischer Jude nach Auschwitz deportiert. Von nun an ist Lale Sokolov der Gefangene 32407. Die SS macht ihn zum Tätowierer: Er muss die Häftlingsnummern in die Unterarme seiner Mitgefangenen stechen. Eines Tages tätowiert er die Nummer 4562 auf den linken Arm eines jungen Mädchens – und verliebt sich auf den ersten Blick in Gita. Eine Liebesgeschichte beginnt, an deren Ende das Unglaubliche wahr werden wird: Sie überleben beide. Eindringlich erzählt Heather Morris die bewegende, auf wahren Begebenheiten beruhende Geschichte von Lale und Gita, die den Glauben an Mut, Liebe und Menschlichkeit nie verloren.

Leseproben, E-Books und mehr unter  www.piper.de

**PIPER**